Le Syndrome d'Ehlers-Danlos

à travers quatre générations
d’une famille

« La Dame en bleu »

Récits de vie. Santé et maladie

Cette collection regroupe des récits de vie et témoignages divers concernant la santé, la maladie et aussi la guérison.

Déjà parus

Jérome Rivkine, *Les cinq saisons. Sortir du cancer : parcours initiatique d'un malade bien-portant,* 2016.
Michel Basler, *L'Alcool, moi et le bonnet rouge*, 2015.
Cécile Rebillard, *À l'épreuve du handicap, nouveau regard sur la vie*, 2014.
Marie-Noëlle de Vaulx, *L'inattendue. Le handicap ou la vie par les chemins de traverses,* 2014.
Cendrine Chapel, *Juste deux petits pas de valse. Accompagner jusqu'à la fin de la vie*, 2014.
Yannette, *De l'impossible au possible. La maladie de Wegener : itinéraire vers une rémission,* 2014.
Cécile Rebillard, *Numéro 9. Maman d'un petit handicapé*, 2013.
Véronique Foissac, *Faim de bœuf. Témoignage d'une boulimique*, 2013.

Virginie BURNER-LEHNER

Le Syndrome d'Ehlers-Danlos

à travers quatre générations d'une famille

« *La Dame en bleu* »

Témoignage autobiographique

Deuxième édition : revue et augmentée
Octobre 2016

5-7, rue de l'École-Polytechnique, 75005 Paris

http://www.harmattan.fr

ISBN : 978-2-343-10565-9
EAN : 9782343105659

« Le Syndrome d'Ehlers-Danlos est une maladie génétique et orpheline, méconnue, sournoise et capricieuse, imprévisible et invalidante, dont la rareté doit être remise en cause. »

Professeur Claude Hamonet,
consultation Syndrome d’Ehlers-Danlos,
Hôtel-Dieu de Paris.

Préface

Quelques livres autobiographiques ont déjà été écrits le syndrome d'Ehlers-Danlos, le plus souvent pour exprimer les souffrances le désarroi d'être incompris, surtout par le corps médical, Celui de Madame Lehner est d'une toute autre veine. Il s'agit d'une enquête à la découverte des dégâts provoqués par une maladie génétique cachée au sein de sa propre famille sur quatre générations. A la fois historienne, - à la recherche des documents médicaux et des témoignages familiaux , et investigatrice, - à la recherche de traces, de preuves pour mieux confondre le coupable -, tout en exprimant ses propres sentiments et ceux des autres membres de la famille, elle prend de la hauteur pour donner une description exceptionnelle de ce qu'est pour une famille le fait « *d'être SED* » et combien cela influe sur la vie de chacun et transforme une famille. Son style narratif très vivant nous fait pénétrer dans cette famille et partager le vécu de chacun des personnages qu'elle décrit si bien avec une pudeur mélangée d'une grande chaleur humaine et de passion. Il s'agit là d'une présentation de la réalité d'un syndrome qui contribuera à le faire connaître bien mieux que des publications médicales. Rodney Grahame, de l'Université de Londres qui a passé des décennies à contribuer à l'identification de ce syndrome disait récemment (Mars 2015) à un colloque sur les traitements du syndrome d'Ehlers-Danlos, à la Faculté de Médecine de Créteil que les patients connaissent mieux ce syndrome que les médecins. Ce livre en est l'illustration.

En effet, un des paradigmes du syndrome d'Ehlers-Danlos est qu'il est fréquent, et même très fréquent (un million de personnes en France) mais il très peu ou très tardivement diagnostiqué (20 ans de retard entre les premiers signes et le diagnostic effectif). Ceci expose à une errance médicale et de nombreux diagnostics erronés avec des effets iatrogènes, du fait des médecins et des chirurgiens souvent catastrophiques comme cela est relaté dans le livre. Cette ignorance du diagnostic revêt une gravité singulière dans le contexte d'une maladie génétique du tissu conjonctif par altération du collagène, qui se transmet largement du fait de son caractère autosomique et selon des modalités qui mettent en défaut les lois de Mendel dans un sens défavorable. Le nombre d'enfants concernés dans une fratrie dépassant largement les 50 % habituels des formes autosomiques dominantes. Le sexe féminin est plus sévèrement concerné (80% de nos consultants). Le diagnostic repose sur la constatation de manifestations cliniques dont l'association , insolite pour certains est particulièrement évocatrice : douleurs diffuses souvent intenses, fatigue, troubles du sommeil, désordres articulaires avec hypermobilité articulaire, désordres articulaires (entorses luxations,) et du contrôle moteur (troubles de la proprioception, dystonie), fragilité cutanée, désordres neurovégétatifs (de la thermorégulation surtout), hémorragies, troubles digestifs, buccodentaires, vésico-sphinctériens, ORL, ophtalmologiques, respiratoires, gynéco-obstétricaux et cognitifs (mémoire attention surtout). Le devenir des patients est globalement imprévisible mais extrêmement variable, les formes modérées ou atténuées sont nombreuses. Les facteurs d'accentuation des symptômes repérés sont la survenue d'un traumatisme (accident de voie publique par exemple, mais aussi un acte chirurgical), les facteurs endocriniens (puberté, accouchements), les facteurs climatiques (aggravation par temps froid et humide), amélioration par temps chaud et sec.

Il existe des traitements qui ont fait la preuve de leur efficacité : utilisation d'orthèses et surtout de vêtements légers compressifs proprioceptifs, oxygénothérapie quotidienne sur la fatigue et pressothérapie sur les blocages respiratoires, rééducation fonctionnelle à visée proprioceptive, traitements anti douleurs locaux et par voie générale. La plus grande prudence doit présider aux indications de la chirurgie qui sont très rares.

Aujourd'hui, aidés par ces traitements et prévenus des traitements à éviter, bon nombre de personnes avec un syndrome d'Ehlers-Danlos peuvent mener une existence qui a le goût de la vie.

Professeur émérite Claude Hamonet, MPR,
Docteur en anthropologie sociale, Université Paris-Est-Créteil
et consultation Ehlers-Danlos, Hôtel-Dieu de Paris - mai 2015.

A ma Grand-Mère Jeanne,

à mes filles Edwige et Bérénice, - invictae filiae - .*

A ma famille,

Aux générations futures de ma famille,

A tous les malades, victimes du S.E.D.,

Au Professeur Hamonet,

A Elodie et à sa famille,

Aux membres des Associations

A tous ceux et celles, - médecins, chercheurs, personnalités politiques, membres d'associations, artistes, sportifs ... -, hommes et femmes de bonne volonté, désireux d'écouter et d'aider les patients victimes du S.ED.

A tous mes lecteurs
Je suis persuadée qu'ils contribueront à faire connaître le Syndrome d'Ehlers-Danlos à travers ce témoignage générationnel.

*- (à mes) *filles invincibles -*

Préface à la seconde édition

« Le syndrome est mieux connu mais il reste beaucoup à faire pour changer le regard des médecins sur cette maladie. C'est un problème de santé publique mondial avec la probabilité d'une incidence de 2% de personnes atteintes dans la population. Les mesures doivent être adaptées à cette affluence, encore aggravée par le taux très élevé de transmission (familles où les 3, 4 ou 5 enfants sont tous atteints avec l'un des parents, voire les deux). La méconnaissance ou pire, la « mauvaise connaissance » par les médecins, qui ne savent pas ou ont retenu quelques idées fausses (la soi-disant bénignité du syndrome par exemple), font des ravages. Cette méconnaissance s'explique historiquement par une description incomplète d'une maladie systémique de l'ensemble des tissus conjonctifs.

Les progrès résident, dans l'immédiat, dans une meilleure connaissance du syndrome qui permet d'éviter les incompréhensions (école, travail, famille, couples, amis...), une mise en place des précautions pour éviter des accidents thérapeutiques et des traitements de plus en plus nombreux et efficaces : amélioration des désordres proprioceptifs par les vêtements spéciaux, les orthèses, l'activité physique (natation en particulier), amélioration de l'apport d'oxygène aux cellules par une oxygénothérapie régulière, utilisation d'anti-dystoniques et de médications corrigeant la dysautonomie (tachycardie surtout), d'antidouleurs adaptés, en évitant ceux qui déconnectent le cerveau de la perception du corps ainsi que les antidépresseurs.

Une chose est certaine : il faut sortir de l'imbroglio où nous sommes et des affirmations fantaisistes. Le SED est une maladie transmissible qui peut être sévère, qu'il faut prendre au sérieux et arrêter de dire "c'est dans la tête." »

Professeur émérite Claude HAMONET, M.P.R.,
Docteur en anthropologie sociale, Université Paris-Est-Créteil
et consultation Ehlers-Danlos, Hôtel-Dieu de Paris – octobre 2016.

Avant-propos à la deuxième édition

Un peu plus de trois ans se sont écoulés depuis l'achèvement de mon livre le 13 février 2013.

Depuis, chers patients, notre situation, a évolué. Le SED est toujours est toujours une maladie orpheline, engendrant un **HANDICAP POLYMORPHE, SOUVENT FLUCTUANT ET INVISIBLE**, des souffrances physiques et psychiques indescriptibles ; mais aujourd'hui, notre maladie est mieux connue, et le fruit de tous les travaux de recherches et de parutions à son sujet y est pour quelque chose : tous les travaux de recherches médicales françaises et internationales sur ce thème y ont très largement contribué.

Je ne suis malheureusement pas encore en mesure d'écrire le chapitre final de ce livre comme je l'avais souhaité : le chapitre treize ... Alors, comme pour conjurer le sort, et surtout pour vous faire part de tout le travail effectué pour faire connaître, diagnostiquer et traiter le SED, très chers Lectrices et Lecteurs, je publie ici une préface engagée et empreinte d'espérances pour cette seconde édition *Le Syndrome d'Ehlers-Danlos à travers quatre générations d'une famille, - La Dame en bleu -*.

Le combat contre **la maladie d'Ehlers-Danlos** se poursuit avec vous tous : patients, aidants, familles, amis, associations, médecins, soignants, pharmaciens, laboratoires pharmaceutiques, chercheurs, élus, hommes et femmes de bonne volonté. Vous êtes très nombreux à m'avoir lue. Pour la plupart d'entre vous, le SED était *l'inconnue.* Aujourd'hui, le SED reste une maladie *sournoise, polymorphe et potentiellement dangereuse,* mais elle est désormais une maladie mieux *connue*.

Je peux donc me permettre aujourd'hui d'ajouter quelques notes d'espérance dans la postface de la seconde édition de mon livre. Un élément positif est que la Maladie d'Ehlers-Danlos est de plus en plus évoquée en France (2ème Colloque international de la Maladie d'EhlersDanlos en mars 2016 à la faculté de Médecine de Créteil – UPEC), et connue à l'étranger où elle fait l'objet de réunions internationales comme celle organisée en ce mois de mai 2016 à New York, à l'initiative de l'association américaine et de l'association britannique des personnes avec un syndrome d'Ehlers-Danlos ; à San Diego, en novembre prochain, à l'initiative d'un groupe international d'universitaires et de professionnels.

La formation continue des médecins a été mise en place dans notre pays et donne déjà des résultats tangibles.

Des associations, des élus, des médias se mobilisent également pour notre maladie soit connue et reconnue.

Notre combat continue au quotidien.

Il est désormais celui de très nombreuses personnes, qui mettent leurs savoirs et leurs compétences, toute leur énergie et tout leur cœur au service des malades pour les aider à mieux vivre leur quotidien et à savoir prévenir les effets sournois et iatrogènes de la maladie d'Ehlers-Danlos.

Virginie BURNER-LEHNER – octobre 2016

Introduction

Je me suis mis à écrire une première fois il y a une douzaine d'années, après « l'accident » inexpliqué et inexplicable de ma fille ainée Edwige, dont je relaterai ici l'histoire. Mais je n'ai jamais terminé ces pages…

Le destin houleux et tragique des membres de ma famille, le sentiment que le destin « s'acharne » littéralement sur nous, les souffrances endurées, mais également la méconnaissance d'une maladie, le témoignage d'espoir que je voulais transmettre aux autres malades, m'avaient jadis fait intituler mon ouvrage *Eclats ; - Eclats -,* comme les répercussions de drames successifs de vies marquées par la souffrance, le deuil, l'incompréhension.

Pourquoi tant de drames « exceptionnels », improbables, dans une même famille ? C'est la question qu'on se pose dans toute vie, lorsque notre entendement humain ne parvient pas à trouver une réponse cohérente, rationnelle et médicale, un lien éventuel entre les épreuves vécues.

Maman m'a alors confié quelques paroles de sagesse, relatives à son expérience, alors que « l'accident » d'Edwige, sa petite–fille, avait bouleversé sa vie et qu'elle avait déjà accumulé tant de drames dans sa vie : « Il faut quelquefois attendre très longtemps avant de comprendre ou de mesurer que la réponse n'est pas instantanée ; elle émanera peut-être du fruit du parcours de ta vie, d'une force puisée dans les épreuves elles-mêmes. »

Elle ne croyait pas si bien dire…

Or, il s'avère que j'ai toujours pensé qu'elle avait sûrement raison sur un point, mais je fais aussi partie d'une génération qui considère qu'il ne faut pas seulement se contenter d'attendre une réponse, mais qu'il faut aller au-devant de la réponse, avec de nouveaux moyens d'investigation liés aux progrès des sciences, des technologies et de la médecine, notamment. Notre génération a vécu un tel essor de l'évolution des facultés humaines à essayer de comprendre et d'expliquer, par la science, la médecine, les technologies nouvelles ce qui était resté inexploré et par conséquent inexpliqué jusqu'ici, que mon attitude, à la fois empreinte de foi en l'homme et en Dieu, d'Humanisme et de soif de connaissances, m'ont amenée moi aussi à essayer de comprendre et me poussent aujourd'hui encore à remodeler ce récit, pétri d'espoir et de combattivité, qui amènera à comprendre que les épreuves subies ne sont pas fortuites et qu'elles peuvent aujourd'hui être éclairées. Certaines rencontres ébranlent malheureusement ces certitudes, d'autres les confirment et nous poussent à agir inlassablement et à combattre en essayant de comprendre ce que nos Anciens appelaient la fatalité ou le mauvais sort.

Ces pages sont le récit de tranches de vies de certains membres de ma famille ; elles ne sont ni romancées, ni « embellies », ni pétries de catastrophisme ; elles ont tout simplement la prétention de retracer le parcours souvent heurté, douloureux, voire tragique, de quatre générations de victimes de « maladies polymorphes », visibles ou invisibles, vécues souvent avec courage et union, sans que nous n'en connaissions les origines... ou plus exactement *l'origine*, afin que les générations à venir n'aient plus à subir cette maladie.

Je m'engage à relater le vécu des membres de ma famille afin que les malades déjà reconnus ou encore malheureusement victimes de l'errance diagnostique et de la méconnaissance de cette maladie par l'écrasante majorité des médecins généralistes et spécialistes, puissent rencontrer un jour, comme nous, une personne compétente, humaine et formée qui les aide à vivre, voire à survivre, à soulager et prévenir les attaques polymorphes, invalidantes et quasi totalement méconnues de cette maladie.

Ce récit s'appuie sur notre vécu, c'est à dire sur mon propre vécu, celui de mon frère et de mon mari, de mes filles adorées, de ma tendre maman, de la transmission orale du vécu de ma grand-mère que je tiens de ma maman et des quelques souvenirs qui me restent du *départ* brutal de ma grand-mère et de son retentissement sur notre famille lorsque j'avais quatre ans, ainsi que de documents confidentiels et d'archives médicales, contenant les comptes rendus d'hospitalisation et d'interventions chirurgicales de 1973 à nos jours, récupérés par mes soins auprès des services d'archives des hôpitaux concernés.

Récit de vécus, de parcours d'errance et d'interrogations diagnostiques, de souffrances, d'interrogations, liés à UNE maladie sur laquelle nous avons levé le voile cette année, diagnostiquée cliniquement et formellement par le Professeur Claude Hamonet le 12 novembre 2012, lors d'une consultation de quatre heures, à l'Hôpital de l'Hôtel-Dieu de Paris : le Syndrome d'Ehlers-Danlos.

J'estime qu'il est donc primordial de contextualiser ce récit, en présentant nos origines sociales et familiales, sachant que cette maladie a véritablement marqué notre famille sur plusieurs générations, qu'elle a laissé derrière elle des marques, des répercutions physiques, psychiques et sociales, en modifiant le cours de notre parcours personnel et professionnel.

Afin de permettre au Professeur Hamonet et à son équipe de rendre témoignage, de publier mes écrits et de permettre à tous les malades connus et encore méconnus de bénéficier d'une reconnaissance et de thérapies, d'obtenir des fonds nécessaires pour faire avancer les recherches en génétique, voici l'histoire mouvementée, tumultueuse d'une famille heurtée par ce que nous pensions être jusqu'ici l'acharnement du destin...

Chapitre I
Présentation

Je suis née le 9 janvier 1969 à Colmar d'une famille de classe moyenne alsacienne ; j'habite un charmant village viticole, au pied des Vosges, à mi-chemin entre Colmar et Mulhouse. J'ai fait mes études secondaires dans un établissement public de la région et mes études supérieures à la Faculté de Lettres et Sciences humaines de Mulhouse. Je suis mariée depuis vingt-deux ans et maman de deux filles, Edwige et Bérénice, nées respectivement le 13 mai 1995 et le 12 avril 2001. J'exerce une profession passionnante, qui nourrit ma soif de culture et me permet de m'épanouir complètement en *oeuvrant* auprès des jeunes de quinze à dix-huit ans. J'avais vingt-et-un ans lorsque j'ai décidé d'emprunter la voie de l'enseignement ; je désirai allier mon cursus de lettres à celui d'une vocation qui m'habite depuis toujours : voir mon prochain s'épanouir, déterminer et accomplir un projet de vie et y croire.

Mes premiers pas professionnels se firent dans un collège mulhousien, en zone appelée « sensible » et réputée « difficile » ; or, c'est précisément cette expérience qui me propulsa dans la vie, qui impulsa en moi encore davantage de motivation, et le désir fervent de persévérer dans cette voie d'engagement et de service. Apprendre à lire et à écrire à un jeune de seize ans, en classe de cinquième, c'était lui ouvrir les portes d'un avenir que d'aucuns avait d'emblée « catalogué » ou mis en marge. Se battre au quotidien. Voir grandir le jeune. Apprendre à se respecter. A respecter l'autre, adulte ou camarade. S'enrichir de connaissances, de compétences, de convictions, de croyances ; en découvrir d'autres, pour prendre conscience que la différence est une richesse inestimable et fait de nous des êtres uniques aux yeux d'autrui, aux yeux de Dieu, et ce, quel que soit le nom qu'on puisse prêter à un dieu ou à une force suprême qui nous guiderait. Croire en une profonde humanité qui nous lie, qui nous distingue des autres êtres vivants et donne sens à notre vie.

Mon parcours s'est donc enrichi et diversifié de plusieurs expériences, souvent dramatiques, vécues par certains élèves, mais également positives et ô combien encourageantes.

Après le remplacement d'une collègue dans cet établissement public et ne tenant pas à être mutée loin du domicile, je me mis à rechercher un poste stable dans un établissement de l'Académie, proposant une pédagogie qui corresponde à ce qui était très vite devenu une vocation. J'ai donc poussé les portes de certains bureaux de directeurs de collèges et lycées privés de ma région, afin de pouvoir rester auprès de celui qui allait devenir mon mari le 28 juillet 1990. Plusieurs chefs d'établissement avaient retenu ma candidature ; mais l'un d'entre eux m'accueillit dans un bureau austère, au fond d'un couloir qui me parut interminable et dont les portes se refermaient sur elles-mêmes en provoquant un bruit sourd... Impossible de faire marche arrière, il fallait une clé. Comme si le destin avait scellé mon parcours définitivement. Je n'avais plus qu'à saisir la clé ; la clé de mon destin.

Je rencontrai le Directeur de cet établissement qui me présenta la voie d'une pédagogie de prévention, qu'un certain Jean Bosco avait expérimenté et tracé pour nous, - sa famille salésienne -, il y a presque deux siècles. Cela fait plus de vingt ans que je suis fidèle à ce parcours et que je me surprends encore et encore à appliquer une pédagogie définitivement avant-gardiste et sans cesse novatrice.

Si tant est que mon parcours de vie se résumait à ces quelques lignes, je dirais, à l'instar de Leibniz « que tout est pour le mieux dans le meilleur des mondes possibles »...Une famille unie, une véritable vocation, une « gestion » du quotidien quelquefois ardue, mon mari ayant une profession nécessitant des déplacements souvent très longs et très fréquents à l'étranger.

Un long fleuve tranquille au regard de ces quelques lignes...

Mais le vent, les hivers, les bourrasques, les tempêtes sont passés par là.

Je le répète, mon projet n'est pas d'écrire un roman, mais de relater, le plus fidèlement possible, sous forme de récit biographique et autobiographique, c'est à dire de me faire porte- parole de quatre générations de ma famille, ces bourrasques, ces tempêtes, ces « accidents » jusqu'ici inexpliqués de la vie, ces éclats blessants, les drames de quatre générations, liés à une maladie, le Syndrome d'Ehlers-Danlos (S.E.D.), qu'une famille, - ma famille -, vit et combat sans le savoir depuis au moins quatre générations et contre laquelle je lutte moi aussi, difficilement par moments, puisque j'en suis également victime.

Ayant une foi inébranlable en l'homme, en sa capacité de progresser en tous domaines, je reste persuadée, convaincue, qu'ensemble nous allons vaincre le S.E.D. Je souhaite que ce témoignage puisse contribuer à la compréhension de cette maladie méconnue ; c'est sur demande du Professeur Hamonet, et pour faire avancer la recherche et la compréhension de la maladie, que j'ai décidé de faire publier mon récit de vies.

Chapitre II
Ma naissance

Je suis née un jour hivernal, brumeux et froid du mois de janvier 1969, après un accouchement très difficile, des heures de souffrance dont maman ne parle quasiment jamais ; sa récompense, dit-elle, c'était de voir son bébé en bonne santé et de concrétiser cinq années de mariage, durant lesquelles elle avait fait trois fausses couches ; ce fut difficile pour elle de tomber enceinte ; peut-être est-ce de famille ? Ma grand-mère avait également fait de nombreuses fausses couches, avant et après la naissance de maman ; elle saignait toujours tant...

Des heures de « travail », des contractions inefficaces, pour une naissance tant espérée, dans l'épuisement et l'hémorragie ; le gynécologue dut se déplacer pour l'utilisation de ventouses, avant l'éventuel passage aux forceps. Maman n'a pas crié, mais elle a terriblement souffert ; papa souffre avec elle ; il reste à ses côtés dans la salle de travail et assiste la sagefemme en appuyant sur le ventre de maman. Les gouttes de sueur perlent sur son front, et s'égouttent une à une sur le ventre de maman. Un travail acharné, d'acharnement, qui conduit à une très sévère hémorragie ; le bébé était pourtant bien placé...

Au moment de ma naissance, tout est oublié ; mes parents me prennent dans leurs bras, et rien n'existe plus, en dehors de nous trois.

Je suis un bébé légèrement cyanosé par le blocage de l'accouchement et je porte les marques des ventouses sur mon front ; mais elles vont disparaître, et la joie, le bonheur, engendrés par ma naissance, transportent mes parents dans un profond bonheur. Je suis un charmant bébé, tant désiré, et rien ne compte plus en dehors de cela.

Une petite fille ! Ma grand-mère Jeanne et mon grand-père Ernest, apprennent ma naissance et sont comblés de joie.

Mais il était temps... Maman est exsangue et épuisée. Il faut stopper l'hémorragie qui continue ; il faut réparer les déchirures profondes laissées par l'accouchement.

Pendant plusieurs semaines, plusieurs mois, maman est très faible ; elle ressent une blessure profonde et le signale à son gynécologue, qui ne s'en inquiète pas outre mesure, compte tenu de l'accouchement difficile qu'elle a vécu. Elle a trop saigné, lui répète le médecin. Probablement est-ce « de famille » ? À la naissance de maman, ma grand-mère avait elle aussi eu un accouchement très difficile et fait une hémorragie qui l'avait beaucoup affaiblie…

Maman ne reprendra pas le travail comme elle l'espérait : le gynécologue prolonge son arrêt de travail et lui signifie que son accouchement n'avait *rien en commun avec un accouchement normal.* Il ne comprend pas cette terrible hémorragie qui a tant affaibli maman. Il faudra du temps, beaucoup de temps, pour qu'elle reprenne des forces.

Chapitre III
Mémé Jeanne ; ma petite enfance

Durant toute mon enfance, j'ai été entourée d'amour de la part de mes parents et grands-parents ; j'ai grandi normalement et marché à l'âge de treize mois, mais je tombais souvent. Mes genoux ont été mis à rude épreuve ; il a fallu les suturer à plusieurs reprises ; comme si, quelquefois, mon équilibre n'avait pas été stable… Maman a été très attentive à mon « rythme » biologique et prenait un soin tout particulier à respecter mes besoins un peu particuliers de sommeil. J'avais besoin de onze à douze heures de sommeil et je faisais une sieste tous les jours jusqu'à l'âge de cinq ans.

Enfant, j'étais souvent fatiguée et cette fatigue fait partie intégrante de ma vie depuis toujours. J'ai parlé très tôt, par phrases correctes dès l'âge de un an.

J'ai toujours entendu autour de moi que j'étais une enfant particulièrement raisonnable…

J'avais pour habitude de traverser la cave et gravir l'escalier de la maison accolée à la nôtre dès que je savais marcher, pour me rendre chez ma Mémé Jeanne : elle était si gentille, si douce, si attentionnée ; elle avait un visage pur, de madone, les yeux bleus lagon, des cheveux blancs qu'elle colorait légèrement au reflet bleu de ses yeux ; elle se déplaçait lentement et m'entourait de son amour et de sa chaleur ; et lorsqu'elle m'embrassait ou que je frottais ma joue contre la sienne, sa peau de velours me caressait lentement. Au moment où j'écris ces lignes, je ressens encore cette douceur, la caresse veloutée de sa peau contre la mienne…

Elle me racontait des histoires « vraies », me commentait la peinture de sa boîte à couture qui représentait un petit troupeau d'agneaux, attentivement gardés par le berger : tous les agneaux étaient protégés ; il ne pouvait rien leur arriver ; il fallait qu'ils restent dans le troupeau et qu'ils ne s'éloignent pas trop ; autrement, il pourrait leur arriver malheur. Mais ils étaient tous obéissants et heureux avec le berger. Moi aussi j'étais son agneau, « *sa Muttala* » (« petit mouton », en alsacien). Avec elle, il ne pouvait rien m'arriver.

Quelquefois des effluves de kougelhopf, de flan au four ou de gâteau au chocolat, s'échappaient par la porte de séparation de nos deux maisons ; c'était la pâtisserie que confectionnait Mémé ; en gourmet et aussi petite gourmande, je m'empressais de la rejoindre et de lui piquer quelques raisins de Corinthe déjà macérés dans le marc ou le chocolat en poudre qu'elle avait soigneusement préparés sur la table. Je profitais de son calme et de sa lenteur pour en chiper quelques cuillérées... Je prenais plaisir à manger ; quelquefois jusqu'à l'indigestion. Alors Maman se devait d'intervenir. Le pédiatre allait encore lui dire que j'étais en proie à une hépatite...

Je mangeais avec plaisir ; de tout : viande, poisson, légumes, fruits, laitages et je grandissais harmonieusement. C'était un réel plaisir de me proposer de nouveaux plats. Curieuse de tout, je l'étais également en matière culinaire. Mais j'étais souvent très « maladroite » ; je me cognais souvent, je tombais souvent, j'avais souvent des « bleus », alors que je ne me souvenais même pas m'être cognée quelque part...

Noël 1972 : j'ai presque quatre ans, et je porte une robe de fée bleue ornée de duvet d'autruche blanc, que m'a confectionnée ma Maman. Une robe de conte de fée... Une petite fée au pied du sapin et de la crèche où est couché le Petit Jésus, entouré par Marie et Joseph, réchauffé par l'âne et le bœuf, visité par le Berger et son petit troupeau d'agneaux. Ils sont avec le Berger, rien ne peut leur arriver...

Dans la quiétude d'un doux soir de Noël, Maman et Mémé me bordent, m'embrassent et font la prière avec moi ; que tous les « *Muttalas* » du monde, comme moi, puissent avoir leur Berger, leur Ange Gardien qui les protègent et les aiment, à l'image du Petit Jésus de la crèche...

Deuxième dimanche de janvier 1973. Nous prenons le repas ensemble, avec Mémé et Pépé. Mémé Jeanne m'a fait une surprise : un repas festif ; du canard qu'elle élevait elle-même. Elle pâlit au cours du repas ; s'éloigne de la table et confie quelques mots à Maman. Je n'ai rien remarqué.

Deux jours plus tard, je suis à l'école ; je ne me soucie de rien ; après avoir consulté notre médecin de famille, le Docteur K., Maman doit consulter un ORL à l'Hôpital Pasteur de Colmar avec Mémé : elle se plaint d'avoir avalé un os de canard dimanche, qui est apparemment resté coincé dans sa gorge. Le Docteur R. la reçoit et programme une endoscopie de l'œsophage sous anesthésie générale, à la recherche de cet os de canard planté dans la gorge de Mémé. L'intervention est programmée dans quelques jours ; au matin du 17 janvier 1973. L'examen a lieu, mais l'os de canard n'est pas retrouvé.

En observation post-opératoire dans le service d'anesthésie et de réanimation chirurgicale de l'hôpital Pasteur, l'état de Mémé s'aggrave brusquement. Un scénario de ce type est improbable. Que se passe-t-il ? Il faut une assistance respiratoire ; des hémorragies ont eu lieu, les poumons seraient-ils touchés ? Il faut opérer. Débute alors un véritable calvaire d'un mois au sein de la réanimation chirurgicale.

Les suites immédiates de l'intervention semblent favorables, mais son état se détériore à nouveau. On réopère. Les suites semblent à nouveau favorables. Mais son état se dégrade très brusquement après trois jours. Pas question de ré-intervenir, Mémé est trop faible. Les hémorragies diverses ne peuvent plus être maîtrisées.

9 février : cela fait maintenant presque un mois que Mémé est en réanimation chirurgicale. Elle n'en sortira plus vivante.

Le chirurgien convoque Maman et Papa le 13 février : il leur signifie son incompréhension : jamais il n'avait pensé finir prématurément sa carrière de la sorte : percer l'œsophage d'un patient, cela ne lui était jamais arrivé. Il ne comprend pas ce qui s'est passé ; pourquoi les hémorragies se sont diversifiées et propagées ; ni comment il aurait pu commettre telle erreur… Sa carrière de chirurgien prend fin à la suite de l'entrevue avec mes parents. Il avoue que le cas de Mémé restera probablement toujours un grand mystère pour lui. Il prend une retraite anticipée, car il ne peut s'expliquer avoir commis une erreur de ce type : une perforation de l'œsophage à la suite d'une oesophagoscopie. Combien d'examens et de gestes de ce spécialiste avait-il pu pratiquer durant toute sa carrière de chirurgien ORL ? Probablement des centaines. Mais jamais, jusqu'à ce jour, il n'avait percé l'œsophage d'un patient, ni provoquer une hémorragie aussi étendue. Tout se bouscule dans sa tête ; son désarroi est visible. Il se présente devant mes parents : c'est un homme de grande taille, vêtu d'un imperméable gris ; il se présente sobrement à mes parents, leur fait part de ce qu'il considère comme une « erreur médicale » jamais commise mais, au moment où il s'exprime, dépassant toujours son entendement. Il présente ses condoléances à mes parents, leur signifie qu'ils peuvent porter plainte contre lui s'ils le souhaitent ; mes parents écartent immédiatement cette action et dans la douleur terrassante de ces moments lui accordent leur pardon ; l'erreur est humaine. Il prend poliment congé, se tourne en remontant le col de son imperméable, remet ses mains dans les poches et s'éloigne, jusqu'à disparaître au loin, au fond du long couloir du service de Réanimation chirurgicale.

Mes parents restent serrés l'un contre l'autre, encore sous le choc de cette rencontre et de la douleur indicible, face à l'état désespéré de Mémé, sans réaliser qu'elle va partir. Pour toujours.

Elle nous quitte brutalement le 13 février 1973, alors que je l'ai vue partir tranquille et souriante, comme à son habitude, un mois auparavant.

Combien de temps faudra-t-il à Maman et Papa qui n'ont que trente-deux ans à ce moment, pour réaliser qu'elle est définitivement partie ? Comment annoncer à mon grand-père qui n'a alors que cinquante-et-un an qu'il sera seul désormais ? Comment annoncer à la petite Virginie que sa Mémé ne reviendra plus lui raconter des histoires, la couvrir de baisers et qu'elle ne sentira plus jamais sa peau veloutée contre sa joue ?

Face à l'incompréhension, au deuil, à la séparation, il n'y avait pour ma famille qu'une seule et unique façon de s'en sortir, de vivre et d'espérer : la Foi et la Prière. Mémé nous avait transmis cette Foi inébranlable, sans quoi elle aurait certainement tout abandonné dans sa vie…

Pour la « retrouver », il fallait prier, lui parler, simplement, sans détour, comme si son oreille était constamment à notre écoute.

Elle veille sur nous. Sa puissance dépasse désormais tout l'entendement humain. Elle a gagné la vie éternelle après un parcours de vie déchirant, qui ne l'a néanmoins jamais dissuadée de se battre encore et encore.

Mémé Jeanne est née le 8 novembre 1910, cadette d'une fratrie de trois enfants ; elle avait un frère, Romain, né le 8 décembre 1905 et une sœur, Berthe, née le 12 janvier 1908, qui était plutôt petite et frêle et qui avait la peau fragile ; cette dernière ne la quitta jamais, même après s'être mariée ; elle était maman de deux enfants ; elle était toujours prête à accueillir sa filleule Christiane, lorsque sa sœur Jeanne souffrait d'hémorragies et devait être hospitalisée. Romain, le plus jeune, resté célibataire, vécut auprès de sa sœur Jeanne et ne quitta jamais la maison familiale où résidait également sa sœur Jeanne et sa filleule Christiane. Il en fut en quelque sorte le *papa adoptif* lors du décès accidentel de Marcel, et ce, pendant plus de huit ans, jusqu'au remariage de Jeanne et Ernest en décembre 1949. Après le remariage de Jeanne, La petite Christiane avait en quelque sorte deux papas d'adoption, qu'elle considéra comme tels jusqu'à leur décès.

Mémé Jeanne était une jeune femme ronde et de taille moyenne pour l'époque (environ 1,60m). Lente et douce dans ses mouvements, elle était attentive à tout. Ses cheveux noirs, longs et ondulés, soulignaient le bleu cristallin de ses yeux ; son teint pâle et translucide, sa peau douce et veloutée, lui donnaient le profil d'une jeune femme à la fois fragile et sérieuse. Son regard quelque peu mystérieux et insondable laissait filtrer la profondeur d'une âme sensible et pure.

On me rapporta très souvent qu'à l'instar de sa sœur, elle ne portait jamais de talons hauts, car elle avait ses chevilles « qui lâchaient » souvent en marchant. Si je relate ce détail, c'est tout simplement parce que maman me voyant tomber ou me déséquilibrer à cause du genou ou d'une « cheville qui lâche », s'exclame souvent « qu'on dirait voir Mémé en me voyant ».

Elle s'était mariée en 1939 avec l'amour de sa vie, Marcel, avec qui elle eut une fille unique Christiane, née le 16 juillet 1941, en pleine seconde guerre mondiale, alors que les Allemands avaient annexé l'Alsace et la Lorraine. Mais rien n'était plus fort que leur amour réciproque et leur capacité à résister à l'oppresseur. Tous deux se battaient en cachette contre les SS et les collaborateurs. Mon grand-père avait juré et espéré que si leur bébé naissait un 14 juillet, il allait pouvoir hisser le drapeau français à la fenêtre du balcon à cette occasion. Autant dire que ma grand-mère qui arrivait au terme de sa grossesse tremblait à l'idée que rien n'arrêterait « son Marcel » si leur enfant naissait le jour de la Fête Nationale. Ce serait leur arrêt de mort ; la véhémence, le caractère engagé et résistant de mon grand-père, auraient pu mettre toute la famille en péril.

Christiane, puisqu'il fallait un prénom dont l'étymologie soit liée à notre langue et culture française, et qui ne puisse pas être germanisée par les Allemands, est née le 16 juillet. Dieu soit loué !

Ma grand-mère accoucha dans des circonstances très difficiles et elle fut en proie à de terribles hémorragies. Elle en était d'ailleurs coutumière car il ne se passait pas un mois sans qu'elle souffre d'hémorragies menstruelles.

Christiane était un bébé au teint très clair, laissant transparaître les vaisseaux sous sa peau, aux yeux noisette et aux cheveux noirs. Son visage aquilin, son nez pincé, sa lèvre supérieure quasi inexistante et très peu ourlée, ses lobes inférieurs des oreilles absents et son regard toujours sérieux et très peu enfantin, lui conféraient un certain charme et un regard profond et mélancolique, digne de celui de certaines madones. Petite fille et adolescente, elle m'a souvent raconté qu'elle était performante en sport, et tout particulièrement en gymnastique, mais qu'elle n'a jamais pu faire une simple roulade de toute sa vie ! Son corps n'avait pas naturellement la coordination nécessaire à une roulade droite, qui ne la fit pas s'effondrer sur le côté droit ou gauche. Adulte, elle mesure 1,63 mètre et conserve ce regard profond et sérieux qui la font paraître sérieuse et trop mature...

La petite famille nageait dans le bonheur ; la petite Christiane, au teint diaphane, était chérie par ses parents, sa tante et marraine Berthe et son oncle et parrain Romain.

Premier dimanche d'octobre 1941 : on frappe à la porte. Ce sont les gendarmes et un mineur de fond du même bassin minier que celui où travaille Marcel.

Ils annoncent à Mémé Jeanne que Marcel est mort, écrasé au fond de la mine, contre la paroi du boyau par un fourgon de wagons transportant le sel. C'était un dimanche, pendant l'occupation allemande ; on avait oublié de signifier l'intervention pour réparations des rails, effectuée par Marcel et l'un de ses collègues. Surpris par le convoi, les deux hommes doivent brusquement s'écarter de la voie ; l'un saute vers la paroi de gauche et s'y plaque pour ne pas se faire écraser, l'autre, Marcel, saute vers la paroi de droite ; le convoi laisse suffisamment de place sur la gauche pour permettre au collègue d'en sortir indemne, mais il frôle la paroi de droite et écrase Marcel contre la paroi de Potasse.

Jeanne suffoque, se précipite sur son bébé, le sert contre elle de toutes ses forces : elle est le fruit de leur amour ; il ne reste plus que Christiane.

Jeanne est veuve à trente-et-un ans.

Orpheline de père à l'âge de trois mois, Christiane ne connaîtra jamais son papa.

Le frère de Jeanne, Romain, resté célibataire et vivant dans la maison familiale, et sa sœur Berthe, mariée et maman de deux enfants, l'aident à élever sa fille. Romain travaille la terre avec Jeanne ; il faut garder les arpents de vignes et cela nécessite un travail constant et très physique. Mais il travaille lui aussi aux Mines de Potasse et le cumul des travaux de la Mine et de la terre devient quelquefois difficile à assumer.

Huit années se passent tant bien que mal ; un jeune ressortissant italien, installé dans la vallée avec sa famille, apprend que Jeanne, une jeune veuve, a besoin d'aide. Il connaissait son défunt mari Marcel et se propose d'aider la jeune femme à travailler la terre.

C'est une très belle histoire d'amour qui débute entre Ernest et Jeanne ; Jeanne représente aux yeux d'Ernest la femme combattive et courageuse, mais également douce et attentionnée.

Il prend la petite Christiane sous son aile et décide de demander la main de Jeanne en 1949. Les familles respectives acceptent très mal cette union, et c'est dans le secret de l'aube, en présence de la petite Christiane à leur côté, qu'ils se promettent fidélité pour toute la vie. Il adoptera la petite Christiane.

Leur projet de voir s'agrandir leur petite famille et d'avoir un enfant se fait très vite réalité ; en effet, Jeanne a onze ans de plus qu'Ernest ; mais Jeanne souffre d'hémorragies menstruelles incessantes, de fausses couches répétées, qui l'affaiblissent et nécessitent des hospitalisations pour curetage de plus en plus fréquents. Leur projet d'avoir un enfant sera abandonné quelques années plus tard lorsque les hémorragies menstruelles se feront telles que Jeanne devra être soignée et prise en charge pendant plusieurs semaines à l'hôpital…

Mémé Jeanne « partira » bien trop jeune, dans ces circonstances d'hémorragies digestives et respiratoires inexpliquées pendant presque quatre décennies. L'os de canard n'a pas pu perforer, lacérer l'œsophage à ce point ! Le chirurgien aurait-il pu commettre une suite d'erreurs irréparables aussi inexcusables ? D'où provenaient les hémorragies de rupture et de lâchage ? Pourquoi des « perforations » aussi conséquentes et à côté desquelles on serait passé lors de la première intervention ? Autant de questions auxquelles le chirurgien de l'époque n'avait pas de réponse. « *On ne saura probablement jamais...* », avait-il écrit dans sa deuxième lettre au médecin de famille.

Pendant plus de trente-neuf ans, nous ignorions ce qui s'était réellement passé lorsque Mémé est décédée le 13 février 1973.

Octobre 2012 : presque quarante ans se sont passés depuis les faits ; je décide de récupérer son dossier médical conservé sur microfilm, dans l'urgence du 31 octobre 2012, afin de préparer ma visite auprès du Professeur Hamonet, programmée très rapidement, le 12 novembre 2012 ; cela ne me laisse que deux semaines ! Une course contre la montre se déclenche.

Je me propose de retranscrire ici les courriers du chirurgien envoyés au médecin de famille, le Dr K., en janvier et février 1973 ; les copies du dossier d'hospitalisation, de réanimation et d'intervention étant désormais confiées au Professeur Hamonet.

Les archives de l'hôpital Pasteur m'appellent le 8 novembre 2012. C'est aujourd'hui même que Mémé aurait cent quatre ans ; c'est son anniversaire.

Je pense toujours que le hasard n'existe pas.

Je lève le voile sur le mystère de son départ brutal le 8 novembre 2012 ; je tiens entre les mains le dossier de quatre-vingts pages photocopiées, issues des microfilms des rapports d'interventions, bilans d'analyses, suivis quotidiens en réanimation pendant un mois, courriers du chirurgien, rapport de « sortie » du 13 février 1973, date de son décès.

Je ne retranscrirai ici que les trois courriers du chirurgien au médecin traitant, le Docteur K. et le « rapport de sortie » ; je tiens à préciser que tous les bilans d'analyse quotidiens effectués se trouvent dans le dossier. Les données nouvelles que nous apportent ces documents aujourd'hui, au regard des connaissances que nous avons désormais relatives au S.E.D., ainsi qu'au contexte dans lequel se sont déroulées ces perforations et hémorragies que le chirurgien qualifie lui-même de mystérieuses, nous permettront, j'en suis certaine, de confirmer certaines hypothèses dont je parlerai bien plus loin...

Réa. GH/AL
23.01.1973

Mon cher Confrère,

Je me permets de vous donner des nouvelles de votre malade Madame C…… Jeanne.

Elle nous avait été transférée du service d'ORL pour perforation oesophagienne découverte quelques heures après l'oesophagoscopie, pneumo-thorax et médiastin.

Nous avons institué un traitement médical, antibiotiques massifs avec aspiration gastrique et oesophagienne.

Un transit avait montré une large perforation qui n'a pas tendance a se refermer spontanément.

Il nous a fallu intervenir, nous avons choisi la voie à gauche qui nous a permis de libérer l'œsophage. Nous n'avons pas trouvé de lésions pathologiques. Nous avons fait la suture de la totalité de la paroi oesophagienne, mais les risques de désunion sont énormes. Nous avons fait une phrénotomie et une plicature péri-oesophagienne selon Nissen qui je l'espère permet d'assurer une étanchéité.

Je me permettrai de vous tenir au courant.

Je vous prie de croire, Mon cher Confrère, à l'expression de mes meilleurs sentiments.

Réa. GH/AL
01.02.1973

Mon cher Confrère,

Je me permets de vous donner des nouvelles de votre malade Madame C……. Jeanne qui avait présenté une perforation traumatique du bas œsophage.

Le 7ème jour, c'est-à-dire lundi dernier, la sonde d'aspiration médiastinale et pleurale gauche a ramené, à nouveau, du liquide gastrique, nous faisant craindre, à juste titre, à un lâchage de suture. Un transit à la gastrograffine (contraste hydro-soluble) confirme rapidement cette hypothèse.

Nous décidons, à ce moment, de jouer la fistulisation dirigée, mais une hématémèse au courant de la nuit du mardi au mercredi, résistant au traitement médical, nous oblige à réintervenir.

A notre surprise, nous constatons, d'un côté, une distension de la poche gastrique sus-phrénique remplie de caillots de sang. Cette distension a entraîné un lâchage complet des sutures de la manchette faite autour de l'œsophage avec une perforation de un centimètre environ au sommet de la petite courbure. La suture oesophagienne, elle-même parfaitement étanche. Nous avons élargi la phrénotomie et élargi la perforation pour constater un ulcère peut-être un peu plus grand à la base postérieure de la grosse tubérosité, de multiples ulcérations, plus ou moins importantes, mais assez profondes, tout le long de la petite courbure, parois postérieure et antérieure. Au moment de l'intervention, toutes ces lésions ne saignaient plus.

Il est difficile d'expliquer le mécanisme puisque la perforation a précédé de 48 heures l'hémorragie, et la distension que nous avions constatée étaient essentiellement le fait, semble-t-il, de caillots accumulés. Est-ce une perforation par ulcère ? Ou une perforation gastrique par déchirure après distension ?

Je crains que cette question reste toujours sans réponse.

Bref, pour palier à l'hémorragie, nous avons complété par une vagotomie et une pylorotomie non sans difficultés, par la brèche phrénique. Nous avons dû enlever la rate, pour nous faire jour à travers la phrénotomie et attirer ainsi l'estomac vers la cavité thoracique gauche. La perforation gastrique étant largement re-suturée, nous n'avons pas touché du côté de la perforation évidemment. La phrénotomie a été refermée après réfection de l'angle His, simplement. Je me permettrai de vous tenir au courant de l'évolution de cette malade. Veuillez agréer, mon cher Confrère, l'expression de mes sentiments les meilleurs.

Réa. GH/AL
14.02.1973

Mon cher Confrère,

J'ai le regret de vous annoncer le décès de Madame C……. Jeanne qui est survenu brutalement par un infarctus massif au décours de sa deuxième intervention que nous avions été obligés de faire pour hémorragie très importante gastrique. De ce côté, après vagotomie et pylorotomie, l'hémorragie s'était tarie.

Veuillez agréer, mon cher Confrère, l'expression de mes sentiments les meilleurs.

RAPPORT DE SORTIE
Colmar, le 14.02.1973.

Madame C…….. Jeanne née le 08.11.1910
Hospitalisée au Service de Réanimation-Chirurgie du 17.01.73 au 12.02.73

Perforation traumatique du tiers inférieur de l'oesophage.

Malade de 63 ans se plaignant d'avoir avalé un os de canard 3 semaines auparavant. A la suite d'une oesophagoscopie, la malade présente un hémopneumothorax droit ainsi qu'un hémopneumomédiastin. On met en place un drainage pleural à droite, une aspiration digestive, et on institue une antibiothérapie massive.

Par la suite, on pratique un transit oesophagien qui montre une large brèche du bord droit de l'œsophage. On décide d'intervenir. Par thoraco-phrénotomie gauche, on pratique le 22.01.73 une suture de la brèche oesophagienne, une vagotomie droite et un Nissen. En outre, on met en place un drainage pleural bilatéral et deux drains médiastinaux.

Les suites immédiates sont favorables, mais au 3ème jour, les drainages ramènent un liquide noirâtre et le lendemain, une hémorragie digestive massive s'extériorise.

Le 31.01.73, on ré-intervient et on trouve une suture oesophagienne intacte, une rupture gastrique intra-thoracique et de multiples ulcérations gastriques dont une a probablement perforé le thorax. On pratique une splénectomie de nécessité, une vagotomie gauche et on suture la brèche gastrique après découpe. On termine, par une pyloroplastie à la Fredet et on draine de nouveau le médiastin et les deux plèvres.

Encore une fois, les suites semblent favorables. Les épanchements pleuraux s'assèchent et on enlève les drainages pleuraux. Le 08.02.73, les drains médiastinaux ramènent un liquide suspect. Un contrôle au bleu de méthylène signe une refistulisation oesophagienne. Pas question de ré-intervenir, l'état général et en particulier l'état pulmonaires sont prohibitifs.

Le 09.02.73, l'état s'aggrave brutalement, par l'apparition d'un OAP difficilement réduit par le traitement médical. Le 11.02.73, nouvel OAP dû à un infarctus du myocarde ; s'installe alors un état de collapsus cardiovasculaire irréversible, et à la demande de la famille, on transfère la malade chez elle, dans un état désespéré.

Pas d'autopsie.

Aujourd'hui, 29 novembre 2012, près de quarante ans après son décès, j'ouvre mon quotidien, *L'Alsace*, comme chaque matin. Il est un peu plus de six heures du matin, et j'ai travaillé très tard hier soir à l'écriture et l'élaboration des premières pages de ce récit. Les circonstances m'amènent à reprendre mon récit dès ce matin, lendemain des treize premières pages de rédaction du récit.
Treize ?... Chiffre que je n'arrête pas de citer dans ces mémoires de famille ; tout particulièrement rattaché à Mémé… et à ma première fille Edwige. Hasard ?

Décidément, le hasard n'existe pas.

J'en arrive donc à la lecture de la première de couverture de la page « Région » ; et en voici le gros titre : *Bassin potassique : la mémoire des mineurs.* La photographie de l'une des quatre imposantes et majestueuses stèles, où figure le nom des 827 hommes qui sont morts de 1904 à 2004, occupe presque toute la page. Mon grand-père Marcel y figurera : *« Il aura fallu six ans et demi pour que le mémorial de la mine voie enfin le jour à Wittenheim. Quatre stèles disposées le long du chemin du souvenir, au pied du chevalement Théodore, comportent le nom de 827 hommes qui sont morts de 1904 à 2004. Ce mémorial sera inauguré samedi 1er décembre à 14h. Mais tout le weekend sera marqué à Wittenheim par des animations et des hommages à la* *mémoire des mineurs disparus, parmi lesquels figurent bon nombre de Polonais. (...) Valérie Gerrer-Hug a été associée au projet dès le début : « Cela a été un long combat ». (...) A l'heure où s'achève ce travail de plusieurs mois, elle souligne à quel point il aura été pour elle source d'enrichissement personnel : « J'ai découvert le monde de la Mine et une solidarité exceptionnelle que je ne soupçonnais pas ». Elle est issue d'une longue lignée de marbriers sculpteurs. Elle a gravé le nom de 827 noms de mineurs et sculpté la stèle de 2,50m de haut et 3,80m de large. A côté d'un chevalement stylisé, sur un demi-cercle rappelant la poulie d'extraction, elle a présenté la tête d'un mineur en relief. « Je me suis inspirée d'un modèle en plâtre qui me venait de mes ancêtres. », précise l'artiste, qui tenait à ce que l'expression du visage reflète la dureté du métier. » (*Sources : *L'Alsace* du 28.11.2012*).*

Pourquoi de tels « concours de circonstances » ? Je suis maintenant fermement convaincue, qu'après des circonstances de cette nature, il est impossible que le hasard existe. Je pense vraiment que mes grands-parents sont « à mes côtés » depuis toujours, et tout particulièrement ces dernières semaines. Il ne se passe pas une semaine sans qu'ils me manifestent et me transmettent leur présence, leur force et leur courage. Mon projet est long et difficile ; parsemé d'obstacles. Mes douleurs me freinent, mais je n'abandonne pas ; je n'abandonnerai jamais.

Mes grands-parents Jeanne et Marcel s'aimaient à la folie ; la tragédie d'un destin fatal les a séparés alors qu'ils n'avaient respectivement que trente-et-un et trente-deux ans ; ils n'ont vécu que deux années ensemble, dans le bonheur absolu, et de cette union est née ma maman Christiane.

Ce qui les caractérisait tant tous deux était ce courage, cette foi en l'avenir, en l'autre, cette solidarité à toute épreuve entre membres de la famille, voisins, amis, mineurs de fond, habitants du même quartier…

Mémé Jeanne est restée, même après le décès accidentel de Marcel, celle qui écoute, qui console, qui panse les plaies visibles ou invisibles de la vie, qui trouve les mots justes pour redonner courage et foi en la vie, qui reçoit chez elle jusqu'aux confidences et secrets de prêtres du village, une oreille attentive qui sait tenir le secret absolu ; celle qui ne recule jamais devant rien ni personne lorsqu'il s'agit d'agir au nom de la justice et de la vérité.

Un regard bienveillant, une oreille qui écoute, une parole qui redonne courage, un geste qui peut sauver. Laisser venir à elle les blessés de la vie, qu'elle entend et comprend comme personne …

Dès lors, on peut aisément comprendre pourquoi les épreuves de la vie rendent plus fort, permettent de comprendre et de vivre pleinement sa vie pour ceux qu'on aime et qui nous aiment, pour ceux qui nous aiment moins, mais que les détours de la vie nous amènent à aider également. Pourquoi il est vain et absurde de se faire du mal, de se « faire la guerre » pendant ces quelques années de passage sur terre.

Ressentir – avec son esprit, son corps et son cœur -, et ainsi mieux comprendre la douleur de l'autre, pour la guérir ou la rendre plus supportable. Une attitude que d'aucuns devraient quelquefois prendre en considération dans l'exercice de leur fonction et dans leur vie.

Chapitre IV
Eclats d'un drame

Mes ancêtres maternels
Maman
Mon enfance
Mon frère, David
Mon adolescence
(1941-1989)

S'il est incontestable que j'ai vécu une enfance et une adolescence heureuse, il est tout aussi vrai que le décès de ma grand-mère Jeanne allait profondément bouleverser Maman et Papa et les contraindre à se réorganiser au quotidien. Je le précisais au chapitre précédent, mon grand-oncle Romain vivait dans la même maison que Jeanne et Ernest, puisqu'il s'agissait de leur maison paternelle. Il avait aidé à la reconstruire après la guerre de 1914-1918, alors que les trois quarts de notre village avaient été détruits par les bombardements d'obus provenant du champ de bataille du Vieil Armand (*Hartmannswillerkopf*) qui se situe à cinq cents mètres en amont de notre village. Mon arrière-grand-père Emile devait partir pour le champ de bataille de Verdun ; à dix ans à peine, Romain devait partir en Allemagne avec sa mère et ses deux sœurs, Berthe et Jeanne, pour travailler au service d'une famille allemande ; ils revinrent au village natal en 1918.

La maison était presque entièrement détruite ; il ne restait d'elle que les ruines des quatre murs extérieurs, une charpente qui s'accrochait tant bien que mal aux ruines et un palier de grenier qui avait résisté aux bombardements sur lequel apparaissait de façon presque surréaliste, un objet intact, comme désespérément accroché à quelques pans de charpente, en équilibre entre ce qu'il restait du palier de grenier et le tas de gravats qu'avait engendré les bombardements intempestifs.

Symbole pour les générations futures ? Preuve que la mort est toujours vaincue par la vie ? Cet objet, nous l'avons toujours dans notre grenier ; seuls les draps et les voilages ont été changés, et chacun, chacune d'entre nous y était couché ; il s'agit du berceau ayant appartenu à mes arrières-arrières-grands-parents.

Le berceau de la famille avait tenu bon ; il avait résisté aux bombardements incessants d'obus, au vent et aux tempêtes ; il est le symbole de notre famille de génération en génération, le berceau protecteur de la famille ; le symbole de l'âme combattive et confiante de plusieurs générations de notre famille.

Mon père, Jean-Baptiste, né le 19 juillet 1941, travaillait par postes de matin et d'après-midi, dans une industrie textile de la région et continuait de s'occuper du vignoble familial avec mon grand-père Ernest, en activité dans la même industrie que Papa.

Mon oncle Romain était mineur, mais ne travaillait pas « au fond » de la Mine.

Maman, qui avait été affectée dans le service de teinturerie de l'industrie textile précédemment citée, faisait des bronchites à répétition ; elle se souvient de l'une d'entre elles, qui avait perduré pendant plusieurs mois et l'avait considérablement affaiblie. Elle l'était d'autant plus qu'elle subissait des saignements menstruels hémorragiques qui l'épuisaient et l'affectaient, de chutes de tension et de maux de tête récurrents. Son teint pâle et translucide, laissant paraître ses veines, lui conférait un charme pur et fragile.

C'est en 1964 que mes parents, nés à trois jours d'intervalle dans le même village, unirent leur destinée. Ils se connaissaient depuis l'école maternelle. Dès qu'ils furent mariés, Jean-Baptiste avait été accueilli et « adopté » par la famille de Maman, comme s'il avait été un fils. Mémé Jeanne l'avait toujours considéré comme tel. Et ce fut réciproque.

D'où l'insupportable douleur de voir « partir » une Maman, pour ce jeune couple, dont le charmant bébé était si désiré, et que Mémé avait couvert de tout son amour pendant quatre ans seulement…

Je n'ai pas compris ce qui s'était passé. Je n'avais que quatre ans et je voyais très souvent pleurer ma Maman, d'ordinaire si joyeuse et riante. La famille devait se reconstruire, mais mon grand-père Ernest, désormais veuf a seulement cinquante-et-un ans, se retrouva brusquement seul avec son beau-frère Romain, alors âgé de soixante-huit ans, et résidant sous le même toit que lui. Les tempéraments des deux esseulés étaient pour le moins différents ! L'un, Ernest, était rapide, costaud, certes efficace, mais superficiel et très maladroit ; l'autre, Romain, était plus lent, mais méticuleux et réfléchi, perfectionniste, mais ne concevait pas qu'il puisse en être autrement. Autant dire que les « deux papas adoptifs » de Maman avaient beaucoup de mal à s'entendre au quotidien sous le même toit... Mémé, qui avait été le « trait d'union » de modération entre les deux n'était plus là désormais.

Maman et Papa décidèrent donc que ce « trait d'union » serait reconstruit tant bien que mal.

Maman cessa ses activités professionnelles à l'usine textile pour se consacrer à son père, toujours en activité à l'usine, et à son oncle, retraité des mines de potasse.

Il fallait à tout prix, et malgré des douleurs dorsales rebelles qui allaient crescendo, se battre, tenir coûte que coûte, afin de préserver l'équilibre de la famille. Mais les projets de couple qu'avaient mes parents étaient remis en question et surtout tributaires d'un équilibre familial fragile et élargi par la constante présence de mon oncle et de mon grand-père, dont Maman s'occupait au quotidien (repas, linge, entretien d'une seconde maison etc...) ; les contraintes d'une vie en commun allaient de pair avec notre un quotidien, rythmé par les allées et venues de mon oncle, de mon grand-Père et de mon père.

Ma petite vie avait désormais pris le pli de celle des adultes.

J'étais une petite fille pleine de vie, au regard sérieux :

J'ai de longs cheveux blonds et des yeux verts, un nez aquilin, des lèvres peu ourlées, de petites oreilles et aux dires des proches, j'ai toujours « fait plus vieille que mon âge ». A onze ans, on me donnait quatorze ou quinze ans, comme ma maman... Mes camarades me prêtaient volontiers et à tort, un air « hautain », dont j'ai souvent souffert. Physiquement, j'étais bien plus élancée que Maman : 1,73 mètre pour cinquante-huit kilos à dix-huit ans. Je me rappelle que la photo de ma Communion à quatorze ans paraît si étrange mais lumineuse et ressemble au portrait d'une Madone des siècles passés. Tous ceux qui avaient connu Mémé, en me regardant, voyaient le portrait du visage de Mémé. Même si mon physique, mon allure générale, ma taille élancée, me viennent davantage de la branche paternelle, de ma grand-mère paternelle, les traits et les expressions de mon visage, la profondeur de mon regard, sont ceux de Mémé.

Maman me dit souvent qu'il arrive quelquefois qu'en me regardant, on la revoit.

J'étais raisonnable par nature et par devoir. Rien n'était laissé au hasard et Maman pouvait compter sur moi, comme si elle avait eu affaire à un membre adulte de la famille.

Il m'est arrivé de tomber. Souvent. Mais j'étais très souple, et j'avais débuté des cours de gymnastique qui me permettaient d'aérer mon esprit et mon corps. Mais il fallait l'équilibre ... Seul bémol : mon centre de gravité, mon équilibre ! Souvent, il m'arrivait d'envier mes camarades pour cette raison : pourquoi tant de souplesse, mais si peu d'équilibre ? Pourquoi n'avais-je pas cette perception « d'être enracinée au sol ? Pourquoi mon corps heurtait-il souvent tant d'obstacles dans le quotidien ? Une embrasure de porte, un coin du lit, une commode ? Pourquoi les figures aériennes des barres parallèles n'étaient-elles pas centrées ? Pourquoi mes mains ne saisissaient-elles pas les barres au bon moment, au bon endroit ? Pourquoi le vélo faisait-il ce qu'il voulait quelquefois ? Pourquoi pencher dangereusement d'un côté, alors que je pensais vraiment « être dans l'axe ? ». Mon centre de gravité était comme déséquilibré, déplacé, jamais où je pensais qu'il fût. Et les marches des escaliers non plus. Et les pieds non plus. Et mes chevilles me « lâchent » quelquefois sans prévenir. Et ma tête tourne si je suis perchée sur une chaise. Et mon vertige me coupe les jambes, les genoux, tout là-haut.

Non Maîtresse ! S'il vous plaît, ne me forcez pas à monter si haut ! Rien ne m'angoisse plus que de perdre pied. Je flotte. Ma tête tourne. Le noir m'envahit. Mon corps se perd, attiré par le vide. Maman, - au secours ! -, toi au moins tu peux comprendre…

Je comptais sur Maman pour tenir le coup et elle comptait sur moi pour trouver en moi, à la fois une petite fille aimante et une confidente ; quelquefois je la surprenais entrain de pleurer. « C'est Mémé qui te manque ? Mais tu sais Maman, moi, je t'aime ! ». Que dire à sa Maman, quand on est une petite fille, si ce n'est qu'on l'aime, quand on la voit souffrir ? Et Maman de me répondre : « Je donnerai n'importe quoi pour sentir à nouveau, ne fût-ce que quelques instants, la peau veloutée et douce de la joue de Mémé contre la mienne. Que sa peau était douce ! Comme la tienne, mon enfant ! ». J'avais beau lui faire ce câlin qu'elle désirait tant, je ne pouvais pas lui rendre sa Maman qu'elle aimait tant… Encore aujourd'hui, au moment où j'écris ces lignes, après quarante ans, alors que Maman a maintenant soixante et onze ans, elle donnerait tout, pour sentir la joue si douce et veloutée de Mémé contre la sienne. Elle me confie régulièrement qu'il lui arrive de rêver de ce moment si particulier, unique, et qu'en se réveillant, elle sente encore sa peau contre la sienne pendant un instant éphémère, qu'elle voudrait sentir se prolonger encore et encore… Personne n'a la peau aussi douce de Mémé, sauf peut-être une certaine « puce » qui naîtra bien des années plus tard, et qui, elle aussi, a hérité de cette peau si particulière, fine, fragile et veloutée…

« Maman, pourquoi tu es triste ? A cause de Mémé ? Tu as mal au cœur ?

Maman tu es fatiguée ? Tu as mal au ventre ? Tu saignes beaucoup ? Tu as mal au dos ?...

« Maman, je pourrais avoir un petit frère un jour ?

- Si le Bon Dieu le veut bien ! Prie la Sainte Vierge de t'exaucer ! »

Mais Maman saigne beaucoup trop ; elle est très fatiguée ; elle fait plusieurs fausses couches ; elle est encore fatiguée.

J'ai maintenant six ans. Papa décide de nous emmener à la mer.

Maman doit prendre des forces, se reposer et vivre quelques jours de répit. Que de bonheur de reprendre des couleurs et d'avoir moins mal au dos, d'être moins fatiguée, de faire le plein de soleil et de Méditerranée ! En famille. A trois.

Maman, Papa et moi. Sans personne à soigner. Sans surveillance. Sans vigilance. Libres !

« Tu sais, je crois que là-haut, le Bon Dieu t'a écoutée, Ninala ! - C'est Mémé qui m'entend ! Quand je lui ai parlé et que j'ai prié, je lui ai dit que je ne voulais pas restée seule. Mon petit frère va être magnifique Maman, tu verras !

Mais si c'était une petite sœur ? - Non. - Tu veux choisir son prénom ?

Oh, oui ! Merci Maman. »

Le docteur a dit que mon petit frère naîtrait début mai. Le 3, d'après les calculs.

Il sera notre porte-bonheur. Notre printemps. La joie de toute la famille. La fierté de ses grands-parents. De là-haut, Mémé sera avec nous. Il faut que je trouve un beau prénom. Un prénom qui plairait à toute la famille, qui résonnerait comme le son d'une cithare, qui serait un symbole biblique et étymologique. Il faut que Dieu lui réserve un destin unique et néanmoins humain et fragile. Un petit d'homme, grand, fort et faible, courageux et sensible. Mon petit frère et mon roi.

1er mai 1976. Maman prépare le délicieux repas ; nettoie et pèle soigneusement les belles asperges du printemps ; confectionne une spécialité régionale qu'elle mettra une bonne partie de la matinée à préparer. Tout est prêt pour que nous puissions nous rassembler dans la joie autour d'une bonne table à midi.

Toute la famille est réunie comme chaque jour. Maman, Papa, Pépé, Tonton Romain et moi. Mais soudain, le ton monte entre Pépé et Tonton ; ils se disputent à nouveau ; encore une de leur discorde terrifiante autour du sempiternel sujet du « qui a autorité sur l'autre »…

Et le ton monte encore. La discussion s'envenime. L'un et l'autre se mettent à crier plus fort. La violence des mots finit par entraîner la violence des gestes. Pépé saisit brusquement le plat que Maman a mis au moins deux heures à préparer, le jette violemment sur la table tout en criant de plus en plus fort. Le plat rempli d'une spécialité traditionnelle de notre région se brise en mille morceaux. En mille éclats. Des larmes coulent le long des joues de ma Maman chérie. D'un mouvement spontané, elle se replie sur elle-même, entoure et protège son ventre de ses deux bras. Soutient le bas du ventre de ses mains et son regard de désespoir et de soudaine angoisse se noie dans le mien. J'ai compris. J'ai tout ressenti. Un éclat. Un éclatement. Un coup de poignard. Un déchirement. J'ai moi aussi pris un éclat au cœur. Maman l'a pris en plein ventre. Mon petit frère a été touché.

Silence. L'instant s'éternise. L'un et l'autre quittent la table sans mot dire. Seul le regret habite leur regard hagard et soudain rempli d'un remord inexprimable. Encore une fois, l'éclat d'une blessure écorchée vive, de l'incommensurable solitude, de l'absence inacceptable d'une épouse, sœur, Maman et Mémé, d'une souffrance inexprimable a touché Maman en plein cœur, dans ses entrailles. Papa soutient de ses bras protecteurs son épouse chérie et son petit, si fragile, qui vit à travers elle, tout en plongeant son regard de désarroi dans le mien.

Après une promenade en forêt, nous allons chercher des asperges toutes fraîches chez l'une de nos voisines qui en cultivait. Maman traverse lentement le jardin fleuri avec moi ; là, au milieu des fleurs, elle est si belle avec son ventre arrondi par la maternité et une naissance toute proche.

Arrivées au fond de notre jardin, elle ressent soudain un petit pincement au ventre. Elle laisse s'échapper un tout petit murmure pour ne pas m'inquiéter. Ce n'est rien. Un petit pincement, c'est tout. Il fait très chaud. C'est aussi le début d'une canicule et d'une sécheresse sans précédent…

Dimanche, 2 mai 1976. Je me réveille vers huit heures. Comme chaque dimanche matin, je murmure près de la porte de la chambre de Maman et Papa : « Tu es réveillée, Maman ? ».

Elle est réveillée ; je la rejoins au bord du lit et l'embrasse tendrement ; elle s'apprête à descendre les jambes du lit, quand elle laisse à nouveau échapper un petit cri de douleur qui la surprend soudainement. Une nouvelle fois, elle essaie de ne rien laisser paraître.

Toute la matinée, elle vaquera à ses occupations habituelles. Comme chaque dimanche, je serai toute belle pour aller à la Messe du dimanche matin.

Mais ce matin-là, Maman ne nous accompagnera pas ; la prudence est de mise.

Les contractions s'intensifient.

14 heures. Il fait de plus en plus chaud. Ma valise est prête.

Il va falloir que j'aille chez ma Tante. Maman doit partir à l'hôpital.

Dans le jardin de ma Tante fleurissent les muguets portebonheur du joli mois de mai. La chaleur de cet après-midi se fait pesante. Mon esprit est ailleurs. Je ne veux pas aller en promenade. Je veux cueillir du muguet porte-bonheur et l'apporter à ma Maman. Mais ma Tante m'exhorte d'être patiente. Demain peut-être aurais-je des nouvelles de Maman ?

Il se fait tard maintenant et il fait toujours aussi chaud dehors. Mais dans mon petit lit, il fait si froid. Que fait ma Maman ? Mon petit frère est-il déjà né ? La nuit est claire. Le ciel flamboyant du couchant m'apporte un peu de chaleur.

Mon cousin dort dans la même chambre que moi. Tous deux avons les yeux fixés vers la fenêtre de toit. La nuit tombe ; or, parmi toutes les étoiles, l'une des étoiles scintille de plus en plus fort. Mon cousin me confie que c'est sûrement un signe. Mon petit frère serait-il né ce soir ?

Il est cinq heures du matin. Cela fait déjà deux heures que je suis réveillée. La nuit a été interminable. L'attente me semble interminable. Il faut que j'aie des nouvelles… Ma Tante entre dans la chambre à sept heures. Pour ne pas la vexer, je frotte mes yeux en faisant mine de me réveiller. Elle s'inquiète de savoir tout va bien. Je la rassure. Tout se passe au mieux, j'ai bien dormi. Un pieux mensonge vaut probablement mieux que de lui faire de la peine en disant la vérité. Le Bon Dieu me pardonnera, j'en suis sûre. J'attends quelques instants avant de lui demander si elle a des nouvelles de Maman. Mais l'impatience me taraude. Il me faudra encore un peu de patience.

7h45. Je m'apprête à sortir de la maison avec mon cousin pour prendre le chemin de l'école. Je franchis la porte. Papa est là. Devant moi. Comment vont Maman et mon petit frère David ?

Papa reste muet pendant un instant. Puis il se risque à me faire remarquer que le bébé pourrait bien ne pas être un garçon mais une petite fille. Personne n'avait pu le prédire. Il n'y avait pas encore d'échographie à l'époque ; on découvrait le sexe de l'enfant à sa naissance.

Mais je lui coupe immédiatement la parole et encore une fois réitère ma question. Comment vont Maman et David ?

Une étoile était née la veille : le dimanche 2 mai à 21h55.

L'étoile de mon petit frère ; l'étoile de David. C'était mon étoile, mon petit frère, mon « petit roi » : David. Il n'y avait jamais eu de place pour le doute dans mon esprit de petite fille. De l'instant où Maman m'avait annoncé l'immense nouvelle de sa grossesse, il était devenu pour moi une certitude, une présence, mon petit frère. Qu'il soit béni, celui qui est « chéri de Dieu et des hommes ». A la fois faible et fort, petit et grand, humble et roi. Mon petit frère, notre petit roi, qui apporterait à toute notre famille l'espoir, la vie, la joie et le bonheur en ce joli mois de mai, en ce dimanche, premier jour d'une semaine naissante, comme un recommencement. L'espérance d'une Paix et d'une sérénité retrouvées dans notre famille. Rien d'autre ne comptait plus à présent.

J'avais mis quelques heures à peine à choisir ses prénoms. Il s'appellerait *David Jean*. *David*, parce qu'il est « *chéri de Dieu et des hommes* », et *Jean* parce que « *Dieu fait grâce* ». Il aurait aussi la fierté de mon Papa, qui se nomme Jean-Baptiste. En effet, il est le seul garçon issu de la lignée paternelle, donc le seul héritier de son patronyme.

A six ans, j'avais déjà une passion précoce pour la signification et la puissance des mots. Le langage possède une force et un pouvoir que les hommes se sont appropriés, tantôt pour détruire le monde et leur prochain et se montrer sous leurs traits les plus vils et inhumains, tantôt pour affirmer leur existence, leur liberté, leurs différences, pour partager et faire connaître leurs dons, leur amour, leur force d'espérer, de construire et de reconstruire sans cesse des lendemains meilleurs et plus beaux. La force des mots, la façon dont nous les employons, fait de chacun d'entre nous un être unique.

Et j'avais décidé très tôt que les mots seraient ma force, mon vecteur, mon pouvoir d'action.

Maman était donc partie à la maternité sans que j'aie voulu choisir le moindre prénom de fille, et, avec Papa, elle n'avait pas non plus réussi à en trouver. La vie est souvent pétrie de certitudes qu'on a beaucoup de mal à saisir dans l'instantanéité. Le parfum du brin de muguet de ce dimanche de mai, la lumière de l'étoile qui meurt dans un dernier éclat encore plus puissant et semble ainsi renaître en scintillant encore plus fort, les prénoms qui m'ont immédiatement séduite par leurs sonorités, leurs sens, leur histoire, ont été, - j'en suis aujourd'hui persuadée -, les signes d'une naissance, d'une renaissance, pour chacun d'entre nous. Une nouvelle famille était enfin née autour d'un bébé plein de promesses et porteur d'espoir.

La marque cutanée de la famille était marquée sur son tronc : comme mon oncle, il a depuis sa naissance, un *naevus géant* dont il ne parle jamais et qui l'a probablement très fortement complexé enfant et adolescent. Aujourd'hui, il garde son teeshirt en toutes circonstances et le protège du soleil.

Nourrisson et enfant, il était relativement sélectif sur le plan alimentaire, à la fois par goût et par nécessité ; sa digestion était fragile ; il lui arrivait souvent de vomir son biberon ; il grandissait lui aussi par « poussées » successives, et sa croissance fut fulgurante. Il atteindra un mètre quatre-vingt et onze à l'âge adulte. Enfant, il faisait très souvent des otites et des pharyngites. Il avait lui aussi besoin d'un rythme régulier et de beaucoup de sommeil ; mais très vite, lorsqu'il devint adolescent, il se transforma en noctambule : les insomnies lui permirent de travailler jusque très tard dans la nuit, alors qu'il a souvent besoin de sommeil en pleine journée.

A l'âge de dix-huit ans, et sur les conseils du médecin, Maman décida de lui faire subir une intervention chirurgicale des oreilles, qui étaient très décollées depuis sa naissance. Ce fut une épreuve terrible pour mon frère, dont nous nous souviendrons toujours. Ses douleurs furent insupportables.

Encore aujourd'hui, il garde une sensibilité et des douleurs à fleur de peau, lorsqu'on effleure ses oreilles. Il ne supporte pas qu'on le touche à cet endroit.

C'est également au même âge que sa vue se mit à chuter très brusquement ; il ne portait pas de lunettes jusqu'à présent, et en dehors d'une dyschromatopsie congénitale moins sévère que la mienne, il avait toujours eu une très bonne vue…

L'ophtalmologue diagnostiqua une myopie tardive et très sévère sur laquelle il n'a jamais désiré qu'on intervienne. L'intervention des lobes des oreilles l'avait marquée pour toujours ; et à moins d'une urgence vitale, il ne se fera plus opérer.

David était un enfant calme et rêveur à l'école, pour le moins turbulent et hyperactif à la maison, mais extrêmement affectueux, jovial et sociable, Maman et moi avions souvent très peur qu'il se blesse gravement. Il avait chuté plusieurs fois, mais sans qu'il y ait eu d'accident sérieux. Comme je le précisais, cette apparente turbulence ne se projetait jamais à l'école ; au contraire, il semblait toujours « ailleurs », un peu rêveur ou absorbé par d'autres centres d'intérêts que ceux enseignés par son institutrice en maternelle. Il savait lire à six ans, dès son entrée en C.P., alors que personne ne lui avait appris à lire. Sa maîtresse avait convoqué Maman pour lui faire part de sa surprise et de sa précocité. Nous ne l'expliquions pas. Son écriture a toujours été gauche et ciselée, mais néanmoins dictée par une orthographe irréprochable.

En réalité, mon frère était précoce en tout ; il n'était jamais nécessaire de vérifier s'il connaissait sa leçon ou son poème, de les avoir entendus une ou deux fois, lui suffisait à les mémoriser. Pour ma part, je ne comprenais pas son « fonctionnement » ; il m'échappait ; il fallait que je travaille des heures, alors que mon frère avait naturellement une mémoire d'éléphant. Manger, se concentrer pour apprendre une leçon, étaient pour lui des activités inutiles, ayant très peu d'intérêt ; lors de ces activités néanmoins nécessaires, il avait bien d'autres préoccupations et se laissait distraire par d'autres centres d'intérêt qui éveillaient bien plus sa curiosité. Il fallait expérimenter, comprendre, aller au contact de la matière, des gens, découvrir le monde en partant à l'aventure. Le contact avec la nature : une source d'énergie et de vie !

Depuis son plus jeune âge, il était capable de contorsions improbables, liée à une souplesse hors pair : encore aujourd'hui, avec peut-être un soupçon de souplesse en moins, il est capable de se déplacer sur les fesses, jambes croisées dans la nuque.

Enfant, il aurait été capable de tous les tours de contorsionnistes. Que ce soit avec ses omoplates, ses membres inférieurs ou supérieurs, ses bras, ses jambes, ses doigts, il était et est toujours capable de contorsions exceptionnelles, alors qu'il mesure plus d'un mètre quatre-vingt-dix !

Sa peau, translucide, pâle et diaphane, lui conférait une certaine fragilité. Son regard, sombre et profond, lui donnait cet air sérieux dont j'ai déjà parlé me concernant.

Intellectuellement, même s'il ne le reconnaît pas du tout, même s'il ne veut pas qu'on en parle, mon frère était un élève très précoce et son adolescence le confirma.

Dès l'âge de quinze ans, il devint un garçon très « sage », qui n'avait plus le souvenir des turbulences de son enfance.

Encore aujourd'hui, il ne se reconnaît plus du tout dans cette image d'enfant hyperactif et sans cesse en mouvement. Il est très apprécié des enfants, des adultes et des personnes âgées, par sa propension à l'écoute et à la solidarité. Tout le monde fait appel à lui autant pour être consolé que pour trouver une solution à un problème quel qu'il soit. En ce qui me concerne, je peux toujours compter sur lui. Je lui ai appris ses premiers mots, l'ai accompagné dans ses premiers pas, dans ses débuts à l'école, au collège, au lycée, à la faculté, et j'ai toujours pu compter sur lui.

J'appris alors comment l'accouchement s'était déroulé ; très différemment que la première fois, lors de ma naissance. Après le début des contractions du 1er mai, le choc du repas du 2 mai, et plusieurs heures de « travail », mon petit frère était né. Maman avait à nouveau énormément saigné et la sage-femme dut faire appel au médecin pour une anesthésie générale. Le placenta était resté dans son ventre ; il fallait donc intervenir pour libérer la totalité de la poche. Le gynécologue lui confia que l'intervention avait permis de « nettoyer » des « séquelles » anciennes du premier accouchement et que la deuxième grossesse lui avait ainsi permis d'échapper à des complications qui auraient pu provoquer de graves conséquences par la suite… Il était intervenu sur des séquelles de perforation utérine liée au premier accouchement hémorragique, qui étaient sur le point de déclarer une maladie bien plus grave…

Après ces deux grossesses, Maman avait un prolapsus utérin qui s'aggrava au fil des années à cause d'une toux rebelle qui fit son apparition une dizaine d'années plus tard. Elle fut opérée sous rachianesthésie, durant laquelle elle avait tout simplement failli mourir ; en effet, durant l'intervention, sa tension artérielle avait brusquement chuté à 3 et faillit la plonger dans le coma.

Personne n'avait prévu telle complication peropératoire, même si nous avions prévenu l'anesthésiste qu'elle était sujette à constante hypotension et à des risques de chutes de tension.

C'est un nouveau point commun que j'ai avec elle et qui me vaut d'avoir une tension artérielle « normale » à 10 maximum. Il faut préciser qu'au-delà de 12, nous avons toutes les deux l'impression d'être très mal, en hypertension et de faire un malaise cardiaque. Une tension à 14 par exemple, nous fait ressentir les mêmes symptômes que ceux que ressentirait un sujet normal à 18 ou 20…

Mais personne ne prend réellement cela au sérieux, car l'hypotension, selon la majorité des médecins, n'est pas facteur de risques majeurs. Toutes les deux avons des extrasystoles cardiaques et des palpitations ou des arythmies subites que les médecins qualifient de bénignes. Maman ayant en outre des nodules thyroïdiens imputés à une maladie de Basedow, que je qualifierai plutôt de « pseudo Basedow » et qui se déclare par « crises », traitées par *Néomercazole* jusqu'à présent, présente régulièrement de nouveaux nodules thyroïdiens qui restent bénins mais provoquent des inflammations thyroïdiennes, des tachycardies et des élévations de la tension qui lui font craindre le pire, alors qu'elles régressent presque spontanément après traitement de *Néomercazole* sur plusieurs mois, à des doses relativement faibles. A trois reprises depuis 1998, son traitement de 9 mois qui s'était réduit à 15mg par jour pendant environ deux mois, puis 10mg, puis seulement 5mg, lui avait permis de faire régresser la crise inflammatoire ! L'endocrinologue et le médecin nucléaire ont eu énormément de mal à comprendre ce mécanisme. Il faut également préciser que ce « pseudo » Basedow ne se déclara qu'en 1998, alors qu'elle n'avait jamais eu d'antécédent de ce type, et qu'elle avait alors 57 ans ! Il me semblait pourtant qu'une maladie auto-immune avait la caractéristique d'être présente depuis la naissance ? Je dois me tromper… Ce qui est absolument certain, c'est que Maman n'avait jamais eu de problèmes de ce type auparavant…

Comme je le disais précédemment, Maman a également commencé à tousser vers l'âge de quarante-cinq ans. Elle avait certes eu de fortes bronchites étant jeune, mais la toux et les crises d'étouffement faisaient désormais partie intégrante de son quotidien. Les fausses routes, les crises de toux, l'empêchent depuis bientôt trente années de parler sans tousser. Malheureusement, je crois que personne ne reconnaîtrait désormais Maman sans sa toux ! Maman et SA toux … J'ai tout tenté : bilan de pneumologie, d'allergologie… Rien n'explique cette toux rebelle. Maman s'évertue à essayer de faire comprendre aux médecins qu'elle est encombrée par des glaires, que sa constipation rebelle et extrêmement chronicisée doit être en lien avec la toux, car régulièrement, lorsqu'elle « se vide » les intestins, elle est si fatiguée qu'elle ne doit rien entreprendre ce jour-là et ce sont ces jours-là où sa toux redouble encore et l'exténue ! Mais comment un pneumologue pourrait-il prendre tel lien en compte ? Un pneumologue s'occupe du système respiratoire, un O.R.L. des voies respiratoires supérieures et un gastro-entérologue du système digestif, voyons ! Seule constatation commune : Maman est très inflammatoire… Forcément ! Elle tousse constamment ! Mais elle n'est pas asthmatique. La batterie de tests qu'on lui a fait subir reste négative. Et la cortisone ne lui réussit absolument pas ! Comment pourrait-on, en prime, être allergique à la cortisone ? En effet, elle fait des crises d'étouffement si elle inhale de la cortisone ! C'était pour ainsi dire « la cerise sur le gâteau » ! Ce n'est pas sérieux tout ça. Cela doit se passer dans la tête. Il lui faut un calmant… « Votre passé, vos douleurs, Madame, doivent aujourd'hui s'exprimer par votre toux ! ».

Maman n'en peut plus d'entendre ce genre de discours qui cache tout simplement une incompréhension et un mystère dont les médecins n'expliquent pas la cause. Alors cela doit être psychologique ! Bien sûr. Nous y voilà enfin… Maman refusa net quelconque psychothérapie et persiste à dire qu'il doit y avoir une explication tout à fait rationnelle à son problème. Elle pense, à juste titre, que les médecins ne peuvent pas tout expliquer. Surtout pas ceux qui réfugient leurs interrogations derrière le problème psychique du patient ! Mécaniquement, elle maintient qu'il doit y avoir un « lien » entre ses problèmes respiratoires et intestinaux. Envers et contre tout. Mais lequel ? Qui pourrait être à même de l''écouter ? C'est par elle-même, en écoutant son corps, qu'elle découvre que les exercices de respirations, la gymnastique des membres, notamment inférieurs (« faire du vélo avec les jambes par exemple), et les massages de son ventre lui font du bien et lui permettent d'améliorer sensiblement son quotidien... Presque trente années de galère, de souffrance, d'incompréhension, de « manque d'air », de fausses routes, contre lesquelles nous ne pouvions rien faire. Je restais pourtant persuadée qu'il devait y avoir une explication...

J'avais sept ans lorsque mon petit frère est né. J'étais souvent sujette aux bronchites, souvent très fatiguée, mais Maman faisait l'impossible pour que je me sente bien. Elle avait souvent consulté le pédiatre pour des maux de ventre que ce dernier imputait régulièrement à des « crises de foie »... Il est vrai que j'avais très bon appétit, mais je mangeais très équilibré et de tout, et ce, depuis mon plus jeune âge. C'était un plaisir de me préparer de bons repas et de me faire goûter de nouveaux aliments.

Les pharyngites se multipliaient et le médecin traitant décida de prendre rendez-vous auprès d'un O.R.L. Ce dernier préconisa de m'opérer des amygdales compte tenu du fait que j'avais de nombreux ganglions dans le cou... Quelle ne fut pas sa surprise pendant l'intervention, lorsqu'il découvrit que mes amygdales étaient minuscules et qu'il avait eu du mal à les trouver ! C'est ce qu'il confia à Maman après l'intervention... Et le compte rendu d'intervention que reçut mon médecin détaillait cette « surprise » qu'avait eue l'O.R.L. pendant l'intervention. C'est malheureusement à partir de ce moment qu'à la place de faire de simples pharyngites, je fis très régulièrement des bronchites « carabinées » qui me laissaient ensuite sans force pendant des semaines !

Je me souviens très bien de celle que j'ai eue de novembre à fin janvier 1979, alors que j'avais onze ans, et que les antibiotiques étaient restés inefficaces. Tout au plus m'avaientils totalement affaiblie. J'étais en pleine croissance, et j'avais également pris sept centimètres en trois mois ! Maman avait heureusement pris ses dispositions et me soignait également en renforçant mon système immunitaire par tous les moyens naturels qu'elle avait pu trouver.

J'avais eu les oreillons, la rubéole et la rougeole, et à chaque fois que j'étais malade, ma fièvre dépassait 40°. Mon corps « sur-réagissait » aux attaques. Maman savait par ailleurs que ma *cuti* avait provoqué un positif jamais vu auparavant par mon pédiatre... A vingt ans, je me rappelle que le test anti-tuberculinique avait provoqué le gonflement de tout mon bras sur vingt-cinq centimètres au moins, et m'avait très fortement handicapée pendant le passage de mes partiels de janvier à la faculté...

Durant l'hiver 1980, mon petit frère qui avait alors trois ans et demi a eu la varicelle. C'était la seule « maladie infantile » que je n'avais pas encore eue. J'avais alors onze ans. Et je m'en rappellerai toute ma vie ! Ma fièvre frisait à 40°2 et mon corps était couvert de cloques. On ne voyait presque plus la peau de mon visage. Ma fièvre s'était tellement élevée que je délirais.

Ne sachant plus que faire, mon père m'avait prise dans ses bras en pleine nuit, porté dans la salle de bain pour faire couler un bain afin de faire baisser la température ; c'est à cet instant que je me vis dans la glace au-dessus du lavabo. Un monstre ! Voilà ce qui m'est apparu dans la glace. Sous l'effet de la fièvre et du délire, je pensais ne plus jamais redevenir comme avant. J'allais rester un monstre. Mes nerfs « m'ont lâchée » et mon petit doigt gauche se rétracta totalement tant je m'étais crispée. Il est resté légèrement rétracté depuis lors ; je n'ai jamais plus réussi à le tenir tout droit.

La varicelle m'a laissée exténuée pendant plusieurs semaines ; les complications respiratoires n'avaient pas tardé à faire leur apparition également. Je me rappelle qu'il m'a fallu beaucoup de temps, près de neuf semaines, pour récupérer mes forces. J'étais toujours pâle, mais j'avais heureusement hérité du teint mat de mon Papa, qui me permettait d'avoir bonne mine, dès que les premiers rayons de soleil du printemps faisaient leur apparition. La venue des beaux jours était pour moi comme une thérapie à mes faiblesses. Rien ne pouvait plus me mettre d'aplomb que le soleil et la chaleur ! En automne et en hiver, je souffrais énormément du froid. J'ai toujours froid aux pieds, aux mains, et mon corps est parcouru par des frissons dès que les variations de températures sont trop brusques. Je me souviens avoir eu le bout des doigts gelés, violacés, d'avoir simplement joué dans la neige...

Depuis lors, lorsque le temps change et que la température passe au-dessous de zéro degré, le bout de mes doigts se creuse et de nombreuses vergetures apparaissent soudainement. Mon corps est un baromètre. J'ai la chair de poule même en plein été, si une petite brise m'effleure la peau. Je porte toujours de grosses chaussettes et chez moi la température des pièces doit être stable et à au moins vingt-deux degrés, notamment en hiver. Notre région est malheureusement sujette à des écarts énormes de températures, - vingt degrés quelquefois -, en seulement quelques heures parfois !

Maman et moi nous sentions au paradis, dès que l'été arrivait, et plus encore pendant nos deux semaines de vacances au bord de la Méditerranée. Mes parents, malgré la situation familiale complexe que nous vivions, (il fallait en effet trouver une personne de notre entourage qui s'occupe de Tonton pendant notre absence), mettaient un point d'honneur à prendre deux semaines de vacances au bord de la mer avec mon petit frère et mon grand-père. Ces quelques jours nous permettaient de nous sentir bien dans notre peau, et, je ne savais pour quelle raison, nous libéraient de nos fragilités et de nos maladies.

Comme je le disais plus haut, ma croissance était fulgurante ; je grandissais par « poussées » de plusieurs centimètres en quelques semaines, et j'atteignais ma taille adulte de 1,73 mètre à seize ans. Entre l'âge de onze et quatorze ans, je tombais régulièrement sur le dos et surtout le coccyx, qui a gardé des séquelles irréversibles de ces chutes. Je suis tombée à la piscine, n'ayant pas un bon équilibre ; j'ai « raté » de nombreuses marches d'escaliers, et, à chaque reprise, j'ai fracturé mon coccyx. Ma scoliose me provoquait souvent des maux de dos. A quatorze ans, l'angle de mon coccyx atteignait les quatre-vingt -dix degrés. En classe, il m'était de plus en plus pénible de rester assise longtemps sans que le bas de mon dos ne « s'endorme » et provoque des fourmillements dans mes jambes... Ma troisième chute me priva d'ailleurs totalement de l'usage de mas jambes pendant plusieurs heures. Ce n'était malheureusement pas la dernière chute de ma vie. Il y en a tant d'autres depuis. Mes genoux sont restés marqués par des cicatrices liées à des chutes que j'ai faites à l'âge de quatre et cinq ans. Elles ont nécessité plusieurs sutures. À chaque fois que je me blessais, que je ma brossais les dents, je saignais énormément. Ma peau semblait très fragile.

Après les premières chutes, j'avais compris que mon équilibre était instable. J'étais certes très souple aux cours de gymnastique, mais je n'évoluais pas comme mes camarades. Je ne progressais pas comme eux. Et je risquais de tomber à tout moment. Je sentais différente. Il fallait que j'arrête mes cours de gym'. Je n'arrivais pas à garder l'équilibre au cheval d'arçon, ni aux barres parallèles ; et mon corps s'envolait trop, se déséquilibrait de plus en plus. Ma coordination n'était pas celle requise pour ce genre d'exercice qui m'apparaissait périlleux. Je n'avais pourtant aucune difficulté à mettre mes mains à plat à même le sol, alors que mes camarades se plaignaient souvent de douleurs après les exercices d'échauffement ou d'étirements… Moi, j'étais souple, mais mal coordonnée…

J'étais une très bonne élève, précoce, d'après les dires de mes instituteurs, de mes professeurs et des adultes qui me côtoyaient. On pouvait me confier toutes les responsabilités. Je les assumais pleinement. Je ne me suis jamais sentie vraiment « enfant ». Je ne jouais pas à la poupée. J'aidais mon voisin à progresser scolairement depuis mon plus jeune âge. Je jouais « à la maîtresse » ou au « docteur ». Maman m'a toujours dit qu'elle aussi était encore une toute petite fille, lorsqu'on lui disait qu'elle « n'avait pas son âge ».

De mère en fille, raisonnables. Trop raisonnables.

Propulsées dès notre plus jeune âge dans la vie adulte.

Même si le Saint Nicolas et le Père Noël m'avaient souvent apporté des poupées, je ne jouais pas avec elles. Elles ornaient sagement ma chambre, sans même que je m'en occupe. Elles faisaient partie du décor d'une chambre de petite fille. Je ne les détestais pas ; je ne las aimais pas non plus. Elles étaient là, c'est tout. Mais l'hiver 1980 avait bouleversé mon esprit et mon corps. C'était l'hiver de la « fameuse » varicelle. Je me sentais si seule depuis des semaines. Je ne voyais plus mes camarades. Il me fallait de la compagnie. Je me souviens avoir demandé ma première poupée au Saint Nicolas à l'âge de onze ans ! Elle mesurait près de un mètre et s'appelait Delphine. C'était ma compagne et ma confidente. Je l'habillais, lui cousais de nouveaux habits que je dessinais et lui confiais mes petits secrets, mes soucis, mes inquiétudes. Il ne fallait pas que je dise à maman que je me sentais fatiguée et malade. Elle se serait fait trop de soucis pour moi. Alors Delphine prenait le relais. M'écoutait. Et tout en faisant les questions-réponses moi-même, j'imaginais qu'elle me rassurait, qu'elle me donnait ce courage qui me manquait quelquefois parce que j'étais trop fatiguée. Je ne voulais montrer ma faiblesse à personne, même si je savais pertinemment bien que Maman était consciente que j'étais fatiguée. Mais rien ne servirait d'en rajouter ! Tout irait bien à nouveau. Dans la vie, Maman avait appris à se battre, à ne pas se décourager malgré les épreuves. Je me suis donc battue. Je ne pleurais que très rarement dans les bras de Maman ; elle avait bien assez à gérer pour elle, mon petit frère, ma famille. Et lorsqu'elle pleurait, c'est qu'elle était trop faible et qu'elle saignait. Au sens propre et au sens figuré. « J'ai juste un peu mal au ventre, disait-elle, je suis fatiguée ; ça ira mieux demain, tu sais, Ninala ! Ne sois pas inquiète ! ».

J'ai eu mes règles à douze ans et demi, et ce fut une nouvelle étape difficile pour Maman et pour moi. Mon cycle, si tant est qu'on puisse parler de cycle, était anarchique. Et c'est peu dire. Deux semaines, deux mois, trois mois, six mois... Plus le cycle était espacé et plus je craignais l'hémorragie. J'avais quinze ans lorsque mes parents ne savaient plus que faire de moi. Cela durait depuis deux semaines et les douleurs devenaient insupportables. J'étais exsangue. Les caillots de sang me faisaient me tordre de douleur. Il a fallu consulter en urgence à l'hôpital. L'interne en gynécologie qui m'examina nous conseilla de voir un gynécologue qui serait plus à même de prescrire un traitement.

Nous nous rendîmes chez le gynécologue qui ne me prescrit aucun traitement. « Tout se mettra en ordre dans quelques temps. Il faut prendre son mal en patience et attendre encore deux ou trois ans avant qu'on ne puisse définitivement remédier en prescrivant la pilule contraceptive. »

Prendre son mal en patience ! Facile à dire ! Pas facile à vivre. Et si la prochaine fois c'était encore pire...

Il y eut bien des « prochaines fois » où il fallut rester coucher, se reposer, récupérer des forces... Et je ne savais jamais quand serait la prochaine fois !

Mon oncle Romain nous a « quittés » à soixante-quinze ans. Il est décédé alors que mon frère n'avait que quatre ans. Des problèmes vasculaires cérébraux s'étaient aggravés jusqu'à le terrasser en 1980. Son « départ » nous a beaucoup affectés. Maman avait tout tenté pour le soigner au domicile, mais la maladie s'aggravant, il chutait très souvent, victime de ses vertiges et d'une raideur qui avait peu à peu gagné tout son corps. Sa peau avait toujours été extrêmement fine et en proie à des saignements ou des hématomes très étendus au moindre cognement. Ses chutes répétitives devenaient dangereuses. Hospitalisé à plusieurs reprises, les médecins avaient statué de nombreuses thromboses cérébrales et une extrême fragilité cutanée et artério-veineuse qui devenait ingérable sachant qu'il chutait très souvent. Il avait cette démarche très caractéristique qui le faisait souvent perdre son équilibre : il marchait en butant sur l'avant du pied et était souvent en proie à des chutes de tension. Je me souviens qu'avec l'âge, il devenait de plus en plus raide et que son dos se voûtait très vite. Il portait une « marque » de naissance : un *naevus géant* au niveau du tronc dont a malheureusement « hérité » mon petit frère David... Mais sa prestance, sa peau velouté et fine, ses yeux verts, avaient fait de lui un très bel homme, déçu par un amour de jeunesse brisé, qui avait voué sa vie à sa sœur Jeanne et sa nièce et filleule chérie Christiane, ma Maman. Jamais il n'avait rien regretté de son choix de vie. Il avait été heureux dans sa famille. Envers et contre les épreuves : les disparitions tragiques et successives de son beau-frère Marcel et de sa sœur chérie, Jeanne. Pour ma Maman, il avait en quelque sorte eu le rôle de Papa, notamment pendant les huit années où Mémé avait été seule. Elle l'avait donc soigné autant qu'elle l'avait pu, mais lorsqu'il a été hospitalisé pour la troisième fois, il n'y avait plus eu d'autre alternative que de la placer. Il n'est pas resté très longtemps en maison médicalisée. La maladie eut très vite raison de lui. Mon Tonton Romain chéri, qui m'avait fait découvrir les moindres secrets de la nature, tous les noms des fleurs sauvages de la forêt, des oiseaux dont aucun chant ne lui était inconnu, qui m'avait appris tous les petits bonheurs des balades en forêt, alors qu'il était sur son lit d'hôpital me vit pour la dernière fois deux jours avant son « départ » vers les grandes étendues de l'éternité, là où tout est Lumière, Paix et Sérénité. Maman m'avait confectionné une magnifique robe vert pâle, aux couleurs de ce printemps naissant du joli mois de mai, le mois de Marie, que Tonton aimait tant. Dans un dernier effort, il me prit ma main et en dialecte, me dit à quel point j'étais belle ce jour-là : « Ninala, besch' tü awer schen hetà ! »* *(*» Ninala, qu'est-ce que tu es belle aujourd'hui !).* J'espère qu'il n'a pas trop souffert et qu'il est « parti » avec cette belle image lorsqu'il a fermé ses yeux pour partir vers d'autres cieux, rejoindre sa sœur adorée... Au moment où j'écris ces lignes, je retrouve avec profonde émotion, la douceur de sa peau et de celle de Mémé, ses mains « fripées » et prématurément vieillies, ses cheveux blancs, ondulés et soyeux, son visage affectueux et attendri. Quelque chose me murmure qu'en écrivent ses lignes, ils sont tout près de moi et le seront toujours. Ils nous ont quittés, mais leurs présences m'ont guidée et me guideront toujours ; mon cœur, mes mains, écrivent par eux et pour les miens aujourd'hui. Ils sont eux aussi les « clés » d'un mystère qui sera enfin résolu bien des années plus tard.

Mes chutes et mes problèmes prémenstruels allaient en s'accentuant et invalidaient de plus en plus mon quotidien. J'avais décidé de poursuivre mes études au lycée en section B (économique et sociale). J'étais souvent très fatiguée et je ne comprenais pas comment mes camarades se débrouillaient pour ne pas avoir la santé aussi fragile. Les hivers étaient très difficiles à vivre, et il ne se passait pas un seul sans que j'aie une ou plusieurs bronchites. La fin du premier trimestre, les mois de janvier et février notamment, si longs et fastidieux, me semblaient, me semblent encore aujourd'hui les périodes les plus difficiles à surmonter. Les écarts de températures, le froid, n'étaient pas mes alliés. Je les redoute toujours.

C'est à l'âge de dix-sept ans que le gynécologue, ne sachant plus que faire de mes soucis d'hémorragies, me prescrivit la pilule contraceptive. C'était, selon lui, le seul moyen de mettre un terme à tant d'ennuis. Lycéenne et ensuite étudiante, je ne pouvais pas me permettre d'être alitée pendant les examens, de subir des chutes de tension, d'être exsangue et exténuée en permanence, de subir tous les désagréments prémenstruels que je vivais à puissance exponentielle par rapport à mes camarades qui ne connaissaient pas tout ce scénario catastrophe dont je souffrais régulièrement : maux de tête fulgurants, douleurs dorsales aigues, sensations vertigineuses, chutes de tension, prise de poids jusqu'à cinq ou six kilos, gonflements des membres, rétention d'eau visible, gonflement du visage, blocages respiratoires, affaiblissement généralisé, pharyngites et bronchites à répétition, ganglions, hémorragie, douleurs abdominales, ballonnements, contractions utérines extrêmement douloureuses etc… Maman disait qu'elle aussi avait eu tous ces problèmes ; que cela faisait partie des règles.

Que c'était comme ça. J'avais fini par l'accepter comme tel, mais mes études ne devaient pas en pâtir. Il fallait donc que je prenne une décision. J'acceptais de prendre la pilule. Désormais, mon corps serait régulé chimiquement.

Les symptômes prémenstruels étaient toujours là, mais très sensiblement diminués, le cycle était devenu régulier et les règles étaient devenues presque normales. Je revivais. La libération de la femme avait du bon…

C'est aussi à cette même époque que j'ai rencontré celui qui était l'amour de ma vie et allait devenir mon mari quelques années plus tard. Avec lui, j'allais construire notre avenir, pour le meilleur et pour le pire.

Nous avons décidé de nous marier le 27 juillet 1990. J'avais alors vingt-et-un-an et ce fut l'un des plus beaux jours de ma vie. J'étais encore étudiante et mon mari avait choisi une carrière professionnelle bien délicate. En déplacement constant pour des durées très longues, dans des pays particuliers (Iran, Arabie

Saoudite etc...), il était chargé de monter des lignes de machines textiles pour l'un des bastions de notre industrie de machines textiles reconnue dans le monde entier. La durée de ses déplacements oscillait entre deux et quatre mois durant lesquels je gérais mon quotidien, avec néanmoins l'appui de ma famille et notamment de mon petit frère David.

Ma carrière professionnelle a débuté après un remplacement de Lettres et enseignement religieux dans un quartier très difficile de Mulhouse qui sera très rapidement classé zone d'éducation prioritaire. Cette période de neuf mois a été particulièrement formatrice et m'a permis de confirmer qu'une véritable vocation se révélait à moi : l'enseignement.

C'est au mois de septembre 1991, après avoir déposé ma candidature au rectorat et à l'inspection diocésaine de l'enseignement catholique de Strasbourg que j'ai pris rendez-vous avec de nombreux chefs d'établissement et que j'ai obtenu plusieurs postes. Mon choix s'est porté sur un collège - lycée privé à quarante kilomètres du domicile, le poste ayant été définitivement vacant et s'appuyant sur une pédagogie que j'allais découvrir et expérimenter, et qui me semblait avoir été depuis toujours la mienne : la pédagogie salésienne. Prévenir les dérapages, être à l'écoute des jeunes, leur proposer une voie pour grandir, être bienveillant et confiant en l'avenir, en nos jeunes, leur apprendre à dialoguer, à vivre ensemble avec leurs différences qu'il faut considérer comme une grande force, faire d'eux d'honnêtes citoyens, des porteurs d'espérance, faire se développer leurs dons, leurs talents, être tout simplement vecteur de valeurs évangéliques au quotidien, c'est ce que j'avais retenu de ma toute petite expérience en zone prioritaire. J'ai passé la suite de mes examens en octobre 1991, et ce qui m'a permis de m'enrichir et de progresser ! C'est tout simplement la pédagogie que je portais en moi depuis toujours et que m'avaient transmise mes parents, sans y mettre un nom. Je crois qu'elle fait simplement partie d'une Foi en la vie, en l'avenir, en nos jeunes et qu'elle nous apporte bien plus que nous ne « donnons ». Elle permet de s'enrichir et de surmonter bien des épreuves. C'est aussi ce profond respect de l'autre et cette foi en toute circonstance qui m'ont motivée et me motivent toujours aujourd'hui.

Mon mari et moi avions ainsi une situation professionnelle relativement stable ; la mienne l'étant un peu davantage, compte tenu du fait que celui de mon mari restait totalement tributaire de la conjoncture internationale. Nous pouvions ainsi envisager de construire notre vie à deux.

Nous étions domiciliés tout prêt de ma famille, dans une maison que mes parents louaient. L'un des deux appartements s'était libéré en janvier 1990 et nous avions décidé de nous y installer après avoir fait des travaux de rafraichissement, de chauffage et de peinture. Mon mari et moi aimons le bois, matériau noble et vivant. J'appris donc, avec lui, à rénover ce qui pendant des années, n'avait été que repeint ou recouvert par les locataires successifs de l'appartement. Nous ne pouvions pas encore faire de gros travaux dans la maison, car les locataires du deuxième appartement étaient très âgés. Nous respections leur quiétude tout en rénovant notre partie de la maison. Nous nous y installions définitivement en juillet 1990, juste après notre union.

En 1991, alors que nous étions installés, que cela faisait quelques jours que j'avais accepté mon poste au collège et au lycée privés auxquels j'ai fait référence précédemment, mon frère faisait sa rentrée en seconde générale du lycée public où j'avais fait et réussi mes études et passé le baccalauréat. Mais un concours de malheureuses circonstances, et notamment le décès brutal de son professeur d'histoire-géographie et de latin, qui devait également être son professeur principal, non remplacé à la rentrée pour au moins deux mois, m'avait amenée à demander audience auprès de mon chef d'établissement, un « personnage hors pair », que je connaissais à peine, qui me connaissait à peine, puisque j'avais débuté depuis quelques jours seulement dans cet établissement, pour lui faire part de mon inquiétude en ce qui concernait la situation de mon frère. En homme autoritaire mais droit, il me proposa un rendez-vous le lendemain avec mes parents et mon frère, afin de remédier au plus vite à cette situation. David n'avait alors que quinze ans, mais sa détermination et sa réponse affirmative, franche et sans appel à la question du directeur de savoir s'il allait intégrer la seconde du lycée, allaient bouleverser une fois de plus le cours des choses.

Il se décida donc en quelques minutes, avec mes parents, après quelques jours d'une rentrée chaotique au lycée public où j'avais moi-même fait mes études, à accepter sur le champ la proposition du directeur, à intégrer la classe de seconde et à poursuivre ses études au lycée où j'enseignais. Encore une nouvelle fois, le destin était à l'œuvre, même si, à cet instant, nous ne le savions pas encore.

Mes horaires étaient extrêmement chargés, sachant que j'étais en charge de l'une de mes classes en tant que professeur principal et que la prise en charge de nos élèves se fait de 7h43' à 18h, chaque jour, sauf le mercredi où les cours débutent à 7h43' et s'achèvent à 11h30' et le vendredi de 7h43' à 16h30'. Je n'ai jamais connu, depuis vingt-trois années dans cet établissement de semaine de travail à 18h de cours. C'est la contrepartie, que j'accepte volontiers, d'une pédagogie à laquelle je faisais référence plus haut, et qui me semble évidemment porter très largement ses fruits, et ce, depuis vingt-deux années de fidélité à ma vocation, à mon engagement auprès des jeunes. Et certains d'entre eux me l'ont rendu au centuple, non pas seulement par leurs résultats, mais surtout par ce qu'ils m'ont apporté, par leur parcours de vie. Le jeune reste au centre de notre projet. « Réussir dans la vie certes, mais surtout réussir sa vie ». Tel est notre projet pour « nos » jeunes.

David réussit son baccalauréat B (économique et social), session de juin 1994, après trois ans d'études au lycée et se dirigea vers la Faculté d'économie, de techniques de gestion et de droit de Belfort, où il décrocha le D.E.U.G. d'Administration économique et sociale (A.E.S.) en 1996, la licence A.E.S. en 1997, puis une Maîtrise (reconnue Master européen pour la première année) en Management Public et un D.E.S.S. en Management Public à la Faculté de Nancy II, respectivement en 1999 et 2000. Je me souviens l'avoir accompagné à la Faculté de Belfort à l'occasion des Portes ouvertes, afin de lui donner mes impressions. Ensemble, nous avions eu cette même impression de confiance, et je lui faisais confiance : il allait réussir ses études. Il avait d'emblée trouvé sa voie, et j'étais très fière de lui.

Il s'était pourtant passé bien des événements qui avaient marqué pour toujours nos vies en ce court laps de temps... Je vais y revenir très vite.

C'est précisément à ce moment qu'aux Collège et Lycée où j'avais presque dix ans d'ancienneté maintenant, et que j'avais fait mes preuves, le même directeur, toujours chef d'établissement en fonction cherchait un comptable de confiance. David fut le candidat idéal.

Au moment où j'écris ces lignes, cela fait maintenant douze ans qu'il occupe le poste de comptable de notre établissement et qu'il assiste le gestionnaire de « notre Maison » pour un effectif sans cesse grossissant d'élèves : nous sommes sur le point d'atteindre le chiffre symbolique de mille élèves à ce jour.

Sa passion : la nature, et tout particulièrement le travail du vigneron, qui s'applique jour après jour à faire fructifier la vigne. Le contact avec la nature est son second souffle. Lui donne du souffle. C'est par cette tâche, souvent fastidieuse et tributaire des aléas météorologiques, que mon frère équilibre sa vie professionnelle méticuleuse, délicate et souvent stressante. Rien de tel pour lui qu'une bouffée d'air en plein vignoble, loin du bureau, à se dépenser physiquement et à donner souffle à son esprit. Une forme de liberté. Loin des logiciels de comptabilité, des tâches polyvalentes de gestion et d'entretien nécessitées par l'urgence des interventions en milieu scolaire, des besoins des élèves, des demandes de plus en plus exigeantes et complexes des parents d'élèves, du téléphone portable, du clavier de l'ordinateur, du stress quotidien.

Il est resté ce petit garçon hyperactif, polyvalent et hypersensible, ce jeune homme simple, bienveillant, à l'écoute des autres, sociable et apprécié par les jeunes, les adultes et les personnes âgées. Ce clown contorsionniste, plein d'humour et de sensibilité, un peu solitaire dans la vie, appliqué et digne de confiance, droit et impartial, tantôt applaudi, tantôt incompris par la foule. Cet élève très modeste et doué, manquant souvent de confiance en soi, sensible et attentionné, ce petit garçon hyperactif et mystérieux. Cet homme « chéri des dieux et des hommes », qui, « avec la grâce de Dieu », avait su redonner un souffle de renouveau et de vie dans notre famille trop souvent meurtrie et éprouvée. Ce fils honnête, respectueux et soucieux du bien-être de ses parents. Ce frère aimant et complice de ma vie.

Chapitre V
La Dame en bleu

Grossesse, naissance et enfance de ma première fille, Edwige. (1994-2000)
L'accident de circulation du 3 octobre 1997.

Après un peu plus de deux années de mariage, et le début d'une carrière plutôt prometteuse, autant pour mon mari que pour moi-même, l'envie de fonder une famille s'imposa tout naturellement à nous. Notre amour devait se concrétiser. De nous, de notre amour, devait naître la vie.

Les locataires du deuxième appartement avaient quitté la maison. Elle nous appartenait. Mes parents m'en ont fait don. Nous avions le choix de rester ou de partir. Mais nous y étions déjà très attachés. Les gros travaux de rénovation complète débutèrent donc très rapidement. Ensemble, avec mon frère et mon père, nous y avons tout refait : destruction de certains murs, création de nouvelles pièces dans une configuration qui devait respecter son cachet ancien : isolation, chauffage central, parquets, boiseries, plomberie, sanitaires… Tout y est passé. Cent mètres carrés de refonte totale créée de nos mains. Mon mari et moi-même y avons passé des soirées, des jours, des semaines, des mois entiers. Nous étions fiers de notre ouvrage.

Il aura fallu près de trois ans avant que je ne tombe enceinte. Les absences professionnelles fréquentes de mon mari n'en étaient pas l'unique cause. Dès lors que j'ai arrêté de prendre la pilule, mes cycles étaient redevenus complètement anarchiques et mes saignements étaient redevenus hémorragiques. J'ai donc consulté mon gynécologue qui préconisa une stimulation ovarienne durant trois mois consécutifs, période durant laquelle j'ai véritablement souffert à la fois d'effets secondaires liés aux injections, ainsi que d'un échec total du traitement. Les bilans sanguins successifs ne faisaient apparaître aucun dysfonctionnement hormonal. Je ne tombais pas enceinte.

Mon médecin traitant fait vérifier le taux sanguin de prolactine, qui se situait dans des proportions anormalement hautes. Il décida donc d'un traitement de *Parlodel* (bromocriptine, 0,5 mg par jour).

Après quelques mois de prises, je fis une fausse couche.

Et enfin, après un séjour de deux semaines en Méditerranée, du repos, loin du stress quotidien, mon test fut définitivement positif fin août 1994. La grossesse fut confirmée par le gynécologue miseptembre ; le bébé devait naître le 6 juin 1995.

Fin septembre, la fatigue m'envahit soudainement et des contractions utérines m'obligent à m'allonger fréquemment. Je fais part à Maman de ces douleurs presque insupportables qui me font tordre de douleur. Elle me prévient que ce sont peut-être les prémices d'une grossesse qui ne va pas durer…

Malgré les douleurs, que je signale au gynécologue, je continue de travailler ; mais la fatigue et les nausées incessantes, les douleurs utérines, les longs trajets quotidiens liés à mon activité professionnelle vont m'obliger à rester au repos dès la fin novembre. Je sens que mon bébé « ne tient qu'à un fil » ; je ressens toutes les secousses, même les plus infimes, et notamment les micro secousses liées au déplacement en voiture ; les stations debout provoquent des douleurs et une sorte de « charge » qui fait que j'ai l'impression de pouvoir « tenir le bébé » qui est comme sur la point de naître prématurément, dès que je suis trop fatiguée ; les nausées se transforment en vomissements et remontées gastriques incessantes qui me brûlent le pharynx. Le troisième trimestre, après plusieurs mois de repos et d'alitement, se complique par de la rétention d'eau dans tous les membres (bras, mains, jambes, visage) ; je suis hospitalisée au 6ème mois ; le bébé va bien ; c'est tout ce qui compte pour moi !

Septième mois. J'ai pris 25kg. Le gynécologue me voit chaque mois pour faire une échographie. Le bébé va bien, c'est tout ce qui compte.

« Comment allez-vous ?

Bien, je vous remercie. Je me repose. Comment va mon bébé, Docteur ?

- Il est plein d'énergie. Tout va bien. Reposez-vous au maximum. Il ne faut pas que les contractions deviennent productives et lancent le travail prématurément. Je vous prescris un médicament contre les contractions, que vous avez eu par perfusion à l'hôpital et qu'il faut prolonger autant qu'on le pourra. Vous savez qu'une seule journée gagnée est d'une importance capitale pour le bébé.

- Oui, Docteur, je le sais. Je ferai tout mon possible pour le garder le plus longtemps possible dans mon ventre.

- Nous programmons la césarienne le 18 mai, soit à 38 semaines. C'est moi qui vous opérerai. - Merci, Docteur.

- En attendant, je vous revois dans deux semaines, à moins qu'il n'y ait un problème entre temps ; je vous confie mon numéro de téléphone privé, au cas où vous en auriez besoin. N'hésitez pas à m'appeler. C'est moi qui vais intervenir; soyez sereine. »

Une césarienne prophylactique pour « bassin chirurgical » était ainsi programmée le 18 mai. Mon coccyx « en hameçon » et mon dos déformé, ainsi que l'étroitesse de mon bassin, nécessitaient cette intervention par rachianesthésie. Je verrai naître mon bébé et mon mari pourra être présent à mes côtés, derrière le champ opératoire, pendant la césarienne. Nous accueillerions le bébé ensemble.

Je ne me nourris plus que de potages, yaourts, lait écrémé et céréales. Tout ce que j'avale se transforme en acides. Mes nuits sont un enfer. Mon dos souffre.

Huitième mois : j'ai pris 30kg, alors que je ne mange quasiment plus rien. Aux environs du 8 mai, je perds plus de

2kg. Je vomis même la nuit. Je ne sens plus mon dos, tant j'ai mal. Mais le bébé va bien, c'est tout ce qui compte. Maman a peine à me voir. En ce qui me concerne, je pense que c'est normal d'être aussi mal quand on est enceinte. Je suis si heureuse de porter la vie. Mon enfant vit et bouge à travers moi, je l'aime plus que tout au monde.

11 mai : je rends tout ce que je bois ou mange. Mais je continue de boire sucré ou même salé, pour hydrater mon bébé.

Un jour gagné est précieux.

12 mai : je commence à être à bout de forces, mais je dois garder mon bébé le plus longtemps possible ; j'ai toujours eu mal au dos ; j'ai l'habitude de souffrir. Je ne pense qu'à mon bébé.

Samedi 13 mai 1995 à 8 heures : un ami vient donner un coup de main à mon mari pour terminer la chambre du bébé. Il a déjà trois enfants et me connaît depuis plusieurs années. En me voyant ce matin-là, il quitte la tâche, me demande un café et s'assoit à mes côtés dans la cuisine.

« Tu as une de ces têtes ! As-tu si mal au dos ?

- Oui. Et je vomis tout ce que j'avale depuis plusieurs jours ! - Te rends-tu compte que les contractions ont dû commencer et que tu les ressens par le dos ? Aujourd'hui, c'est samedi. Je ne quitterai pas la cuisine avant que tu n'aies appelé ton gynécologue. Est-ce qu'il consulte le samedi ?

- Je sais qu'il ne consulte que tous les quinze jours, le samedi matin.

- Alors, qu'est-ce que tu attends ? Appelle-le immédiatement. Je pense que le travail a commencé il y a deux jours ; mais tu es si résistante à la douleur que tu ne t'en rends même pas compte ! Pense à ton bébé. Je vais appeler Thierry, il faut qu'il t'emmène chez le docteur ou à l'hôpital. »

Paniqué de me voir dans cet état, avec l'expérience des trois grossesses de son épouse, notre ami nous a probablement sauvés d'un scénario catastrophique…

En ce début de matinée du 13 mai, j'avais de la chance. Mon gynécologue était au cabinet ; il écouta attentivement le récit des derniers jours que j'avais vécus et m'ordonna de me rendre immédiatement à la maternité pour faire pratiquer un monitoring. Il m'ordonna de l'informer des résultats et me redonna son numéro de téléphone privé afin que je puisse le contacter, quelle que soit l'heure, pour qu'il puisse intervenir personnellement, le cas échéant.

Ma valise était prête. Mon mari et moi sommes arrivés à la maternité vers 10h30. Une sage-femme écouta attentivement le récit de mes derniers jours, m'examina et en conclut que l'ouverture n'était pas si conséquente que je pourrais le penser. Elle ne jugea pas nécessaire de procéder à un monitoring. Or, devant mon insistance, le sourire au coin des lèvres, se résout malgré tout à me « rassurer » en pratiquant l'examen.

« Vous n'avez que vingt-six ans, et c'est votre première grossesse ! Compte tenu de l'examen que j'ai pratiqué, je ne vois pas l'urgence de cet examen ! Je suis suffisamment expérimentée pour vous affirmer que ce n'est pas encore le bon moment ! Vous devriez rentrer chez vous et vous promener un peu pour prendre l'air !»

Cette brave jeune femme était à mille lieues de ressentir ce que les douleurs qui m'enserraient le ventre et le dos. En réalité, je pense que je ne sentais même plus la douleur, tellement j'avais mal ! Je ne supportais plus d'être debout. J'avais l'impression de sentir la tête de mon bébé depuis des semaines déjà. Et ce matin-là, je plaçais mes mains entre mes jambes, comme pour retenir un accouchement imminent.

Après avoir installé le monitoring, elle s'éclipsa pendant environ une demie heure. Mon mari, assis à mes côtés, se demandait ce que pouvait bien signifier ces bandes de papier et ces graphiques surprenants que « crachaient » la machine. Des pics de Dante, toutes les deux minutes environ…

Au retour de la sage-femme, un seul coup d'œil suffit à la faire blêmir.

« Madame, il faut immédiatement prévenir le bloc, vous préparer et passer au rasage complet. C'est urgent. Vous avez des contractions qui ont une intensité de 9/10, toutes les deux minutes ! Le travail a commencé depuis plusieurs heures déjà, et si on ne veut pas que le bébé s'engage, il faut intervenir au plus vite. Je vais faire appel au médecin de garde. - Non, Madame. Appelez mon gynécologue. J'ai son numéro privé. Il faut l'appeler. C'est lui qui veut intervenir.

- Mais c'est impossible. Je ne vais pas déranger votre gynécologue un samedi après-midi !

- Et moi je vous dis qu'il faut l'appeler à ce numéro. Si vous ne le faites pas, je me lève et je l'appelle moi-même !

- Non. Ne faites pas cela ! Je m'en charge. »

En moins de temps qu'il ne fallait pour le dire, elle avait appelé mon gynécologue, qui était en train de déménager cet après-midi-là. Il me confia au bloc qu'il savait que l'accouchement serait imminent et qu'il aurait un coup de fil ce jour-là, perturbant un tant soit peu son déménagement dans sa nouvelle maison…

Il confirma donc sa venue imminente et la sage-femme nous prévint que notre bébé allait naître avant seize heures.

Dès lors, tout se précipita : rasage, préparation, rachianesthésie. Première, puis deuxième tentative pour piquer au bon endroit. Il ne comprenait pas, lui qui était pourtant si expérimenté… Je ne sentais plus la douleur. Troisième et dernière tentative de l'anesthésiste. Il fallait que la troisième « prenne », si non, ce serait l'anesthésie générale. Enfin. La rachi était posée. « Attention à mes chutes de tension… Elles ne préviennent pas », ne cessais-je de lui répéter.

Tout était prêt pour l'intervention. Mon gynécologue m'attendait.

Edwige, Yseult, Marie naît le samedi 13 mai 1995 à 15h56 à Colmar. Le médecin nous la présente dès qu'il la sort de mon ventre ; notre fille est désormais face à nous : elle nous fixe, lève ses deux bras, se raidit et devient toute rouge, serre les deux poings et se met à hurler avec rage ! Notre magnifique bébé de 47cm et 2kg750 vient au monde avec la rage de vivre et de vaincre.

Elle porte si bien son prénom ; *Edwige,* (de *hed-*, la tête et *-wig*, le combat, en langue germanique), « *à la tête du combat* ».

Sans le savoir, son destin était scellé.

Instant magique.

Mon mari la tient dans ses bras et l'approche de mon visage et de mon sein. Mon enfant, ma fille, mon trésor. Rien dans une vie ne peut égaler ce qu'on peut ressentir à cet instant. Communion de l'amour, chair de ma chair, âme de mon âme. Le temps s'arrête.

Mon mari resta avec notre bébé pendant ses tests et son premier bain.

J'étais encore en salle d'opération et il fallait « refermer ». Une brusque chute de tension fit un peu sursauter l'anesthésiste ; mais il y eut plus de peur que de mal. L'extraction du placenta, le nettoyage et les aspirations se succédèrent. Il fallait maintenant agrafer l'ouverture ; je sentais très vite revenir les sensations. Plus vite qu'il ne le fallait *a priori*… Mes jambes recommençaient à bouger. Trop tôt ! Il faut faire vite ! Très vite ! L'équipe du bloc semblait tout à coup affolée. C'était un paramètre qui n'était visiblement pas prévu au programme.

Lorsque j'entrais en surveillance post-opératoire, je repliais complètement mes jambes et les tests démontraient que j'avais retrouvé les sensations jusqu'au haut des cuisses. Je n'avais pas dit que l'agrafage avait été relativement pénible et que cela faisait déjà un bon moment que la sensation de douleur avait fait son apparition… Rien ne m'importait plus que la santé de mon bébé.

En soins intensifs, dans les heures qui ont suivi l'intervention, la douleur était extrêmement vive. Il fallait que je me lève et que j'aille faire ma toilette dès le soir même. Mais j'avais vraiment très mal et les vertiges se faisaient de plus en plus fréquents. On se résolut donc à me permettre de rester couchée.

Après les visites de mes parents et mon frère, j'avais enfin le droit de voir ma fille. Le bonheur m'envahit. Et rien n'existait plus qu'elle et moi.

Je rejoignis ma chambre le lendemain matin. Il fallait que je lui donne le bain et le biberon. Pour cela, il fallait que je me lève. J'avais de terribles douleurs, j'étais exténuée, mais on me dit que c'était normal. Ma seule crainte, était de faire un malaise pendant que je m'occupais d'elle.

La nourrir était un véritable exploit, et j'avais mesuré cela depuis le premier biberon. C'était comme si elle avait eu très peu de force de succion et elle régurgitait sans cesse son lait. Plusieurs fois, on l'avait cherchée pour la piquer : les premières semaines après sa naissance, Edwige avait un teint très mat comme moi. Un bébé aux yeux si bleus, aux cheveux blonds et au teint si mat ne pouvait faire qu'une jaunisse ! Là aussi, il a fallu que je convainque tout le monde que son taux de bilirubine était normal, qu'elle ne faisait pas de jaunisse, mais qu'elle avait tout simplement mon teint. Après trois tests de bilirubine négatifs, l'équipe soignante se résout enfin à l'accepter. Elle était certes née à trente-huit semaines d'aménorrhée, elle était donc prématurée, mais elle ne faisait aucune jaunisse.

Dans les jours qui suivirent, on retint tout simplement d'elle qu'elle n'avait pas de besoins fréquents de se nourrir et que j'avais de la chance et qu'elle passait déjà ses nuits.

Eh bien, soit ! Puisqu'il faut se débrouiller, que la maternité était pleine à craquer durant ce week-end et que personne n'avait de temps pour écouter, je m'occupais de ma fille tant bien que mal, avec les conseils de Maman, qui essayait de cacher son inquiétude, mais qui vivait ces moments où je la nourrissais avec étonnement et une pointe d'angoisse. Il me fallait des heures pour qu'elle suce son biberon, que je tourne et retourne la tétine dans sa bouche pour qu'elle prenne un tout petit peu. Après qu'elle régurgitait ou vomissait son premier biberon, je recommençais une deuxième fois

Elle ne pleurait jamais parce qu'elle avait faim, mais parce qu'elle avait des coliques. « C'est fréquent ! Il faudra lui changer le lait en rentrant. Ne vous inquiétez pas ! ». J'aviserai donc en rentrant chez moi avec ma fille.

J'ai changé son lait : je suis passé de *Modilac* à *Guigoz 1er puis 2ème âge*. Edwige vomissait à chaque biberon. Il fallait lui refaire son deuxième biberon en permanence. Comme si quelque chose « ne passait pas ». Les coliques la faisaient fréquemment hurler de douleur. Le moindre grumeau la faisait tout rendre. Il fallut épaissir son lait avec du *Gumilk* et chauffer à une température que seul moi-même et ma Maman connaissait.

Il fallait en moyenne une heure au moins pour chaque biberon. La succion était difficile, la digestion ralentie et le moindre écart dans ce « protocole » était voué à l'échec. Combien de fois aije tenté de faire comprendre à son premier pédiatre qu'il y avait quelque chose d'anormal dans cette situation ? Très rapidement, j'abdiquai. Tout allait bien par ailleurs. Très bien. Elle grandissait comme un champignon et prenait régulièrement du poids. Pour le médecin, il n'y avait donc pas lieu de s'inquiéter.

J'introduisis progressivement les légumes, la viande, le poisson, les fruits, mais impossible d'introduire des morceaux. Il fallut tout mélanger au *Gumilk* et au lait, mixer de façon à ce que tout soit absolument lisse et ne surtout pas la faire boire après un repas. Elle ne buvait pratiquement pas, car les liquides remontaient inévitablement. Prendre le temps. J'appris la patience avec ma maman qui la gardait lorsque je repris le travail. Sans elle, je n'aurai pas pu reprendre mes activités professionnelles. Personne, en dehors de Maman, pas même mon mari, ne parvenait à la nourrir.

Edwige était un bébé très éveillé, qui avait besoin d'un rythme millimétré. Que ce soit pour les temps de sieste, de repas ou d'activités. Toute la famille la voyait évoluer avec émerveillement ; seul bémol, mes parents, mon frère et mon grand-père me voyait constamment chercher des solutions pour qu'elle ne vomisse pas ses repas. Je m'étais résolue à lui confectionner des repas équilibrés et totalement mixés et épaissis. Elle n'était pas malade, il fallait prendre son mal en patience. A trois mois, elle pesait 5kg500 pour 58cm.

Mais quelle était donc cette « mécanique » implacable qui faisait que les vomissements devenaient quasiment un réflexe ? Inutile de préciser prenait ses repas et biberons à la maison, même lorsque nous partions déjeuner en famille. Impossible de faire des repas hors de chez nous. Nous avions bien fait quelques tentatives, mais à chaque reprise, le scénario était le même. Et tout le monde autour de nous s'interrogeait sur sa santé. Il fallut prendre notre mal en patience, et nous étions là aussi à mille lieues d'imaginer que cette situation allait s'éterniser.

Edwige, bébé charmant, aux yeux bleus et aux boucles blondes, souriait à la vie et à ceux qu'elle aimait. Son teint s'était beaucoup éclairci et je me souviens que ses cheveux blonds étaient devenus roux à l'âge de trois mois. Son teint était désormais translucide et pâle.

Deux mois plus tard, elle avait encore changé. Elle était redevenue blonde comme les blés, ses cheveux se bouclaient encore davantage et son teint était désormais redevenu éclatant de santé, sans pour autant redevenir mat.

A l'automne et pendant l'hiver 1995, au moins deux rhinopharyngites, suivies d'encombrements bronchiques l'ont empêchée de se nourrir sans tout vomir. C'était notre hantise. Nous avions compris que tomber malade, se refroidir, être encombrée au niveau respiratoire était la pire situation, incomprise par tous, qu'il fallait éviter à tout prix. J'avais consulté, mais le pédiatre ne comprenait absolument pas l'ampleur des dégâts et du combat que cela supposait lorsqu'elle tombait malade. La seule inquiétude qu'il fallait prendre au sérieux, d'après lui, était une fièvre qui s'élevait trop. Ce que je lui décrivais ne l'inquiétait pas outre mesure. Et pour cause. Je me battais au quotidien, avec Maman, pour que son état ne s'aggrave pas et je luttais pour qu'elle s'hydrate et n'ait pas de fièvre. Encore une fois, je me débrouillais, connaissant maintenant par cœur les réactions de ma fille. Il fallait éviter la constipation, les diarrhées, la température et veiller à ce qu'elle se nourrisse et s'hydrate, quitte à fractionner au possible ses repas et biberons que je devais continuer à épaissir, à l'aide du *Gumilk*, à une température et jusqu'à une texture et un épaississement que seules moi et Maman connaissions. C'était devenu notre quotidien. Sans quoi je sentais qu'elle ne s'en sortirait pas. Le pire scénario aurait été de devoir se rendre aux urgences pédiatriques, où, j'en étais convaincue, personne n'aurait compris ce qui se passe, m'aurait pris pour une « maman poule », pire, une folle. Imaginez donc ! Nourrir sa fille de la sorte à presque douze mois maintenant…

Quelque chose me soufflait que je devais continuer dans cette voie. Combien de fois ai-je rêvé de lui donner un repas « normal », avec des morceaux ? Combien de fois ai-je rêvé ne pas la voir vomir par jets ? Combien de fois l'ai-je changé en une seule journée ? Combien de fois ai-je changé les draps de son berceau ? Je ne saurais le dire. Mais mon bébé était tout pour moi.

Aujourd'hui, j'ai souvent pensé que j'aurai dû lui faire pratiquer des examens complémentaires. Mais le pédiatre ne m'en a jamais parlé. Les connaissances que j'ai maintenant me confortent dans l'idée que l'échographie n'aurait rien mis en évidence. Absolument rien.

Pire encore, qu'une endoscopie l'aurait soumise à des complications irrémédiables, que j'étais à mille lieues de soupçonner à l'époque. J'ai donc continué mon combat, envers et contre toutes les idées reçues, les « standards », que je savais inapplicables en ce qui concernait mon bébé, et surtout en la nourrissant avec amour. Mon sixième sens de maman m'avait dicté que je devais poursuivre ainsi avec l'espoir que tout se remettrait en ordre bientôt…

Edwige était de plus en plus éveillée, jouait, écoutait, s'émerveillait à la lecture de comptines, répétait les mots qu'elle entendait et nous donnait de la joie, du bonheur. Elle commença à parler dès l'âge de huit mois et, à un an, elle parlait déjà exceptionnellement bien. A l'âge de neuf mois, elle pesait 8kg750 pour 75cm.

13 mai 1996 : un an ! Elle associait déjà ses premiers mots pour former de petites phrases simples. Sans passer par le stade du « quatre pattes », elle voulait se tenir debout, mais son équilibre était très instable. Nous avions donc installé un parc, dans lequel elle évoluait en sécurité, en se tenant sur les rebords.

Notre « Boucle d'or » rayonnait de joie. Son premier anniversaire était un moment de bonheur : toute la famille s'était réunie pour fêter son premier anniversaire. Assise sur son cheval de bois à bascule, vêtue de son petit pull rouge « lapin » fétiche et fière comme Artaban, elle donnait du bonheur à chacun d'entre nous. Ses yeux pétillaient de vie et d'énergie.

21 mai 1996 au domicile de Maman : je suis au travail pour la journée. Maman s'occupe d'Edwige comme à l'accoutumée. Après le déjeuner, elle reçoit la visite d'une amie et de sa fille, venues voir ma fille et lui apporter un petit cadeau pour son premier anniversaire. On prend le café ensemble.

Edwige ne marche pas toute seule et a toujours besoin qu'on la tienne. Mais elle ne tient plus en place. Il faut qu'elle bouge. Papa est assis sur le canapé et lui tient sa main pour ne pas qu'elle se sauve toute seule car elle ne tient pas debout toute seule. Soudain, elle tire brusquement sur sa main et la lâche. Elle tombe par terre de sa hauteur heurtant légèrement sa tête sur le bord du porte-journaux. Le sol est fait de parquet flottant. Elle se relève immédiatement, sans pleurer, Papa ayant déjà rattrapé sa main pour ne pas qu'elle reperde l'équilibre. Elle gémit un peu. Maman, qui était à la cuisine à cet instant, la prend dans ses bras et lui demande si elle s'est fait beaucoup mal. Edwige lui répond non. Elle vérifie qu'il n'y a ni bosse, ni blessure. Rien. L'amie de Maman la rassure en lui disant que ce ne sera sûrement pas la dernière fois que cela arrive. Ce n'est pas grave. Autour de la table, la conversation reprend son cours.

14h30 : c'est l'heure de la sieste. Edwige dort à l'étage, dans le berceau « sauvé des bombardements de la première guerre » de mes arrières grands-parents que mes parents avaient pris le soin de rénover entièrement et qu'ils avaient orné d'un splendide voilage blanc. La porte de la chambre reste entrouverte ; un baby phone prévient maman du moindre cri d'Edwige. Elle dort toujours très profondément pendant sa sieste qui dure souvent deux heures et lorsqu'elle se réveille, elle se fait la conversation avec ses doudous qu'elle nommera plus tard « Corolle et Rumba », et son clown musical qui ne porte pas de nom. Lorsqu'elle se réveille, elle ne pleure que très rarement.

15h30 : l'ami de maman et sa fille sont toujours là. Le baby phone se met soudain à transmettre des gémissements. Edwige gémit étrangement. Maman se précipite dans sa chambre. Elle gémit toujours. Maman la sort du berceau, la trouve étrange. Ses réactions ne sont pas habituelles. Aucune égratignure, pas d'hématome, pas de gonflement, aucune blessure, ni à la tête, ni au visage, mais l'intime conviction qu'elle ne va pas bien du tout. Elle n'aurait pas dû se réveiller aussitôt, elle n'a jamais gémi de la sorte, elle lui semble très pâle. Trop pâle. Son teint est presque grisâtre. Elle n'avait vu cela qu'une fois dans sa vie, lorsque son cousin Marc avait fait une chute en luge et qu'il fut opérer de toute urgence à l'âge de onze ans pour une hémorragie interne liée à l'écrasement de la rate. Sans hésiter, écoutant son sixième sens de Maman, elle descend chez ses invitées, ordonne à Papa de les renvoyer poliment et de se préparer. Il faut qu'Edwige voie le pédiatre au plus vite. Papa ne discute pas et exécute les ordres de Maman. « Il ne faut pas attendre le retour de Virginie qui doit être sur le trajet de retour. Nous la préviendrons dès que nous serons en consultation et qu'elle sera susceptible d'être de retour du travail. C'est urgent. »

16h30 : je suis en route ; à deux kilomètres du domicile, je croise le véhicule de mes parents. Appels de phares. Nous nous arrêtons chacun du même côté de la route. Je connais

Maman ; elle en a tant vu dans sa vie et je ne l'ai jamais vue paniquer. Elle saute de la voiture, la panique l'avait déjà envahie ; elle m'explique en quelques mots ce qui s'est passé et rajoute : « C'est grave Virginie ! C'est très grave ! ». Je tente de la rassurer en vain. Elle ouvre la portière arrière pour que je voie ma fille. A cet instant, j'ai moi aussi ressenti la gravité et l'urgence de la situation. C'est inexplicable. C'est ainsi.

Je demande à Papa de la transporter délicatement dans mon véhicule ; je réfléchis pendant une fraction de seconde. Faut-il me rendre chez le pédiatre à cinq minutes de là ou fallait-il prendre le risque d'aller aux urgences pédiatriques à plus de trente kilomètres confier ma fille à un médecin qui ne la connaitrait pas ? Je choisis la première solution en me disant que cela me permettrait de contacter mon mari qui était à quelques minutes, - Dieu soit loué, il était rentré il y a seulement quelques jours d'un long chantier en Australie ! -, il était donc là, à quelques minutes du lieu où je me trouvais. Il pouvait me rejoindre chez le pédiatre qui ordonnerait probablement une hospitalisation pour un bilan.

17h : il n'y a pas une minute de plus à perdre. La salle d'attente est remplie de monde. Je me présente au secrétariat, je précise l'urgence de la situation et me refuse d'attendre une minute de plus.

« Il faudra au moins attendre la fin de la consultation en cours, Madame. Je vais voir le Docteur E. pour savoir s'il vous reçoit tout de suite après. »

A cet instant, la porte du cabinet s'ouvre, c'est mon mari. Il tente de me rassurer, mais je vois dans ses yeux qu'il me rejoint dans mes convictions. Edwige va mal. De plus en plus mal. Mais elle est consciente et réagit à tout ce qui se passe autour d'elle.

« Tu as mal quelque part mon Ange ?

- Non, non. Pas mal. »

J'ai eu le sentiment que ces quelques minutes d'attente avaient duré des heures. Je feuilletais un petit livre que je racontais à mon bébé. Elle était très attentive comme d'habitude, mais quelque chose me disait que les minutes qui défilaient étaient comptées.

La large porte du cabinet s'ouvre enfin. D'instinct, je me dirige vers le pédiatre sans me poser la question de savoir si mon tour était enfin arrivé. C'est urgent, Docteur ! Je raconte ce que Maman m'avait rapidement résumé il y a un peu moins d'une heure sur le bas-côté de la route. Je n'avais vécu ni le traumatisme, ni les suites.

Le pédiatre se livre à l'examen d'Edwige. Il en conclut que ses réflexes neurologiques sont normaux, que ses réactions le sont également, qu'elle n'a pas perdu connaissance, qu'elle a toutes ses facultés, que ses pupilles ne sont pas dilatées, qu'elle n'est pas du tout blessée et qu'il s'agit là d'une chute de sa hauteur tout à fait bénigne, qui ne nécessite aucune suite.

« Il faut rentrer chez vous, Madame et Monsieur ! Ce n'est vraiment rien de grave ! Une simple chute de sa hauteur comme elle en fera d'autres encore ! Ce n'est qu'une décharge d'adrénaline. Mettez-lui un suppo de Doliprane et laissez-la dormir. Il faut qu'elle récupère sa sieste !

- Je ne suis pas d'accord du tout ! elle ne réagit pas du tout comme à son habitude ! Son teint est grisâtre. Faites nous une ordonnance pour un examen, une radio ou je ne sais quoi d'autre !

- Ce ne sera pas nécessaire, croyez-moi ! Revenez demain matin si son état devait vous inspirer davantage d'inquiétude et je vous ferai une ordonnance pour une radio ; mais croyez-moi, tout va rentrer dans l'ordre.

- Je vous en prie, Docteur, il faut me faire cette ordonnance ! Faites-la de suite !

- Eh bien, puisque vous insistez, la voilà, votre ordonnance ! ».

La consultation se termina sur ces mots. Il n'avait même pas été question d'une quelconque surveillance, et encore moins d'une hospitalisation. Cette chute était bénigne.

18h30 : au cabinet de radiologie le plus proche.

« Est-ce urgent ? Nous allons fermer dans moins d'un quart d'heure ? Le dernier patient est en salle d'attente.

- Oui. C'est extrêmement urgent ! Et ma fille sera la dernière patiente. »

Une nouvelle fois, je résume ce qui s'est passé. On accepte de lui faire passer ses radiographies du crâne. L'attente est maintenant interminable. Edwige est très fatiguée, sa vigilance et son tonus baissent rapidement. Je la porte dans mes bras, je la stimule, je lui raconte des histoires, mais elle repose sa tête sur mon épaule. Elle n'a plus envie d'écouter. Mais il le faut. Mon mari tourne en rond comme un fauve en cage. Les minutes s'égrènent si lentement …

Plus personne en salle d'attente. Je désespère d'attendre. Enfin son tour. Encore une fois, je raconte ce qui s'est passé. Le radiologue, tout en m'écoutant, enserre la petite tête d'Edwige pour pratiquer les radiographies. Pour la première fois, elle se met à hurler. Et elle ne s'arrêtera plus de hurler pendant tout l'examen. Je regarde les manipulations qu'elle subit, totalement impuissante. J'ai envie de hurler à mon tour.

Mais je me tais. Tout juste lui ai-je demandé de ne pas trop serrer sa tête puisqu'elle doit avoir très mal. Sa réponse fut déstabilisante : je m'attendais à un peu de compréhension ; au lieu de cela, il m'affirma qu'elle était vraisemblablement trop fatiguée maintenant, qu'il fallait rentrer et la faire dormir, pour qu'elle récupère ; les cris étaient, selon lui, signes d'une réaction tout à fait saine de sa part. Tous les enfants crient dans une telle situation !

Mais qu'ont-ils donc à me dicter les réactions de ma fille ? Qui la connaissait ? Suis-je devenue paranoïaque ? De retour en salle d'attente, il a encore fallu attendre. Attendre les résultats. Une éternité. Mon mari me propose de chercher la voiture et de la rapprocher du cabinet. J'acquiesce.

Je crois qu'il a besoin d'air !

Edwige ne pleure plus. Elle se remet à gémir et repose à nouveau sa tête sur mes épaules. Elle est de plus en plus faible, mais personne ne croit à la gravité de la situation. N'est-ce effectivement pas aussi grave que je le pensais ?

« C'est grave ! Il faut que tu continues à te battre ! Ils ne te croient pas, mais c'est très grave ! » Je croyais pourtant avoir été la dernière personne dans cette salle d'attente avec ma fille ! Une vieille Dame aux cheveux bleus m'avait adressé la parole d'une voix douce mais grave ; elle était assise dans le coin de la pièce et me regardait d'un air compatissant. Elle m'avait confirmé ce que je pensais et que je n'arrivais pas à faire comprendre aux médecins. Oui, elle voyait elle aussi que c'était grave ! Je pensais pourtant avoir été seule avec ma fille dans cette pièce.

Les résultats. Enfin ! La Dame aux cheveux bleus me fait un signe de la tête comme pour me dire qu'il faut que je continue à suivre mon instinct. Mon sixième sens de Maman.

« Il n'y a aucune fracture du crâne ! Pas le moindre traumatisme, Madame ! Rentrez chez vous rassurée et faites enfin dormir votre bébé ! Voici les radiographies. Je transmettrai les résultats à votre pédiatre. »

Je suis tétanisée. Presque mécaniquement, je me soucie du paiement des clichés. La secrétaire me précise qu'Edwige a été la dernière patiente, que les dossiers sont bouclés pour la journée et qu'ils m'enverraient la note.

« Mais nous ne sommes pas les dernières ! Et la vieille Dame aux cheveux bleus, à la voix douce et grave dans la salle d'attente ?

- Quelle vieille Dame, Madame ? Il n'y a plus personne en salle d'attente ! Vous êtes les dernières. - La Dame aux cheveux bleus, Madame ! - Il n'y a plus personne ici. »

Mon sang ne fait qu'un tour. Je me retourne avec mon bébé, je me précipite en salle d'attente. Il n'y a plus personne. « *La Dame aux cheveux bleus* » était pourtant réelle ! Elle m'a parlé. Elle m'a fixée de son air grave pour me dire que c'était grave, qu'il fallait que j'écoute mon for intérieur.

Mon mari nous récupère. Prends des nouvelles des résultats. Je ne lui dis rien de ce qui venait de se passer. Cette fois-ci, lui aussi me prendrait pour une folle.

Nous décidons de rentrer à la maison.

Edwige n'a pas eu de biberon depuis plusieurs heures. Je la couche dans son berceau en laissant la porte entrouverte. Je prépare son biberon dans les règles de l'art. Le changement de position lui donne un regard glauque et fuyant. Elle me semble frigorifiée. Il faut qu'elle prenne un peu de son biberon, au moins pour se réhydrater. Première succion, deuxième succion, le lait est vomi avec une telle force que je m'inquiète vraiment. Je tente une nouvelle fois. Le jet de retour est si fort que je décide de la recoucher et de lui prendre sa température. 34°7.

20h15 : cette fois, il faut l'emmener aux urgences pédiatriques. Cinq malheureuses petites minutes s'étaient écoulées, le temps de préparer un sac et quelques affaires. Je m'approche de son berceau, je la prends dans mes bras, j'appelle mon mari de tout mon être ; Edwige a perdu conscience. Thierry accourt et me demande de lui parler, de l'appeler encore et encore. Il saisit le kangourou en peluche ramené il y a quelques jours d'Australie et qu'elle adore, la prend lui aussi dans ses bras, la stimule avec moi. Elle revient à elle. Elle nous sourit timidement comme pour nous signifier que l'effort est immense. Mais elle est là. Consciente.

20h30 : la voiture est prête. Mes parents et mon frère alors âgé de vingt ans, sont prévenus de notre départ pour les urgences, envers et contre l'avis de tous les médecins du monde !

Edwige reste consciente, mais elle combat l'endormissement, elle lutte de toutes ses forces. Je suis restée à l'arrière de la voiture, juste à côté du siège bébé, pour lui parler, la caresser, lui raconter des histoires, lui mettre en scène ses amis le « clown musical », « Corolle et Rumba ». Thierry ne roule pas trop vite ; instinctivement, il évite les secousses. Un trajet interminable. Trente kilomètres. Environ quarante minutes de route.

21h10 : la barrière est abaissée. Ce sont les urgences pédiatriques de nuit. Il faut expliquer au portier. Cela ne lui semble pas si urgent que cela ! Elle est consciente. Pourquoi paniquer ? Je hurle que nous voulons franchir la barrière, que je fais tout ce que je peux pour la maintenir consciente et que je veux un pédiatre au plus vite. Il nous laisse passer mais il faudra patienter en salle d'attente. C'est une blague ! Je vis un cauchemar. Je ne patienterai plus. Mon bébé est en danger, il faut un pédiatre. Tout en enfonçant des portes fermées, je parle à mon bébé, je le caresse, je crois devenir folle.

21h20 : une interne en pédiatrie refait passer les tests neurologiques à mon bébé ; ils sont normaux ; pas de dilatation ou désaxage des pupilles ; réflexes neurologiques normaux ; tout au plus un peu ralentis. Je deviens folle ! Voudrait-on enfin m'écouter ? Ma fille ne tient plus assise, elle est en hypothermie, elle somnole, elle a perdu conscience pendant dix minutes, et je dois rester calme et écouter des absurdités de ce genre ! Oui, je sais, ce n'était qu'un traumatisme bénin, une chute bénigne, mais les conséquences sont là ! Mon bébé se bat depuis des heures pour rester éveillée. Elle ne tient plus assise sans perdre l'équilibre et je devrais restée calme ! Et sa pression artérielle ?

Qu'en est-il de sa tension artérielle ? L'interne semble perplexe. Mais elle se bute à nous proposer de la garder en observation durant la nuit. Je rêve ? Je deviens folle ? Il faut un scanner, et vite !

21h45 : l'état d'Edwige se dégrade de minute en minute. La pression artérielle et la température chutent encore. L'interne se décide enfin à téléphoner à son chef de service pour autoriser un scanner. Le Dr M. lui conseille de le faire : « Il vaut mieux en faire un de trop, que ne pas le faire et le regretter après ».

21h50 : elle ordonne le transfert d'Edwige à l'hôpital P. pour un scanner ; les urgences pédiatriques n'étaient pas encore équipées à l'époque. Pendant qu'on installe mon bébé dans un véhicule du S.M.U.R., une infirmière s'empresse de venir enregistrer ma voix sur dictaphone. Il faut qu'Edwige continue d'entendre ma voix pour rester éveillée. Ses doudous l'accompagnent également. Avec notre voiture, mon mari et moi suivons le véhicule du S.M.U.R. qui roule au pas. A peine deux kilomètres.

22h : nous suivons le véhicule des urgences et nous stationnons devant le bâtiment du scanner. Tout est noir. Il faut descendre au sous-sol. Les couloirs sont complètement plongés dans le noir. On nous installe sur des chaises de classe, en face de toilettes, presque dans le noir. Au fond de l'interminable couloir, des lumières s'allument, j'entends toujours des gémissements : Edwige est toujours consciente ; la voix d'un radiologiste se fait entendre au loin…

22h15 : … et soudain sa voix retentit : « Il va mourir ce gamin ! Il faut un bloc op' ! ».

22h16 : je fixe les yeux de mon mari, l'air hagard. Je n'ai pas compris ce qu'il a dit, chéri ! Redis-moi ce qu'il vient de dire ! Mon mari attrape mes mains, les serre très fort et ne dit mots. Tout au plus murmure-t-il que j'ai dû entendre ce qu'il a dit…

22h17 : je me précipite aux toilettes, juste en face de nous. J'ai envie de vomir !

Les médecins commencent à affluer dans les couloirs. Ils arrivent tous très vite.

22h30 : deux médecins, les neurochirurgiens, se présentent à nous pour nous interroger. Mais que s'est-il donc passé ? On n'a jamais vu cela, dit l'un d'entre eux. Même pas lorsqu'une Maman avait précipité son enfant du deuxième étage il y a quelques mois ! Interrogée, j'étais en plein interrogatoire, et je ne m'en rendais même pas compte ! Je ne pensais qu'à une seule chose : il fallait sauver ma fille, et pour cela, j'étais prête à raconter ce qui s'était passé, et que je n'avais pas vécu, des dizaines de fois, s'il le fallait. En fait, ce n'est que bien des années plus tard que mon mari m'a fait comprendre pourquoi nous avions été interrogés de la sorte. Il fallait évacuer la possibilité de maltraitance. Mais je n'avais absolument pas compris ce qui se passait à cet instant. Je répétais inlassablement le parcours d'une après-midi et d'une soirée de cauchemar. Une chute bénigne dont j'avais l'intime conviction avec ma Maman qu'elle avait été grave, très grave. Un pédiatre qui ne nous a pas pris au sérieux. Un radiologiste qui nous a confirmé qu'il ne fallait pas s'inquiéter. Et un sixième sens qui nous dictait de croire le contraire et de nous remettre à l'évidence : Edwige allait de plus en plus mal.

Les deux chirurgiens se rapprochèrent soudain de nous, nous confiant qu'ils allaient faire leur possible pour la sauver.

« Vous croyez en Dieu ? », ai-je presque mécaniquement demandé au plus jeune et plus petit d'entre eux. Je n'eus pour seule réponse qu'un sourire presque moqueur en retour. Hors sujet, j'étais hors sujet.

23h : le bloc était prêt. Pendant que deux éminents neurochirurgiens intervenaient, mon mari et moi faisions les cents pas, au sous-sol du bâtiment. Je ne comprenais plus ce qui nous arrivait. C'était surréaliste. Pourquoi nous avoir donné notre fille pour nous la reprendre un an après ? Dans ma tête se bousculaient les flashs d'une journée cauchemardesque que je n'avais même pas entièrement vécue ? S'il arrivait malheur à ma fille, je perdrais mes parents et mon grand-père.

Que devenaient-ils ? Comment mon frère vivait-il cette nuit sans fin ? Demain, ou plutôt dans quelques heures, il devait passer les premières épreuves de son D.E.U.G.

Je ne pouvais pas croire qu'un dieu, quel qu'il soit, pouvait encore nous faire vivre un tel cauchemar ! Mémé, au secours ! Toi qui nous as été arrachée dans ce même sous-sol, il y a maintenant plus de vingt-trois ans, tu ne pouvais pas nous laisser prendre notre Edwige ! Où es-tu ? Je parlais à voix haute sans même m'en rendre compte. Mon mari entendait chaque phrase que je prononçais. Je ne sais pas ce qu'il pensait à me voir dans cet état, mais il était là, et je ne voyais plus personne.

Rien ni personne.

Une infirmière nous apporte une mèche bouclée de cheveux blonds.

Je perds la notion du temps qui passe : les heures, les minutes, les secondes s'allongent ; minuit passé, je crois : une infirmière surgit de nulle part et me tend une feuille :

« Votre fille nécessite une transfusion, c'est extrêmement urgent ; c'est une question de vie ou de mort ; il faut que je vous explique vos droits ; vous avez le droit de refuser la transfusion pour des raisons morales ou religieuses, mais si vous voulez qu'elle survive, il faut signer l'autorisation de transfusion.

- Quelle est donc cette question ? Je vous en supplie : prenez mon sang, mes organes, ma vie, mais sauvez-la !

- Madame, nous ne pouvons pas prendre votre sang ; votre fille est O positif. Elle recevra le sang de donneurs anonymes. ». Je remplis la feuille, je signe. Je ne sais plus où j'en suis. Je deviens folle !

Je n'ai pas compris cette feuille et encore moins le fait que je ne puisse pas tout donner à ma fille. Elle est la chair de notre chair. Notre vie.

On ne peut pas perdre son enfant. C'est trop cruel. C'est si révoltant. Un mélange d'incompréhension, de révolte, de colère, de néant, s'installait en moi.

Si elle meurt, tout le monde va mourir.

Mon mari, à mes côtés, entend cette phrase des dizaines de fois. Il me voit me métamorphoser à vue d'œil. Quelque chose me quittait.

Tout en arpentant le couloir sombre du sous-sol, je ne peux même plus prier. Je crois que tout le monde m'a abandonnée. Il n'y a plus personne. Si elle meurt, tout le monde va mourir. Je n'ai plus aucune raison de vivre.

Mon mari se précipite sur moi. Il m'enserre violemment les poignets, me plaque contre le mur et s'écrie : « Elle te met à rude épreuve, ta Foi ? Eh bien, c'est au moment des épreuves, qu'il faut l'avoir, la Foi ! Je croyais que tu avais la Foi, toi ?

C'est toi ou moi qui ai la Foi ? ».

Je reste muette. Il me fixe droit dans les yeux : « Elle n'est pas morte. Elle est en vie. Elle va s'en sortir. Elle a la rage de vivre. Elle combat. Elle t'aime. Au moment où tu abandonnes, elle abandonne. Ne l'abandonne pas ! Combats avec elle. Pense très fort à elle. Ne l'abandonne pas ! ».

Je n'oublierai jamais cet instant. Ces mots. Ce séisme provoqué par mon mari en moi. Moi qui n'arrête pas de lui dire qu'il faut croire en Dieu, qu'il faut avoir la Foi... C'est lui, d'ordinaire dubitatif, qui me dit cela ! C'est lui qui a la Foi. C'est moi qui la perdrais ? Non, je ne la perdrai jamais. Jamais. Je suis avec toi, mon Ange ! Maman te transmet sa Force, son énergie, sa vie. Le cordon doit se renouer une seconde fois, même s'il est invisible, il est bien réel.

De cet instant, je crois que rien n'a jamais plus été pareil. Mon mari avait scellé notre Amour pour toujours ; bien plus qu'un anneau au doigt, il a scellé la Communion de nos âmes pour toujours. Quoi qu'il arrive.

A cet instant précis, il a fait se renouer le cordon avec Edwige: c'est comme si j'avais ressenti qu'elle était maintenant exsangue, et qu'il fallait maintenant me ressaisir ; tout de suite ; je ressentais mon énergie vive aller vers elle, s'échapper de moi pour entrer en elle. Elle devait vivre. Elle vit. Elle vivra.

A trente kilomètres de là, à la maison, mes parents, mon frère et mon grand-père priaient à genoux, main dans la main, invoquant tour à tour les disparus de notre famille et NotreDame de l'Espérance : ils parlaient à Mémé. Il fallait qu'elle les entende. Elle devait faire en sorte que son arrière-petite-fille ne meure pas dans les mêmes conditions inexpliquées et tragiques qu'elle. Ce n'était pas possible cette fois.

Au village, au cœur de notre église, ma Tante ayant entendu parler de l'effroyable drame qui nous touchait, priait sans discontinuer, toute la nuit, avec quelques paroissiens qui s'étaient rassemblés pour que le miracle se produise.

Je ne pourrais plus dire quelle heure il était, mais après des heures interminables d'intervention, avant le lever du jour, le plus jeune des neurochirurgiens, le Dr S., vient enfin à notre rencontre.

Avant même qu'il ne dise un mot, je lui pose la question : « Elle est en vie ?

- Oui. Elle est très faible. L'intervention était extrêmement délicate. Elle a failli « partir ». On l'a transfusée. Elle est en salle de réveil. Son état est critique. C'était « la guerre des tranchées » dans sa petite tête. Il a fallu que j'arrête l'hémorragie de dizaines de vaisseaux sanguins et d'artères plus grosses. Je ne comprends pas comment cela a pu arriver en faisant une chute de sa hauteur…

Et après un long silence :

- Mais vous savez, même si elle s'en sort, les séquelles vont être énormes. Handicap à 80%, ce qui veut dire handicap moteur, audition et vue. J'ai sérieusement touché le nerf optique pendant l'intervention. Vous la verrez passer de loin, dans son lit. Elle va rester en soins intensifs de neurochirurgie pour le moment. Vous pourrez la voir plus longuement demain matin si aucune complication ne survient. Les risques de complication post-opératoires sont énormes. Et maintenant, allez un peu vous reposer. Rentrez chez vous pendant quelques heures, après l'avoir aperçue tout à l'heure. L'équipe va la transférer dans quelques minutes.

- Merci Docteur. Vous l'avez sauvée !
- Pas moi, la main de Dieu ! »

Mon mari et moi restons muets et pétrifiés.
Elle est en vie. Elle vit.
Au fond du couloir, nous entendons une mélodie qui nous est familière. Le clown musical d'Edwige. Un lit tout blanc passe à quelques mètres de nous ; l'équipe nous dit de nous rapprocher un peu d'elle, rapidement. Edwige se fond dans ses draps blancs, livide, son clown contre son oreille. Je ne vois même pas son crâne rasé, tout l'appareillage qui l'entoure. Je ne vois qu'elle. Mon Ange, mon enfant, ma vie.

Arrivés à la maison peu avant l'aurore, nous faisons part de ces nouvelles à nos parents, à mon grand-père, à mon frère.
Je suis à côté du téléphone.
Je téléphone à mon Directeur qui ne semble rien comprendre du tout à ce qui s'est passé. Non, je ne viens pas au travail aujourd'hui, ni demain. Oui, c'est grave ! Il faut me croire.
Nous reprenons la route deux heures plus tard. Je dois la voir. Je dois être auprès d'elle.
Même si je ne peux pas entrer tout de suite, j'attendrai dans le couloir.

Il a fallu attendre la fin de la matinée pour avoir la permission d'entrer dans le box. Nous revêtons une tenue de cosmonaute et attendons que l'infirmière vienne nous chercher. Elle arrive et nous prévient qu'elle est très faible et qu'elle somnole. Qu'on ne pouvait pas encore se prononcer sur l'état de récupération de ses facultés, puisqu'elle était trop faible. Elle nous précède et montre du doigt le premier box à gauche et me laisse passer et entrer en premier, s'intercalant entre mon mari et moi.

Je franchis la séparation, j'avance, les appareils se mettent tous à hurler, Edwige me fixe, saisit les barreaux du petit lit, se hisse les poings levés et serrés comme à l'instant même de sa naissance, un an plus tôt, me regarde droit dans les yeux et dans un effort surhumain prononce ces trois syllabes, ces deux mots :

« Ma… ma…man ! »

Mon enfant est en vie ; elle bouge ; elle voit ; elle me reconnaît ; elle parle.

Elle renaît le 22 mai 1996 à 11h.

Derrière moi, l'infirmière manque de s'évanouir, et moi j'assiste à la renaissance de mon enfant avec mon mari.

Je ne sais pas si je peux la toucher.

L'infirmière la saisit avec tout son appareillage, me demande de m'assoir et de dégrafer mon chemisier, puis pose Edwige dans mes bras, tout contre mon sein.

Plus rien n'existe en dehors d'elle et moi. Elle est mon bébé. Elle me regarde, me sourit, puis tourne sa tête vers la fenêtre : « Wouaf, wouaf ! ». Mon mari comprend ce qu'elle veut nous dire : à la maison, sa chambre est située vers la cour d'un voisin qui a un chien. Plusieurs fois par jour, et notamment le matin au réveil, le chien aboie et elle l'entend de sa chambre.

Elle croit qu'elle est dans sa chambre.

En une infime fraction de seconde, elle nous a donné les preuves qu'elle bougeait, voyait, entendait et avait conservé la mémoire de ce qu'elle vivait au quotidien.

Je ne sais pas comment qualifier ce moment. Les mots me manquent. Aucun ne peut exprimer le bonheur que l'on vit lors d'un instant pareil. Rien n'est assez puissant pour l'exprimer. En quelques heures, ma fille est passée de la vie à la vie. Je pense que le seul mot qui puisse qualifier ce moment où elle se trouvait contre mon sein, j'allais presque dire « pour la première fois », - et c'est un beau lapsus révélateur -, est le mot « communion ». Nous ne faisions plus qu'un. Cette fois, le cordon ne serait jamais plus coupé. Il nous avait reliées et sauvées toutes les deux. Quelque chose d'invisible et d'indicible passe entre nous.

Des médecins, des infirmières, des anesthésistes, venaient nous voir pour me saluer, simplement pour nous connaître. « C'est bien vous qui avez sauvé la vie de votre fille ? C'est incroyable, votre histoire ! Quelques minutes en plus, et elle mourait. Vous avez été fantastique ! »... Je ne comprenais pas pourquoi tous ces gens venaient nous voir. Je ne crois pas avoir été fantastique. J'ai écouté mon sixième sens de maman, tout simplement. Si seulement certains médecins écoutaient davantage les mamans et leurs petits patients...

Chaque patient est unique. Chaque situation est unique. Un traumatisme, même bénin, est à prendre au sérieux.

Elle était perfusée. Il fallait enlever le drain de sa tête dès l'après-midi. Pour cela, il fallait à nouveau une anesthésie générale.

De retour du bloc, il fallait qu'elle retrouve toute sa motricité en une demi-heure. On nous demande de rester avec elle, de la stimuler et de contrôler la reprise progressive de sa motricité. Un médecin vint contrôler l'état de ses fonctions. La jambe gauche ne répondait pas. Le côté gauche ne répond pas. Pas de sensation, pas de réflexe.

Mon mari fait remarquer qu'Edwige met toujours plus de temps à réagir ; un simple doliprane suffisait à l'assommer. Cette fois, on nous écoute. Nous avons un quart d'heure de répit avant un transfert. Le médecin revient et constate que la motricité reprend un tout petit peu. Mais ce n'est pas convaincant pour lui. Nous l'implorons afin d'obtenir un dernier sursis de quelques minutes supplémentaires.

Après une heure, Edwige a totalement retrouvé sa motricité et ses réflexes dans son pied et sa jambe gauche. Elle va être transférée en pédiatrie le lendemain matin dans les services de soins intensifs pour nourrissons.

Il est près de vingt-et-une heures ; nous devons la quitter pour la nuit ; nous rentrons rassurer nos parents et mon frère, qui, ce jour-là, a passé les épreuves du D.E.U.G. après une nuit blanche. Sa filleule allait bien. C'est tout ce qui comptait.

La nuit s'était bien passée. Le transfert d'Edwige eut lieu le lendemain matin vers le service de soins intensifs de pédiatrie du Dr K. Toujours appareillée, on devait maintenant procéder à la réintroduction des biberons. Comment expliquer au médecin et au personnel soignant qu'elle nécessitait qu'on lui prépare ses biberons selon un protocole particulier ? Qu'elle vomissait tout ce qui pouvait comporter le moindre grumeau, le moindre morceau ? Quelle pathologie le justifierait ? Aucune. Je m'attelais donc à leur expliquer « qu'elle était comme ça », et qu'on ne pouvait pas faire autrement… Les regards de l'équipe soignante en disaient longs.

Cette maman était certes admirable, elle avait sauvé sa fille grâce à son sixième sens, mais elle devait être encore très perturbée par les événements de la veille… Il n'était donc pas nécessaire de rester à ses côtés, on se chargerait de tout. Edwige avait besoin de moi, mais le reste leur appartenait. Mon mari et moi n'avons pas insisté. Je leur signifiais simplement qu'elle ne se nourrirait probablement pas, qu'elle vomirait certainement ses biberons et que j'étais joignable à toute heure de la nuit s'ils avaient besoin de moi. Qu'il ne fallait surtout pas imputer les vomissements à son traumatisme et que c'était comme ça depuis toujours…

6h00, le 24 mai : appel du service de soin intensif : il fallait que je vienne au plus vite, avec mon matériel pour faire les biberons. Edwige vomissait tout. Prévoir aussi quelques affaires personnelles pour moi, car je devais élire domicile aux soins intensifs pour quelques jours.

En moins d'une heure, je me trouvais sur place, avec mon chauffe-biberon, la boîte de *Gumilk*, les petits pots de légumes et fruits 3 mois, complètement lisses, auxquels je rajoutais un peu de lait, de *Gumilk*, et que je mixais totalement pour qu'il n'y ait plus aucuns grumeaux. Edwige s'affaiblissait, son taux d'hémoglobine était particulièrement inquiétant ; elle avait perdu beaucoup de sang pendant l'intervention, il fallait qu'elle reprenne des forces. Pour cela, il fallait qu'elle garde la nourriture. En arrivant, le médecin discutait d'une introduction de *Vogalène* ou *Primpéran* et imputait ses vomissements au traumatisme. Je demande à le voir sur le champ, pour lui expliquer qu'il fallait me laisser une journée sans qu'elle soit mise sous antiémétique ; qu'il fallait me laisser faire mes « mixtures particulières » et que tout reviendrait dans l'ordre. Sans en comprendre la raison, sans même me poser de questions, et à partir de cet entretien, il ordonna que j'aie « carte blanche » pour m'occuper d'elle 24h/24. Seule condition : il fallait que je prenne quelques heures de repos la nuit et que mon mari me ramène à la maison quelques heures pour que je puisse me reposer.

Il prévint l'équipe qu'il fallait rester à mon écoute et que je pouvais intervenir dans toutes les tâches si je le souhaitais :

Biberons, bains, jeux, soins etc… Toute l'équipe savait qu'elle était en vie grâce à mon insistance, à ma course contre la montre.

On ne m'avait pas écoutée trois jours auparavant, il fallait maintenant m'écouter. On n'avait rien à perdre après tout, tout à y gagner.

Edwige n'eut pas besoin d'antiémétique. Elle se laissait faire calmement dans son bain. Elle avait retrouvé sa maman, son rythme et son régime alimentaire. Elle ne vomissait plus. Elle prenait ses biberons, ses mixtures, ses forces. Le pédiatre ne s'étonnait pas de l'évolution favorable de sa petite patiente. J'avais découvert avec effroi, mais en faisant mine de rien, que le « petit trou » dans la tête sous ses pansements qu'on m'avait décrit, était en réalité une large suture de près de vingt agrafes.

On avait « ouvert sa tête » de la tempe jusqu'au milieu de son crâne. Je ne disais mot. J'encaissais émotionnellement le contrecoup du combat des 21 et 22 mai.

Edwige reprenait des forces et du poids, son taux d'hémoglobine remontait très favorablement, ses réactions étaient tout à fait normales. On me laissa le privilège de l'accompagner pour ses premiers pas : j'avais pris le soin de leur signaler qu'elle ne marchait pas seule, qu'il fallait la tenir par les deux mains et que son équilibre était encore très instable ; que ce n'était pas lié à son traumatisme !

Elle fit donc ses premiers pas dans l'allée des soins intensifs, comme si jamais rien ne s'était passé. Je me rappelle la fierté qu'elle avait de montrer à toutes les infirmières qu'elle marchait avec sa maman : toutes les infirmières s'étaient postées sur le bord de l'allée pour la voir et l'applaudir. C'était l'allée et les premiers pas vers la victoire ! Elle était certes encore très faible, mais elle ne laissait RIEN paraître. La tête haute, elle fit l'aller-retour avec moi sans ciller, toujours en souriant. Ses yeux rutilaient de plaisir : elle avait combattu, elle était maintenant victorieuse. Bravo !

On lui demanda maintes et maintes fois si elle avait mal quelque part. La réponse était toujours négative.

Il s'agissait ensuite de savoir si on allait lui administrer des antiépileptiques. Un collège de six médecins, pédiatres et neurochirurgiens, se réunit. Jusqu'au dernier instant, il y avait hésitation. A une voix, ils décidèrent qu'elle en serait épargnée.

Je passais mes journées aux soins intensifs. Je rentrais cinq heures par nuit pour me reposer un peu. Les infirmières ne cessaient de me demander conseil. Avec elle, avec leur précieuse collaboration, Edwige allait de mieux en mieux. Elle était tirée d'affaire. Je n'en avais plus douté.

Samedi 25 mai : mon mari me demande de la laisser pendant quelques heures. Il me propose la pizzeria à quelques centaines de mètres et veut m'acheter un cadeau pour le lendemain. J'accepte à contrecœur de quitter Edwige, mais je la laisse par amour pour mon mari. Nous avons besoin d'être un peu seuls tous les deux. Je sens que j'ai moi aussi besoin de quitter l'hôpital pour quelques heures. Mon mari m'offre un ensemble légèrement fleuri, vert et or ; la couleur de l'espoir. Je serai belle pour mon mari et pour Edwige, demain, jour de la Fête des Mamans.

Dimanche 26 mai : Fête des Mères.

La plus belle de toutes ! Une Fête des Mamans avec mon enfant chéri, mon Edwige miraculée.

Depuis qu'elle avait été opérée, tout le monde, y compris les médecins et soignants, en particulier son neurochirurgien, le

Dr S., l'avait baptisée « la petite miraculée ».

Edwige, « *à la tête du combat* » ; je n'avais pas imaginé au moment de sa « première naissance » le 13 mai 1995, à quel point elle portait bien son nom. « *Sa deuxième naissance* », le 22 mai 1996, tout aussi intense que la première, avait marqué nos vies, sa vie, à tout jamais.

28 mai 1996 : toute l'équipe m'annonce qu'elle peut rentrer. Sa récupération a été fulgurante. Pas de traitement. Un contrôle scanner et un rendez-vous chez le neurochirurgien dans six semaines. Les soins de cicatrice se feraient par *Diaseptyl.* Je m'en étais souvent chargée à l'hôpital ; aucune difficulté particulière pour moi. Si ce n'est de contenir ma hantise qu'elle chute à nouveau. Il fallait une surveillance constante mais ne pas la priver de liberté. La laisser évoluer « comme une autre enfant ». Facile à dire, moins facile à appliquer dans le quotidien…

Très vite, je l'avais à nouveau confiée à mes parents, pour quelques heures de temps en temps. Il fallait qu'ils mesurent que rien n'était « de leur faute ». Cette idée ne nous a jamais effleurés mon mari et moi. Mais ce qui se passait dans la tête de mes parents, et tout particulièrement de Papa, je ne pouvais que le ressentir. Je ne le vivais pas. Personne ne peut ressentir ce qu'autrui ressent. La vie est ainsi faite que chacun extériorise, ou pire, intériorise, à sa manière. C'est ce dernier processus qui se mit malheureusement en marche chez Papa. Edwige est miraculée ; mais les sentiments de Papa, nul ne les connaissait. Un lien tragique, un instant fatal, celui où il avait lâché sa main, marqua pour toujours la destinée d'Edwige et de Papa. Il fallait attendre des années pour en avoir la preuve.

Six semaines après « la chute » : j'avais pris rendez-vous, seule, chez le Dr E., son premier pédiatre, pour « mettre les choses au point ». Il avait été mis au courant par son confrère pédiatre des soins intensifs, le Dr K., des suites de l'après-midi de cauchemar du 21 mai, durant laquelle il m'avait renvoyé chez nous avec Edwige. En mois de juillet débutant, il s'est présenté à moi, l'air grave et songeur, répétant inlassablement et machinalement ces quelques mots : « Je saurai dorénavant qu'il n'y a pas de traumatismes bénins, qu'il faut écouter le sixième sens des mamans... ». J'avais préparé et mesuré tous les mots que j'allais prononcés durant cette entrevue, je les avais répétés et répétés dans ma tête depuis des nuits entières. Ce jour-là, j'étais en face de lui, je le fixais, je l'écoutais répéter cette phrase devant moi et je ne dis mot.

Pas un mot. Il m'inspirait un mélange étrange de révolte et de pitié. Il avait compris. Il ne fallait plus qu'il refasse cette erreur. C'est tout ce que je voulais en m'imposant cette démarche ô combien difficile pour moi. Il n'avait pas compris, il ne comprenait toujours pas comment un traumatisme bénin pouvait engendrer un hématome extradural pariéto-temporal droit ; personne ne l'avait compris ; même pas le neurochirurgien. Personne. Je ne lui demandais pas d'explication. Il est tout simplement humain, comme nous tous. Je ne lui en voulais pas pour cela ; je lui en voulais de ne pas m'avoir écoutée. Il avait compris qu'il fallait écouter la maman. Que la « subjectivité » ne doit pas être ignorée dans un diagnostic quel qu'il fût. Il avait compris cela. C'est tout ce que je désirais. Je ne reverrais plus jamais le Dr E.

Il me rappelait étrangement cet O.R.L. atterré, venu annoncer son incompréhension, son désarroi, son impuissance, lors de l'annonce du décès de Mémé à mes parents, un certain 13 février 1973...

Le pédiatre d'Edwige serait dorénavant le Dr K. qui l'avait prise en charge le 22 mai, lors de son hospitalisation en soins intensifs de pédiatrie. Il le restera.

Le rendez-vous de contrôle post-opératoire était fixé au lendemain de mon entrevue avec le Dr H., avec le neurochirurgien, le Dr S. On pratiqua un scanner de contrôle, sur lequel ne persistait qu'une « lame résiduelle », preuve que le traumatisme avait eu lieu. Depuis la nuit de l'intervention, et jusqu'à ce jour, Edwige est « la petite miraculée » du Dr S. Un lien invisible et extrêmement intense, que je qualifierai presque de lien filial, était né entre le Dr S. et Edwige, cette fameuse nuit du 21 au 22 mai. Lors de ce rendez-vous il me fit part de son incompréhension totale : les effets d'une chute aussi bénigne avaient été si démesurés. Il me reparla du « champ de bataille, digne d'un champ de bataille d'une guerre de tranchées de 14/18, dans sa petite tête » ; je cite ses mots. Il m'assura qu'Edwige vivrait maintenant jusqu'à l'âge de quatre-vingt-dix ans au moins et qu'il comptait sur son invitation, le jour de son Mariage. Je lui remis alors ce que je serrais entre mes mains : un fairepart de sa naissance, le 13 mai 1995, auquel j'avais rajouté la date de sa deuxième naissance, le vingt-deux mai 1996, avec sa photographie. Quelques mots en plus s'étaient rajoutés au fairepart de naissance d'origine. Un silence se fit. Des larmes s'échappèrent de ses yeux.

Un soir, Edwige avait environ deux ans et demi, lorsqu'elle me fait une confidence : « Je suis morte un jour, Maman ! ».

Je peux vous assurer que cela fait froid dans le dos d'entendre votre petite fille prononcer cette phrase avec un tel naturel, que vous répondez logiquement : « Mais qu'est-ce que tu racontes, ma puce ! Qu'est-ce que ça veut dire, ce que tu racontes-là ?

- Mais je suis morte un jour, Maman ! C'était beau ! Plein de lumière ! Il y avait une « vieille Dame aux cheveux bleus », toute douce, toute gentille, qui m'a dit que je devais retourner chez Maman. Tu sais, je sais qui c'est !

- Et c'était qui, ma Puce ?
- La Dame aux cheveux bleus ! ».

Je ne sais combien de fois Edwige avait pu répéter ces phrases.

Elle avait quatre ans, lorsqu'elle était chez sa Mamie et qu'elle regardait des photographies anciennes. Celle-ci datait de 1972. Elle était en couleur. « C'est elle, la Dame aux cheveux bleus, Mamie ! C'est la Dame aux cheveux bleus que j'ai vue quand je suis morte ! Il faut que je dise à maman ! ».

Le soir, elle m'attendait, la photo serrée dans ses mains : « C'est la Dame aux cheveux bleus que j'ai vue quand je suis morte ! C'est elle, maman ! ».

Je reste muette.

Elle n'avait jamais pu voir cette photo, soigneusement rangée au fond de l'armoire de sa Mamie.

C'était ma Mémé Jeanne, son arrière-grand-mère, décédée accidentellement un 13 février 1973 dans les sous-sols d'un certain hôpital où toutes deux s'étaient trouvées à vingttrois ans d'intervalle, et que toute la famille avait invoqué le soir où Edwige a été opérée. Qu'elle avait vue. Qui l'avait sauvée.

Un an plus tard, un courrier. Il m'est adressé. Un numéro de sécurité sociale, un prénom d'ayant-droit. Une convocation.

Il faut pratiquer une prise de sang pour vérifier si Edwige n'est pas infectée par le SIDA ou l'hépatite C, suite à la transfusion du 22 mai 1996. Pas un mot de plus. Une angoisse de quarante-huit heures.

Les résultats sont négatifs. Nous revivons.

Le neurochirurgien revit Edwige huit ans plus tard, peu après ses neuf ans. Entre temps, je lui avais appris ce qui lui était arrivé. Je l'avais préservée de l'histoire de son accident pendant huit années. D'un commun accord avec le pédiatre, nous voulions qu'elle grandisse sans se soucier du lendemain. Elle formula néanmoins le très vif désir de revoir son neurochirurgien, le Dr S.

Après un bref appel téléphonique, pensant que personne ne se souvenait plus d'elle, la secrétaire du Dr S. me signifia qu'il l'accueillerait quelques jours plus tard, en fin d'après-midi, après ses rendez-vous. Leur regard se croisèrent en salle d'attente ; un sourire lumineux naquit sur le visage de chacun, il prononça son prénom, l'entoura de ses bras, lui redit qu'elle était « sa petite miraculée » ; à cet instant, j'étais comme exclue de ce « couple », de cette relation de « père à enfant ».

C'était comme s'il ne l'avait jamais perdue de vue. Sur le mur, à l'arrière de son large siège, une photo et un faire-part de naissance.

Edwige est toujours là, près de lui.

Vendredi 3 octobre 1997, aux environs de 17 heures : en rentrant du travail, sur mon trajet d'autoroute, je subis un accident de la circulation, lié à l'inconscience d'une conductrice qui provoque son quatrième accident en quelques mois à peine.

Coup du lapin. Choc très violent.

Le véhicule du SAMU me transporte aux urgences.

J'explique que j'ai très mal à la nuque, que je ne peux plus bouger ma tête, ni mon cou, et que la ceinture de sécurité a provoqué un blocage thoracique. La prise en charge est exécrable : on me laisse tituber dans les couloirs des urgences, à la recherche de la radiologie. On ne m'immobilise pas ; on me demande de m'y rendre moi-même. Je suis sur le point de tomber dans les pommes, mais personne ne se soucie de mon cas. On me fait des radiographies ; le médecin urgentiste me revoit, me prescrit une ordonnance de Paracétamol en me disant que je ne nécessite pas d'I.T.T. J'insiste. Je répète que le choc a eu lieu sur l'autoroute, à une vitesse conséquente de quatre-vingt-dix kilomètres à l'heure, que j'ai horriblement mal au cou, que je ne peux plus bouger ma tête et que j'ai constamment des vertiges. Rien n'y fait. « Il n'y a rien sur vos radios, Madame ! Reposez-vous ce week-end, tout ira bien lundi ! ».

Mon état s'aggrave d'heure en heure. Mon médecin traitant me ré-hospitalise le lundi 6 octobre dans un autre hôpital, en neurologie. Il demande au service des urgences où j'ai été transférée le 3, juste après mon accident, de lui transmettre les clichés. Quelle ne fut pas sa surprise lorsqu'on lui transmit les deux seuls clichés thoraciques qui avaient été pris à ce moment ! Pas un seul cliché des cervicales. Une face et un profil du thorax qui bien évidemment étaient normaux. Je n'avais qu'un hématome à cet endroit lié au serrage de la ceinture de sécurité.

On refit des examens en neurologie et, cette fois, il fallait prendre mon entorse cervicale au sérieux. On voyait le problème sur les clichés : il touchait plusieurs étages : C5, C6 et C7. Pas étonnant que j'aie eu des vertiges et que j'aie été si mal. Les antalgiques me droguaient, tout en n'ayant aucun effet sur mes douleurs cervicales qui perduraient.

Après quelques jours d'hospitalisation, je rentrai chez moi avec un traitement de *Laroxyl* et le suivi recommandé d'un neurologue. Les douleurs ne s'estompent pas ; le collier cervical, trop rigide me provoque d'atroces douleurs ; le *Laroxyl* me constipe terriblement. J'ère lamentablement dans les couloirs de ma maison ; les jours se suivent et se ressemblent ; je ne dors même plus la nuit. Je ne trouve plus aucune posture qui me convienne ; plus l'immobilisation dans une même posture se prolonge, plus j'ai mal ; la douleur irradie dans le bras et provoque des « fourmis ». Elle m'insensibilise le bras. Mais je continue à me battre. Le médecin préconise que je reprenne le travail ; je reprends, heureuse de retrouver une vie sociale, mais les trajets et la longueur des journées et les malaises et pertes de connaissance qui s'ensuivirent, obligèrent mon médecin à me remettre en arrêt de travail ; cette fois, il préconisa que j'aille voir un chiropracteur pour « remettre tout cela en place » ; selon lui, je n'avais aucune inquiétude à avoir ; c'était un praticien reconnu, que quelques-uns de ses patients avaient vu et qui les avaient aidés ; notamment des patients sportifs, pour de la rééducation fonctionnelle d'un bras ou d'une jambe…

Que n'avais-je pas évité l'erreur de ma vie ? Pourquoi avoir fait confiance à un praticien qui ne faisait aucune espèce de différence entre un bras et des cervicales ? D'après lui, il fallait deux ou trois séances de craquements au maximum, pour tout remettre d'aplomb ! Après une radiographie qui démontrait clairement des antélystésis de C5/C6/C7, le praticien me fit craquer brutalement toutes mes vertèbres cervicales, puis dorsales et lombaires. Je ne saurais dire les sensations que j'ai éprouvées à cet instant ; ma vue devint trouble, les images fuyaient et les vertiges me firent perdre l'équilibre. C'était tout à fait normal pour lui, il ne fallait pas s'en inquiéter ; de toute façon les craquements sont impressionnants, mais jamais révélateur d'une gravité de la manipulation ; il faut simplement se laisser aller, sans résister. J'allais peut-être avoir un peu plus mal dans un premier temps, mais cela passerait. Si les douleurs devaient persister, ce serait le signe qu'il faudrait une séance supplémentaire. Dans ce cas, je n'avais qu'à rappeler.

Je n'ose pas décrire quelle nuit j'ai passée suite à ces manipulations ; cinq jours plus tard, j'étais couchée ; je ne pouvais pratiquement plus bouger. Mon état s'aggravait d'heure en heure. Je rappelle mon médecin traitant, qui me préconise de rappeler le praticien pour lui faire part de l'aggravation de mon état, et, suivant le cas, de retourner le voir, pour une seconde séance que ce dernier avait préconisée, si mon état ne s'améliorait pas ; le problème était probablement plus sérieux qu'il n'y paraissait et il fallait ré-intervenir une deuxième fois.

Personnellement, je ne suis plus en état d'y voir clair et je m'en remets à mon médecin et mon praticien ; ce dernier m'invite à le revoir, « sans rendez-vous », puisque ce n'est toujours pas réglé et qu'il faut une deuxième manipulation. Ce fut le « coup de grâce ».

Je me souviens que mon mari était en déplacement professionnel et que c'était mon frère qui m'avait emmenée à ce rendez-vous. En sortant, il devait me soutenir ; nous avons pris l'ascenseur ; arrivés au rez-de-chaussée, les carreaux du porche d'entrée de l'immeuble se chevauchaient ; je luttais contre un malaise imminent ; mon estomac se soulevait dans mon ventre ; mon cœur commençait à battre la chamade ; mes yeux ne pouvaient plus fixer mon chemin et ma tête tournait. Je ne disais mot, pensant que « c'était normal » et que tout reviendrait dans l'ordre après un moment.

En voiture, sur le chemin du retour, ma lutte contre un malaise imminent était acharnée. Les douleurs avaient dépassé l'échelle du supportable.

Je me souviens être sortie de la voiture, avoir gagné la cuisine de Maman ; mes jambes se sont dérobées, puis, plus rien.

Mon frère et Maman me rapportèrent que j'avais perdu connaissance pendant vingt minutes. Une éternité, quand on est aux côtés de quelqu'un qui « n'émerge plus ». Le médecin de Maman avait mis quelques minutes à venir et à appeler les secours. Je suis « revenue à moi » lorsque le SAMU était arrivé pour me conduire en neurochirurgie.

J'ai été hospitalisée pendant dix jours ; on me fit les bilans nécessaires ; j'avais un hémicorps droit lié à « un *petit* œdème du bulbe rachidien » qui devait se résorber par lui-même, et, chaque jour, je tentais vainement de me mettre droite et de faire quelques pas ; ce n'est qu'au bout de six jours, que j'arrivais à nouveau à me tenir sur mes jambes ; le lendemain, je longeais le couloir en me tenant à la rampe, et le surlendemain, je voulais rentrer chez moi pour m'occuper de ma fille. Les vertiges étaient constants, le dérobement de mes jambes et de mes genoux également, les douleurs cervicales insoutenables et les traitements ne faisaient presqu'aucun effet. Ils provoquaient des effets secondaires très difficiles à gérer ; un lavement dut être envisagé. Je ne savais plus comment faire pour sortir d'une telle galère, alors je me mis à lutter contre les douleurs, le dérobement des jambes, les vertiges, les nausées, la constipation de plus en plus rebelle, les douleurs provoquées par le collier cervical, les blocages de ma nuque et de mon dos, liés à une immobilisation trop constante et j'essayais de tenir en équilibre, de marcher ! C'était devenu ma hantise : il fallait que je marche à nouveau pour les miens, pour ma fille, coûte que coûte, de peur qu'on me prenne pour une « folle », une « simulatrice ». En effet, les examens n'avaient pas « objectivé » une lésion qui explique un tel handicap, malgré *le petit* œdème du bulbe rachidien, qui mettrait du temps à se résorber »... Il fallait du temps, beaucoup de temps, du repos, de la patience, et tout reviendrait dans l'ordre...

Mais mes douleurs étaient insupportables et mon handicap était réel ; comment m'en sortir dans de telles conditions ? Il fallait marcher. C'est tout.

J'ai été placée en arrêt de travail pendant deux mois, avec l'obligation d'être suivie par un neurologue. Personne n'a osé mettre en cause le « charlatan » de chiropracteur, qui avait par ailleurs des amis et de la famille très influente au sein même de l'hôpital. Certains d'entre eux étaient médecins au sein de l'hôpital où j'ai été hospitalisée après le traumatisme qu'il avait provoqué. J'appris tout cela bien plus tard... Un médecin conseil des services de l'assurance maladie m'apprit quelques années plus tard qu'il était poursuivi pour de multiples traumatismes graves qu'il avait provoqués sur ses patients, qu'il changeait constamment d'adresse, qu'il avait été arrêté par la gendarmerie à plusieurs reprises et que, malgré l'interdiction d'exercer, il changeait d'enseigne et de ville, et exerçait toujours... J'eus cette information en 2008. Soit dix ans plus tard. Sans commentaire.

A partir d'avril 1998, les blocages et douleurs cervicales rebelles ne me quittèrent plus jamais. Combien de névralgies cervico-brachiales avais-je subies pendant des semaines, des mois pour certaines ? Combien de « crises » douloureuses qu'aucun traitement ne pouvait soulager ai-je subies ? Des douleurs insoutenables dans les épaules, les bras, des fourmillements, des pertes de sensation, de force dans les bras, les doigts...

Au moment où j'écris, et à chaque fois que je suis obligée de tenir une posture plus de cinq minutes, ma nuque se bloque, un pincement terrible irradie dans mon bras, partant de C5/C6/C7. Je me suis résolue à vivre avec la douleur. A ne plus jamais faire de manipulations, ni de kinésithérapie souvent beaucoup trop violente ou inefficace. Toujours à essayer de m'en sortir par moi-même, en évitant les opiacés que je ne tolérais pas ; les morphiniques qui me bloquaient les viscères et me faisaient voir les « éléphants roses », les anti-inflammatoires qui accentuaient les reflux gastriques…

Je repris le travail et la route, - quatre-vingt kilomètres de trajet quotidien -, après trois mois d'arrêt de travail.

Mais le destin en décida tout autrement… Je gérais *presque* tout ; mais les douleurs qui m'alitèrent en novembre 2009, je ne les vaincrais pas de la même manière…

Edwige grandit normalement. Elle est le portrait de sa maman.

Sa scolarité se passe relativement bien, mais elle tombe ou se cogne très souvent. On dirait que son équilibre est instable.

L'acquisition des compétences scolaires se fait sans problème, mais elle est plus lente que les autres à acquérir les notions de logique abstraite en mathématiques. Sa coordination est souvent difficile. Elle confond souvent sa droite et sa gauche, comme sa maman…

Combien de fois verse-t-elle l'eau à côté du verre ? Combien de fois s'est-elle cognée contre un meuble, une embrasure de porte ? Combien de fois a-t-elle « raté » une marche et a-t-elle dévalé les escaliers, …comme sa maman ?

Combien d'hématomes ? Je ne saurais le dire. Tout ce qui concerne l'attention, le repérage dans l'espace, l'équilibre, pose très souvent problème. Elle est souvent maladroite, comme sa Maman ; elle lui ressemble tant !

Et chaque semaine se ressemble ; les vomissements perdurent et les périodes de refroidissements encombrent encore davantage ses voies aériennes ; les médicaments ne « passent pas » ; les antibiotiques sont systématiquement vomis et il me faut énormément de patience et d'inventivité pour que les sirops en tous genres soient d'abord ingérés, puis assimilés ; les vomissements deviennent souvent incoercibles et mon désarroi devant l'incompréhension des médecins me fait passer pour une mère peu inventive, qui ne sait pas s'y prendre, ou trop préoccupée, qui n'ose pas la nouveauté, l'improvisation. Je crois qu'il n'y a guère que ma proche famille et notamment ma mère qui puissent comprendre ce que j'ai pu endurer au quotidien. Et je n'exagère rien… On ferait tout pour son enfant.

Le pédiatre, de son côté, ne faisait que constater : constater que ma fille grandissait tout à fait normalement, qu'elle prenait harmonieusement du poids et que tout allait pour le mieux. Malgré les récits de mes problèmes récurrents et quotidiens, tout allait très bien à son sens ; tout se mettrait en ordre. Une fois scolarisée, on imputait ses crampes et ses douleurs abdominales à sa sensibilité. Mais personne ne voyait notre désarroi lorsqu'elle se tordait littéralement de douleur. Personne ne comprenait et ma fille avait décidé de ne plus rien dire à personne, consciente que ses douleurs seraient simplement considérées comme psychosomatiques. Je savais qu'elle disait vrai. Je la voyais pâlir en proie à des sueurs froides et trembler de tout son corps, lorsque les douleurs rebelles devenaient insupportables. Alors je la soignais avec les petits moyens que j'avais en ma possession : *Spasfon,* tisanes et gymnastique abdominale. Elle trouvait également par elle-même les moyens de se soulager ; la « gym » et les massages abdominaux pour soulager les ballonnements semblaient lui faire beaucoup de bien ; comme si ces stimulations toujours douces mais précises et actives accompagnaient une digestion souvent difficile et douloureuse.

Ses poussées dentaires la faisaient énormément souffrir depuis son plus jeune âge. Comme moi, ses gencives se fissuraient, « explosaient » littéralement durant la nuit pendant la poussée des molaires et plus tard, des dents de sagesse. Le pédiatre de ma fille tint le même discours que celui qu'avait tenu le mien à ma mère : « Votre fille est un « phénomène » ; les canines ne poussent jamais avant les incisives ! Les molaires arrivent trop précocement… Rien ne se passe dans l'ordre. C'est l'anarchie ! ». Il ne croyait pas si bien dire…

Ella a près de six ans, lorsqu'elle commence à manger « normalement ». Elle vomit moins. Mais, au moment où j'écris ces lignes, elle n'avale toujours pas les potages passés ou les yaourts avec morceaux. Elle est très souvent ballonnée et son appétit est très variable. Elle ressent souvent une étrange sensation de satiété et de nausée.

Elle est souvent très pâle et très fatiguée. Son rythme doit être respecté, coûte que coûte. Les bronchites l'affaiblissent souvent pendant la saison hivernale. Ses réactions vaccinales sont extrêmement fortes ; une grosse « boule » se forme et la fièvre grimpe et frise les 40°.

Une petite fille attentionnée, aimante et si proche de sa maman ; un cordon invisible les relie. Quelque chose d'invisible, de l'ordre du non-dit, tout simplement du vécu. Une vie reliée à une autre ; une complicité qui se crée et se renforce au fil du temps. Un amour plus fort que tout ; un amour qui peut tout, « *qui ne passera jamais* ». Un combat que la vie a forcé et rendu définitivement puissant.

Chapitre VI
« Celle qui porte la victoire »

Grossesse, naissance et enfance de Bérénice (1999 – 2006)

Une nouvelle fois, il nous a fallu deux années, pour que je tombe enceinte. Rien n'y faisait. Ni les traitements de stimulation hormonale, ni les traitements de *Parlodel* ; je précise que mon taux de prolactine était tout à fait normal et que les bilans sanguins ne révélaient pas d'anomalies. Je décidai donc d'arrêter tout traitement. Et toujours cette sensation que ma fragilité empêchait une grossesse. La première grossesse, une fatigue presque chronique, ne me découragèrent jamais de tenter de donner la vie une seconde fois.

Je suis tombée enceinte en avril 1999. Mais à quatorze semaines d'aménorrhée, j'ai à nouveau fait une fausse couche. Le bébé aurait dû naître au mois de janvier 2000. Ce fut très difficile à vivre. Mais je ne perdais pas espoir. Il me fallut quelques mois pour me remettre de cette nouvelle épreuve.

Il a fallu attendre la fin du mois d'août 2000 pour que mon test soit à nouveau positif. Je me souviens que lors de la première consultation chez mon gynécologue, je m'inquiétais de ne pas avoir mal. De ne pas sentir que j'étais enceinte. Je n'y croyais pas ; je m'étonnais constamment que d'aller bien et de ne pas ressentir cette étrange sensation « de perdre mon bébé », que j'avais eue dès les premières semaines, lors de ma première grossesse. Le gynécologue me répétait « qu'être enceinte », ne signifiait pas être constamment malade. « L'œuf » était bien implanté, assez « haut », et la grossesse se présentait très différemment.

Jusqu'à la fin du sixième mois, je me sentais relativement bien. Mais le gynécologue me mit en arrêt de travail à la fin du cinquième mois : mon trajet quotidien était de quatre-vingt kilomètres, et pour lui, il valait mieux prévenir que guérir. Les ennuis commencèrent à la fin du sixième mois ; j'ai été hospitalisée pour des contractions prématurées et mise sous perfusion pendant trois jours. Je devais prendre des médicaments pour les stopper et me reposer en rentrant. La surveillance médicale était presque constante. Avec le gynécologue, nous espérions que le bébé « passe le cap du huitième mois » ; nous avons programmé la césarienne le 12 avril 2001, soit vingt-cinq jours avant le terme.

J'ai réussi à tenir le coup jusqu'à cette date. Ma deuxième fille se nommerait Bérénice, *« celle qui porte la victoire »*. Une constellation, nommée par les Egyptiens, porte son nom ; elle serait guidée par une bonne étoile !

Cette fois, contrairement à la première fois, la césarienne était programmée. On me prépara pour l'intervention par rachianesthésie. Mais l'anesthésiste s'inquiétait : encore une fois, il a fallu piquer, puis repiquer, pour que la rachianesthésie *prenne*. La quatrième fois fut la bonne. Je lui précisais que j'étais très coriace en matière d'anesthésie et qu'il faudrait probablement y mettre une dose plus conséquente que d'accoutumée, compte tenu du fait que mes membres s'étaient « réveillés » bien avant les calculs habituels, lors de la première césarienne. Je le rendis également attentif à mes chutes de tension imprévisibles. Mais j'eus pour unique réponse un sourire. Il semblait signifier que je devais avoir confiance et que tout se passerait très bien…

Mon gynécologue arriva à l'heure prévue. Une autre césarienne était prévue juste avant la mienne.

Bérénice, Héloïse, Marie est née le jeudi 12 avril 2001 à 10h43. Son poids était de 3kg030 et sa taille de 49 cm. Un charmant bébé, aux yeux bleus et cheveux blonds, à la peau veloutée et au teint mat de sa maman. Elle naît toute repliée sur elle-même, encore bien au chaud, surprise d'être bouleversée.

Elle ouvrit les yeux et se mit à crier de tout son être, comme pour protester contre cette *violence* qu'on lui avait faite de la « faire naître ».

Mon mari et moi-même étions aux anges. Quelle belle petite fille !

Comme pour sa sœur, mon mari accompagna les puéricultrices pour lui donner son premier bain. C'est lui qui m'annonça son poids, sa taille et qu'elle se portait comme un charme.

Pendant ce temps, j'étais aux mains du chirurgien. On arracha violemment le placenta collé à mes entrailles et à mon diaphragme, et, au même moment, ma tension chuta brusquement. La douleur fut telle, que ma respiration se bloqua littéralement. L'anesthésiste me supplia de respirer. Il fallait que je respire régulièrement. Mais pendant quelques instants, j'en fus totalement incapable. Les sensations revenaient encore bien plus vite qu'à la première césarienne. Mes jambes commençaient à m'obéir, alors qu'on n'avait pas encore suturé : on en était au « nettoiement » et à l'aspiration… Quelque chose me disait que ce qui se passait n'était pas tout à fait protocolaire. Mon gynécologue s'empressa donc de faire agrafer l'ouverture : il n'y avait plus une seconde à perdre. J'entendis les murmures d'inquiétudes qui s'échappaient de l'arrière du champ opératoire. J'avais pourtant prévenu l'équipe qui intervenait. Mais une fois de plus, mon avertissement avait été accueilli avec un sourire complice qui en disait long.

Après quelques minutes, qui me paraissaient être une éternité, j'entendis brusquement tout le monde s'affoler autour de moi : il fallait faire encore plus vite. Extrêmement vite, avant que l'anesthésie ne perde toute son efficacité. Je tiens à préciser que lors de cette deuxième césarienne, mes jambes bougeaient dès l'instant où l'équipe avait débuté la libération du placenta et à la sortie du bloc opératoire je ressentais les douleurs dans mon ventre. L'arrachement provoqué par le détachement du placenta fut extrêmement douloureux : je me souviens du malaise que j'ai ressenti et de la chute de tension qui s'ensuivit. C'est indescriptible, et je sais aujourd'hui que c'était anormal que je ressente toutes les interventions de cette façon.

On m'agrafa dans l'urgence : la cicatrice qui me reste prouve, encore aujourd'hui, que l'agrafage n'avait pas été fait « dans l'axe ». J'ai un tracé persistant, sur le bas de mon ventre, lié à une imprégnation hormonale, qui est totalement désaxé : ma peau a été « rassemblée » en toute urgence. Les transmissions de l'infirmière du bloc à celle de la salle de réveil en témoignaient ; les tests qui s'ensuivirent également. Je repliais mes jambes ; je « ressentais » tout mon ventre. Tout ce qui s'était passé dans mon ventre. Il fallait me garder en observation pendant quelques heures, à cause du blocage respiratoire et des chutes de tension. J'avais la sensation que mon diaphragme avait été décollé de mon thorax et qu'on avait arraché mes entrailles de mon ventre. Tout semblait comme déplacé et j'avais vraiment très mal.

On me transféra ensuite en service de soins intensifs jusqu'au lendemain matin. L'anesthésiste qui avait eu énormément de travail cette nuit-là, nuit de pleine lune du Vendredi Saint 13 avril 2001, m'avait promis qu'il viendrait me voir.

Au petit matin, il me rendit une brève visite, s'excusant de n'avoir pas pu venir plus tôt, et m'expliquant qu'il n'avait pas arrêté de travailler depuis près de quarante-huit heures ; il était épuisé. Sur sa tête, une calotte bleue d'où s'échappaient encore quelques gouttes de sueur ; il revenait du bloc opératoire et avait tenu à venir me voir pour prendre des nouvelles et évaluer ma douleur ; il savait que les choses ne s'étaient pas passées comme il le fallait et me fit part de sa déstabilisation face à une anesthésie si peu efficace. Dorénavant, il tiendrait compte de ce genre de remarques venant du patient ; « il écouterait mieux le patient ». J'entendis lorsqu'il rajouta deux points à l'échelle de la douleur que je notais approximativement à 7/10. Il confia à l'infirmière que j'étais « une coriace » et qu'il fallait me mettre au repos strict pendant quarante-huit heures au moins.

Après son passage, on augmenta les antidouleurs. J'avais eu droit de nourrir ma fille. Au fond de moi, je ne souhaitais qu'une seule chose : la voir en bonne santé et, en secret, je priais pour qu'elle soit un bébé affamé, qui « dévore » son biberon.

Bérénice, - Dieu soit loué ! -, prenait goulument son biberon : je n'avais jamais vécu cela jusqu'à présent ; c'était mon premier bébé, de ce point de vue-là ! Mes prières étaient exaucées. Elle faisait plaisir à voir. La nourrir était un acte d'amour, de vie, de bonheur. Je ne saurais dire à quel point j'étais soulagée. Toute la famille l'était. Sa grande sœur était si fière d'avoir une aussi jolie petite sœur, qu'elle pourrait couvrir de son amour et à qui elle ferait découvrir la vie.

En ce qui me concerne, j'étais extrêmement faible ; je saignais énormément. Des flots de sang s'échappaient de mon corps. On me dit de me lever dès le lendemain matin, alors que j'étais encore en soins intensifs. Après un essai, où j'étais accompagnée d'une infirmière, je me suis écroulée. Ma tension avait encore chuté et je perdis connaissance pendant quelques instants ; mes saignements étaient devenus hémorragiques et je dus appeler les infirmières pour qu'elles changent le lit.

Dès lors, on me demanda de rester dans mon lit. Et on rajouta quelques produits dont je ne connus pas l'indication dans ma perfusion. Le médecin du service passait régulièrement et ne me permit pas de quitter son service avant quarante-huit heures. Je me sentais exténuée et mes douleurs revenaient en force, dès que la perfusion était vide. Les saignements étaient toujours aussi hémorragiques ; mais j'avais tenu à avoir mon bébé dès qu'elle réclamait son biberon. J'avais besoin d'elle, de son contact, de l'avoir auprès de moi pour me dire que ces souffrances n'étaient pas vaines. Je décidai donc de me résoudre à ne plus penser à moi. Mon bébé, c'est tout ce qui comptait pour moi !

Le retour dans une chambre ne se fit qu'après quarante-huit heures, et malgré une maternité surchargée, on avait visiblement donné des ordres précis à l'équipe soignante : il fallait que je me repose.

Je me souviens que mon mari, présent à mes côtés, m'accompagna aux toilettes ce jour-là ; sans que je ne dise mot, il s'exclama : « Cette-fois, c'est la dernière fois que tu vis cela ! ». C'était le cri du cœur.

L'hémorragie était telle que j'étais exsangue. Vidée de mes forces, de mon énergie vitale. Mais je gardais la face ; lorsqu'on me demandait si tout allait bien, je répondais par un sourire et je dirigeais mon regard vers le berceau de ma fille. Je vécus à nouveau le même scénario qu'avec Edwige : on piqua Bérénice trois fois ; son taux de bilirubine était évidemment normal ! Elle avait le teint mat ; mon teint. La troisième fois où on la chercha pour refaire le test, je me suis levée, dirigée vers la pouponnière et j'ai découvert avec stupéfaction qu'il y avait une véritable marre de sang autour d'elle ; on essayait de la repiquer pour refaire le test une énième fois. Mais ses veines étaient fragiles, visibles mais extrêmement fragiles ; sa peau était si fine, que la prise de sang échouait ; et elle saignait énormément.

Découvrant ce qui se produisait, je leur ordonnais de la laisser en paix. Deux tests avaient déjà été négatifs ; pourquoi fallait-il continuer à la piquer ? Face à une succession de résultats négatifs, on abdiqua enfin.

Je signalais également que Bérénice avait un transit très aléatoire ; elle passait de selles très molles, à des constipations qui la faisaient hurler dès la maternité. On mit cela sur le compte de sa relative prématurité.

Avant notre retour pour le domicile, le gynécologue me prescrivit une pilule contraceptive très puissante, *Ovanon,* pour que mes saignements cessent plus vite. En ce qui concerne mes douleurs, on me dit qu'elles passeraient. Qu'il me fallait du repos.

Je n'étais pas dupe. Se reposer, lorsqu'on rentre de la maternité avec son bébé… Un pari risqué. Un pari impossible. Les douleurs thoraciques et abdominales persistaient. Il faudrait du temps.

Le pédiatre d'Edwige, le Docteur K. s'occupait du suivi de mes deux filles. Concernant Bérénice, sa croissance de bébé était exponentielle. J'avais pensé qu'Edwige grandissait très vite ; ce fut encore plus marqué concernant Bérénice. A l'âge de un mois, le pédiatre diagnostiqua un léger « souffle » au cœur. A trois mois, elle mesurait soixante-deux centimètres et pesait six kilogrammes ; son transit posait problème : ses selles, trop liquides, nécessitaient que je rajoute *Gélopectose* à son biberon. Ses apports étaient très élevés et elle « passait » ses nuits. Le pédiatre statuait un excellent développement. On introduit les jus de fruits, les légumes et la viande dans les mois qui suivirent. A neuf mois, son alimentation était très diversifiée. Mais son transit toujours aussi fragile. La tendance était toujours à des phases de diarrhées inexpliquées. Les analyses demandées par le pédiatre ne révélèrent rien d'anormal. Il ne fallait donc pas s'en inquiéter.

Un autre bémol : ses problèmes bronchiques. Comme sa sœur et moi-même, elle était souvent sujette à de très fortes bronchites. Des bronchites rebelles, qui nécessitaient de fréquents allers-retours chez le kinésithérapeute.

J'avais changé de médecin traitant suite à mon accident en 1997 et ce dernier ne comprenait pas pourquoi un simple rhume ou une rhinopharyngite se transformait régulièrement en bronchite rebelle chez toutes les trois. Il ordonna donc que j'aille chez le kinésithérapeute avec mon bébé, pour que celui-ci puisse l'aider à dégager les glaires qui encombraient ses bronches. Rares étaient les fois où les glaires étaient épaisses ou colorées ; la plupart du temps, ses glaires étaient translucides ; ce qui signifiait bien entendu que ses bronches n'étaient pas surinfectées ; mais sa toux, pareille à celle d'un asthmatique, ressemblait à un aboiement et rendait son pharynx et son larynx inflammatoires. Je ne crois pas que nous ayons eu un jour un simple rhume pendant trois jours, qui guérisse spontanément, comme ceux que pouvait avoir mon mari.

Le diagnostic était donc familial. Nous avions une fragilité bronchique. Et ce, depuis au moins quatre générations. Ma grand-mère, ma mère, moi-même et mes filles étions fragile des bronches ». C'était vraisemblablement un « terrain fragile et héréditaire ». J'avoue que j'en arrive à envier on mari, les autres personnes, de pouvoir être atteints d'un simple rhume ou d'une rhinopharyngite. Cela n'a jamais existé et n'existe pas en ce qui nous concerne. Nous n'avons jamais connu cela. Il n'y avait pas de rhume sans bronchite.

C'est au cours du quinzième mois de Bérénice, le dimanche le 21 juillet 2002, que son état devint fébrile et que sa température corporelle s'éleva brusquement. Depuis deux jours, son transit s'était ralenti, sans qu'il y ait d'autres signes avant-coureurs. C'était un dimanche après-midi. A quatorze heures. Son front était brûlant. Brusquement, par crises, elle se repliait en chien-de-fusil et se mettait à hurler d'un cri terriblement strident. Les crises duraient environ trois à quatre minutes, puis s'estompaient. Quelques secondes avant la crise, elle blêmissait. Son teint devenait livide.

Devant la gravité de la situation, mon mari et moi-même décidions d'appeler le médecin de garde : ce dernier, malgré mon inquiétude, me parla de gastroentérite… J'insistai pour lui faire comprendre que je n'étais pas habituée à de telles réactions et que sa fièvre touchait les quarante. « Ne vous inquiétez pas, Madame ! Les gastro-entérites sont fréquentes, même en plein mois de juillet. Si son état s'aggravait, rappelez-moi ! Et surtout, n'oubliez pas de l'hydrater. » J'insistai une deuxième fois pour lui dire qu'elle ne voulait plus boire, ni manger. Mais cela ne semblait pas inquiéter le médecin outre mesure. Une ordonnance et le tour était joué !

A quinze heures, son état s'aggravait brusquement. Les crises se rapprochaient et la rendait livide. Les sueurs froides l'envahissaient et la pauvre était complètement exténuée par les douleurs. Je ne pouvais plus l'hydrater. Elle refusait le biberon ou le gobelet. Sa température dépassait les quarante, malgré les suppositoires de *Doliprane.*

Sans se concerter davantage, mon mari et moi-même, d'un seul regard, décidions de l'emmener aux urgences pédiatriques. Nous avions cette impression que le sort allait à nouveau s'acharner sur nous. A cet instant, nous avions compris que c'était grave. Revivre une nouvelle épreuve avec notre deuxième fille ; c'était insensé ! Incompréhensible. Inacceptable.

A notre arrivée aux urgences, son cas a été pris au sérieux.

Je mis à profit mon lourd passé avec Edwige, et j'exhortais l'interne de nous prendre au sérieux. Ce qu'elle fit. Elle écouta attentivement le récit de ce qui se passait et demanda une échographie sur le champ.

Notre attente fut à nouveau interminable.

Une infirmière surgit après une heure : elle nous prévint qu'elle était sous surveillance échographique constante, sous perfusion de *Spasfon* et que le bloc était prêt en cas de non résorption d'invagination intestinale qui risquait de provoquer une péritonite aigue et une nécrose de l'intestin. On avait dénombré plus de quatre-vingt-dix ganglions mésentériques.

Qu'est-ce-que c'était que ce charabia ?

Tout ce que nous avons compris, à cet instant précis, c'est que nous avions eu raison de l'emmener aux urgences. Le sixième sens. La connaissance des réactions de notre fille. Et dans notre esprit, le cauchemar de l'intervention d'Edwige, six ans plus tôt, était bel et bien présent. Comment pouvions-nous vivre de tels cauchemars avec nos deux filles ? Comment de telles pathologies rares et spontanées pouvaient-elles survenir sans prévenir ?

Après quelques heures, et « plusieurs épisodes d'intussusceptions intestinales surveillés par échographie et réduits spontanément », elle fut admise en soins intensifs. Je décidai de rester avec elle.

On m'informa le lendemain qu'il avait été temps. Que nous l'avions échappé bel une fois de plus. Que notre « flair » avait permis des tentatives de techniques réductrices des invaginations. Que nous avions bien fait, une fois de plus, de ne pas écouter le médecin qui l'avait vue le dimanche. Que c'était une question d'heures et que nous avions sauvé notre fille d'une intervention risquée ou tout simplement d'une péritonite aigüe et d'une nécrose de l'intestin qui auraient pu être fulgurantes et fatales.

Une nouvelle crise aigüe survint le lendemain, en plein après-midi, alors qu'elle semblait stabilisée. A nouveau, même scénario. Le bloc était prêt, au cas où. La surveillance échographique fut à nouveau mise en place.

Je la revis le soir, alors que sa crise, encore plus forte que la veille, l'avait « mise à plat ». Je ne saurais dire dans quel état elle était. Bérénice était méconnaissable. Livide et à bout de force.

Le troisième jour, elle fut transférée en chambre, une fois stabilisée. On me donna pour « mission » de rester à ses côtés et d'observer l'évolution de son état. Toutes les informations, tous mes sentiments étaient à nouveau devenus importants ! J'avais évidemment la crainte que ces crises ne se déclenchent à nouveau, mais je faisais tout pour qu'elle s'oublie et reprenne des forces. Je redevins confiante quand Bérénice se remit à s'alimenter normalement. Elle qui mangeait avec tant de plaisir avait fini par vaincre ses crises avec beaucoup de courage et de ténacité. Comme sa sœur six ans plus tôt…

J'obtins le droit de quitter la pédiatrie avec elle après six jours d'hospitalisation.

Son état s'était stabilisé. Seule inconnue : pourquoi Bérénice, qui avait une tendance aux diarrhées, avait-elle eu un tel blocage ? C'était un mystère pour moi. Mais cela n'avait visiblement pas attiré l'attention des médecins qui me donnèrent pour seule explication que c'était un phénomène exceptionnel mais que cela pouvait quelquefois arriver. Que c'était peut-être une nouvelle forme de virus. Qu'il était impossible de diagnostiquer un virus. Qu'elle était guérie et que c'était tout ce qu'il fallait retenir.

La longue traversée du désert des diagnostics viraux inconnus, « faciles » à diagnostiquer, allaient pouvoir commencer…

Après les quinze premiers mois de diarrhées souvent insoutenables, et malgré *Gélopectose* que j'intégrais aux purées et aux potages, une nouvelle ère allait commencer. Celle des constipations à répétitions, sans qu'il y ait eu changement dans son régime alimentaire.

Je ne saurais dire le nombre de fois où nous avons échoué, malgré nous, aux urgences pédiatriques, pour lui faire vivre ce qu'elle connaissait désormais et qu'elle redoutait comme la peste, les lavements au *Normacol*. Même scénario à chaque reprise. Des leçons sur les règles alimentaires de base, l'importance des fibres, de l'hydratation, etc. Je m'évertuais à répéter qu'elle mangeait équilibré. Qu'elle raffolait des fruits et légumes, qu'elle allait les cueillir dans le jardin et qu'elle mangeait des légumes de toutes sortes depuis qu'elle était bébé, même ceux que la plupart des bébés vous recrachent à la figure lorsqu'ils les découvrent. Epinards, endives, brocolis, fenouil, carottes, concombres, tomates, poireaux, courgettes, clémentines, prunes, pruneaux, cerises, pommes, bananes, raisins, litchis, fruits de la passion, mangue… la liste serait trop exhaustive en ce qui la concerne. Pour Bérénice, rien de tel qu'une assiette de légumes et de fruits. Elle en raffole toujours.

Avec ma maman, qui s'occupait d'elle lorsque je travaillais, nous avions tout essayé pour ne plus « échouer » aux urgences à cause d'un blocage par fécalomes.

Je bénis ce jour d'été où ma maman avait enfin trouvé un moyen, simple mais si efficace, de réguler son transit. Nous appliquions les méthodes de grand-mère, qui consistaient à « faire du vélo sur le canapé », à masser son côlon par pressions, en partant du sigmoïde et des « boules » que nous sentions dans son ventre et à introduire une potée de morceaux de courgettes, très riches en fibres et cuites à la vapeur, dans leur jus et agrémentées d'une noix de beurre frais, pour lui éviter des souffrances qui devenaient régulières. C'était notre antidote contre les fécalomes, et cela fonctionnait !

Allez savoir pourquoi ? C'était comme cela.

J'en avais évidemment parlé à son pédiatre qui me fit pour seule réponse de « m'écouter ». Que la solution était entre mes mains. Et que j'avais franchi une nouvelle étape positive et profitable pour ma fille. Et ce, malgré le constat fréquent qu'il avait fait des blocages auxquels elle était sujette. Pour seul remède, il avait plusieurs fois pratiqué ces techniques de pression et de guidage sur son côlon pour le libérer des « boules noires » qui se récoltaient et bloquaient son côlon ; des techniques qui ressemblaient si étrangement à celles que nous avions instinctivement adoptées à la maison dès qu'un blocage se profilait à l'horizon. Pour cela, il fallait bien entendu une surveillance assidue de son transit. Maman et moi ne manquions pas de nous faire les « transmissions » à ce sujet. C'était le seul et unique moyen de s'en sortir. Et cela s'avérait profitable et efficace. Si la situation l'exigeait, nous nous improvisions soignantes et kinés à la fois.

Je sais aussi que dans des circonstances habituelles, en crèche ou chez une gardienne, que ce soit pour Edwige ou Bérénice, tout cela n'aurait pas pu se faire. Je rends hommage à ma Maman pour son dévouement, son sixième sens et son aide précieuse et quotidienne. Il ne fut pas un instant où nous n'avons pas été « en phase » elle et moi. Implicitement, nous savions ce qu'il fallait faire. Et nous le faisions, silencieuses et impassibles, comme si de rien n'était. Que de jugements hâtifs et blessants de la part de nos connaissances. Mais nous n'en avions que faire ! L'essentiel était de voir grandir et évoluer « nos filles » avec le moins de soucis possibles. Nous n'en parlions pas autour de nous. Tout au plus avions-nous affaire à de sempiternels : « Pourquoi un rythme de sommeil et alimentaire aussi exigeants ? Laissez-les faire. Manger comme tout le monde. Veiller le soir. Que de contraintes vous imposez-vous ? Pour quoi faire ? Elles grandiront comme tous les autres ! ».

Derrière ces remarques coutumières se cachaient des douleurs. Des épreuves que nos filles vivaient, que nous vivions au travers elles. Que nous prenions un soin particulier à cacher. A quoi cela servirait-il de se plaindre ? Tout au plus aurions-nous droit à l'habituel : « Mais alors, qu'est-ce qu'elles ont ? Qu'a dit le médecin ? Pourquoi ont-elles ces problèmes ? ». Rien. Il ne dit rien.

Cela ne pouvait cacher qu'une psycho-somatisation de nos épreuves. Voire une couvade de notre part. J'étais une « maman poule » et ma propre maman avait fait de même avec moi. C'était héréditaire. Il fallait que nous « fassions autrement » que tous les autres.

Comme sa sœur, Bérénice ne marcha seule que très tard : ce n'est qu'à l'âge de dix-huit mois qu'elle lâcha notre main qui lui permettait de tenir en équilibre sur elle-même. En vérité, comme sa sœur, elle avait énormément de mal à garder l'équilibre. Elle chutait souvent de sa hauteur. Il fallait être extrêmement vigilant. Secrètement, le cauchemar de la chute de sa sœur nous hantait. On devait la tenir, si ce n'est que d'une seule main. Le pédiatre ne s'inquiéta pas outre mesure. Au même âge, il lui diagnostiqua des *pieds plats valgus*. Mais toujours selon lui, le défaut était sensible ; il n'était donc pas nécessaire de corriger par des semelles orthopédiques. A chaque visite annuelle de contrôle, il la reprenait « vertement » et exigeait d'elle qu'elle ne marche pas sur la pointe des pieds en basculant son centre de gravité vers l'avant de ses pieds. Je me souviens d'une fois où il la reprit à trois fois jusqu'à ce qu'elle marche normalement : « Mais enfin, Bérénice, marche correctement en posant les pieds sur le sol ! Ce n'est pas possible, une telle maladresse ! Tu le fais exprès ou quoi ? ».

Inutile de rajouter que Bérénice s'était trouvée très affectée par les reproches qu'il lui fit. Elle pleura sur le chemin du retour, tout en m'expliquant qu'elle ne le faisait pas exprès. Elle n'avait que moi pour la croire. D'ailleurs, j'en étais plus que consciente : Bérénice a toujours cassé l'avant et l'arrière de ses chaussures en un temps record ! Depuis qu'elles tiennent sur leurs jambes, mes filles ont toujours été chaussées de très bonnes chaussures qui leur maintenaient bien leurs pieds et leurs chevilles. Malgré cela, je n'ai jamais pu lutter contre une usure « record » de leurs chaussures et une instabilité notoire de leurs chevilles. Leur équilibre était instable : cela faisait partie d'elles.

Bérénice ne tient en équilibre sur une jambe que depuis très peu ; quelques mois à peine : elle a aujourd'hui onze ans et demi ; et encore, cela dépend des jours…

Cela non plus n'avait jamais inquiété personne. Sauf moi-même ; et pour cause ! J'en parlerai dans le chapitre suivant. Tout se préparait, lentement mais sûrement…

A l'époque, voici mon explication concernant son apprentissage de la marche : elle n'arrivait pas à marcher seule parce qu'elle marchait constamment sur la « pointe des pieds », en buttant sur les orteils. Son centre de gravité, déjà très haut par sa taille, en était totalement perturbé. Je n'en connaissais pas la cause ; je ne faisais que constater.

Comme sa sœur, elle était souvent très fatiguée : une fatigue telle que la sieste du matin et de l'après- midi s'imposait jusqu'à l'âge de deux ans et demi. Personne ne comprenait cela, mais nous n'en avions que faire. Et cette fatigue perdure encore au moment où j'écris ces lignes. Elle est difficile à vivre et à gérer une fois scolarisé ; elle est surtout incomprise. Pourquoi un enfant serait-il fatigué ? Un enfant recèle d'énergie. Un enfant n'est pas « fatigué ». Cela n'existe pas.

Ses rhinobronchites étaient toujours aussi fréquentes et traînantes. La plupart du temps, il fallait lui administrer du *Zeclar* qu'elle ne supportait que très mal et qu'elle vomissait régulièrement : comme Edwige, elle l'avait baptisé « le sirop blanc dégueulasse ». Comme Edwige, elle vomissait les traitements antibiotiques. Comme sa sœur, sa toux était quelquefois si rebelle qu'elle faisait des crises d'étouffement, notamment la nuit, jusqu'à se cyanoser. Là encore, il fallait se débrouiller. Se faire les « transmissions » nécessaires pour éviter une nouvelle consultation ou une hospitalisation qui ne serviraient qu'à aggraver son cas. Je note au passage que les traitements par cortisone provoquaient des réactions cutanées, des crises d'étouffement encore plus violentes et accentuaient encore des phénomènes de crises d'hyper et d'hypothermie violentes.

Lorsque Bérénice était « en bonne santé », il n'était pas rare que je dusse la revêtir de deux paires de chaussettes. Une bouilloire en forme de canard prenait place sur ses pieds. Et dès l'automne, que ce soit Edwige ou Bérénice, elles portaient un collant, des chaussettes et un pantalon. Dès que l'hiver pointait son nez, il fallait une tenue de cosmonaute pour les protéger d'un fléau : les extrémités glacées.

Maman et moi-même sommes également sujettes à ce pseudo-phénomène de Raynaud. La peau translucide de Bérénice laissait transparaître ses veines sur ses mains et le dessus de ses pieds. Comme moi, elles souffraient du froid ou plutôt du froid qui vient de l'intérieur : été comme hiver, nous avons les mains et les pieds gelés. Nous portons des chaussettes, - mieux : des « cocooning » ! -, pour nous protéger du froid de nos extrémités.

Il ne faut pas « s'arrêter sur tout » ! C'était encore l'un de ces points communs qui nous liaient les unes aux autres…

En ce qui concerne Bérénice, j'avais tenté de signaler ce problème aux médecins, mais il n'a jamais été pris au sérieux. C'est comme ça. Certaines personnes résistent bien au froid. D'autres non. Quant à la chair de poule et aux extrémités glacées en plein été ou dans une pièce chauffée à vingt-deux degrés, ce n'était qu'un problème de « subjectivité ». Ce n'était donc un réel problème pour personne. Sauf peut-être pour nous !

A l'âge de deux ans et demi, elle déclara une sinusite maxillaire gauche rebelle qui résistait à tout traitement et qui nous obligea à consulter de nombreuse fois. Le diagnostic fut statué par radiographies. Le pédiatre lui prescrivit de l'*Augmentin* pendant plus de trois semaines.

Les épisodes de constipation s'étaient espacés suite aux remèdes de « grand-mère et de kiné » que nous avions trouvés, mais ils n'en restaient pas moins présents. Il fallait les combattre au quotidien. Nous n'avions malheureusement pas pu éviter trois autres périples aux urgences pour lavement au *Normacol*. Nous luttions à notre mesure, mais nous ne pouvions éviter les épisodes rebelles. Le tout était d'éviter à tout prix une nouvelle invagination intestinale ; il fallait donc agir vite, sans attendre, dès que les choses se compliquaient. Mais les souffrances de Bérénice, après les lavements étaient telles que nous faisions tout ce qui était en notre pouvoir pour « prévenir » les éventuelles crises.

Ses poussées dentaires furent laborieuses et anarchiques, toujours couplée de complications ; comme sa sœur. Pneumopathies, variations d'hyper et d'hypothermies, éruptions désordonnées, couplées d'une « classe II » orthodontique, comme pour sa sœur et moi-même. J'y reviendrai. Très tôt, le pédiatre me fit part de son inquiétude quant à la place insuffisante de ses mâchoires. Comme pour le brossage quotidien, nos gencives saignent très fréquemment. C'est un problème que rencontre également ma propre mère. Encore l'un de ces problèmes familiaux liés à l'hérédité…

Je ne parle pas des vaccinations : laborieuses et toujours complexes. Les complications « liées à notre hypersensibilité » et à nos réactions exacerbées ne faisaient que débuter. Bérénice en est l'exemple, malheureusement !

Depuis l'âge de deux ans, son carnet de santé mentionne une asthénie persistante et réelle que personne ne prit au sérieux. Il lui fallait un respect de son rythme absolument draconien pour qu'elle « tienne le coup » à l'école. Jusqu'à l'âge de quatre ans, elle faisait une sieste l'après-midi. La maîtresse acceptait volontiers qu'elle ne vienne pas à l'école l'après-midi. Bérénice est une s'avérait être très précoce. En tout. La maîtresse m'a d'ailleurs convoquée pour qu'elle passe « des petits chez les grands », compte tenu de sa précocité intellectuelle et également de sa grande taille : elle mesurait un mètre et vingt-et-un centimètres et pesait vingt-trois kilogrammes à quatre ans et demi ! Pas étonnant qu'elle fût toujours fatiguée ; une telle croissance nécessitait une ressource énorme d'énergie. J'avais refusé sa proposition de « saut de classe » pour des raisons d'évolution affective mais surtout parce qu'elle était trop souvent fatiguée. La sieste s'imposait quelquefois, même chez les « grands ». Je ne mesurais que trop le besoin de repos qu'elle manifestait. Ses traits se tiraient brusquement, son teint devenait livide et son instabilité se faisait dangereuse lorsqu'elle était trop fatiguée. Le repos était essentiel à sa croissance.

A l'âge de six ans, on diagnostiqua une hypermétropie et une diplopie. Le souffle au cœur était légèrement audible, mais rien d'inquiétant. Tout cela ne nécessitait aucune surveillance particulière.

Compte tenu de sa croissance fulgurante, il était normal qu'elle soit souvent fatiguée…

Les « ennuis » ne faisaient que commencer.

Chapitre VII
Combats cumulés contre les attaques d'une maladie « inconnue ».

Errances diagnostiques, incompréhensions, douleurs et souffrances. Interrogations et recherches. (2007-2012)

Je pensais que les années les plus noires étaient enfin derrière moi. Mais le combat ne faisait que commencer. Un combat contre l'incompréhension.

« L'inconnue » s'était déjà manifestée. Mais elle ne tenait pas à s'en tenir à ses attaques du passé. Loin de là !

Elle ne faisait que débuter ses attaques.

Cela faisait maintenant dix ans que je me battais contre la fatigue, les douleurs et les traumatismes que j'avais subis. Je ne saurais dire le nombre de fois où je n'en pouvais plus de supporter mes douleurs cervicales qui irradiaient jusque dans mes doigts. Les stations inertes prolongées devenaient de plus en plus pénibles à vivre. Les longs trajets que m'imposait ma vie professionnelle également. Mais à chaque fois, lors de chaque crise, je me devais de m'en sortir. De vivre comme si de rien n'était. Seuls mes proches, et notamment mon mari, mes enfants et mon frère « enduraient » mes souffrances avec moi.

En 2003, je fus confrontée à une autre « épreuve », - et ce n'est qu'un euphémisme ! -, que d'aucuns qualifièrent de « calvaire ». J'avais décidé de recourir à une méthode de contraception naturelle, mais mon corps en a décidé autrement. Mon mari ayant été absent près de trois quarts de l'année, et n'ayant aucune autre raison de me « protéger » contre une éventuelle grossesse, je décidai d'arrêter de prendre la pilule contraceptive. J'étais consciente que cela représentait néanmoins un risque, mais je faisais des rétentions d'eau, des migraines foudroyantes à répétition et je me sentais très mal de devoir prendre un contraceptif, alors que je n'en avais pas besoin. Mes cycles redevinrent totalement anarchiques et je ne savais plus à quoi m'en tenir. Qu'à cela ne tienne, je trouvais insensé de me résoudre à rester esclave d'un comprimé que j'avais du mal à ingérer au quotidien.

Ce qui devait arriver arriva. Moi qui avais eu tout le mal du monde à tomber enceinte ...

Je suis tombée enceinte au mois de décembre 2002, alors que mes cycles n'existaient pour ainsi dire que par les hémorragies que je développais tous les deux mois environ. Mais une ovulation avait eu lieu.

Après plus de deux mois d'aménorrhée, je me résolus à pratiquer un test qui se révéla positif. Je ne tardai donc point à prendre rendez-vous auprès de mon gynécologue, qui fit pratiquer une prise de sang. Le résultat confirmait le test précédent. J'étais enceinte.

Mon mari et moi-même avions accueilli la nouvelle avec surprise, mais il valait bien mieux tomber enceinte que de vivre une épreuve difficile. Nous nous étions donc faits à cette idée, mieux encore, nous l'accueillions secrètement avec joie. Peut-être notre destin en avait-il décidé ainsi ? En tous cas, chemin faisant, les quelques semaines avant son nouveau déplacement professionnel nous résolurent communément à vivre cette nouvelle étape de notre vie avec bonheur et joie.

Seul bémol : je ressentais des moments de grande fatigue où mon teint virait brusquement au gris. Souvent, le soir, j'étais en proie à de violents frissons qui me glaçaient le sang. Une sorte de malaise généralisé que je ne saurais vraiment décrire et qui ressemblait à une sorte de grippe. Vertiges et maux de tête accompagnaient également ces sensations étranges qui s'emparaient littéralement de moi.

Je devais revoir mon gynécologue un mois plus tard. A ce moment, mon mari venait de repartir la veille du rendez-vous. Il me fit promettre de me ménager et de me reposer tant que je le pouvais. Je lui en fis le serment.

Le gynécologue pratiqua une échographie ; un air inquiet de sa part me fit présager une nouvelle peu rassurante. Il fallut une échographie intra-vaginale pour mieux voir « l'œuf ». On ne voyait pas battre le cœur de l'embryon sur l'échographie « normale ». La grossesse était peut-être encore « trop récente ». Compte tenu du fait qu'on ne pouvait la dater de façon précise, elle était peut-être liée à ne ovulation plus tardive que celle qui avait été calculée d'emblée ?

Il me fixa donc un autre rendez-vous deux semaines plus tard. Il ne fallait pas que je m'inquiète, j'étais bel et bien enceinte. Il n'y avait pas de doute possible, mais il fallait contrôler ce début de grossesse de plus près ; il me fallut refaire un dosage quantitatif des bêta HCG ; qui s'avéra progressif par rapport à la dernière prise de sang, mais légèrement en deçà de la moyenne ; la grossesse était probablement plus tardive qu'on ne l'avait pensé.

J'avertis mon médecin traitant qui me fit une nouvelle ordonnance pour le même bilan sanguin la semaine suivante. Le dosage révélait une progression constante du dosage HCG, amis toujours en deçà des valeurs « normales ». Parallèlement, mon état général se dégradait. Les malaises auxquels je faisais référence plus haut se multiplièrent. Les vertiges et les frissons devenaient insoutenables. D'un commun accord avec mon médecin traitant, je décidai de revoir mon gynécologue.

Il me reçut deux jours plus tard et me demanda de décrire ce que je ressentais. Je lui en fis part et lui ramenai les résultats des dosages qui confirmèrent mes inquiétudes. L'échographie *a priori* normale révéla un « œuf » qui n'avait pas grandement évolué depuis dix jours. Il pratiqua à nouveau une échographie intravaginale. Et la nouvelle tomba. C'était un « œuf clair ». On ne voyait pas battre le cœur d'un embryon. Ce dernier avait cessé de croître. Il fallait un curetage compte tenu des treize semaines d'aménorrhée. Seul mystère : pourquoi le dosage hormonal révélait-il une augmentation sensible des hormones HCG ?

Mon gynécologue ne répondit pas à la question.

Il fallait que j'attende deux semaines pour le curetage car il partirait en congés dès la semaine suivante. On programma donc l'intervention deux semaines plus tard !...

Inutile de préciser que j'étais sous le choc de la nouvelle que venait de m'annoncer le médecin et que je n'avais absolument pas mesuré les conséquences d'un curetage que je ne subirais que deux semaines plus tard ! Je me souviens être rentrée désespérée de cette consultation. Tout se bouleversait dans ma tête. Je n'étais pas vraiment enceinte, je l'avais été, mais je l'étais encore, d'un « œuf clair » qui empoisonnait mon corps et provoquait mes malaises récurrents... Mon dosage d'hormones HCG était néanmoins évolutif, mais il fallait que j'attende deux semaines pour subir un curetage. Rien n'allait plus dans ma tête. J'étais seule à « gérer » mon désarroi et mon mari était injoignable. Il se trouvait en déplacement en Iran pour quatre mois reconductibles, c'est-à-dire huit mois entrecoupés d'une semaine de retour. Mais le retour n'aurait lieu que dans quatre mois ! Il venait de partir… en Iran. La troisième guerre du Golfe faisait rage. Et moi, j'étais enceinte, je ne l'étais plus, j'entretenais « un œuf mort » dans mon ventre. Il fallait que j'attende deux semaines avant de m'en libérer…

J'attendis le soir pour appeler mon médecin traitant qui se déplaça pour me venir en aide. Quelle ineptie ! Il me prescrivit des gouttes de *Méthergin* afin de provoquer une fausse couche spontanée. Mais ces gouttes me provoquèrent d'atroces douleurs et des vertiges de plus en plus conséquents. J'étais à l'agonie. Personne ne soupçonnait ce que j'endurais. Les traitements s'avérèrent inefficaces et mon état s'aggravait d'heure en heure. Je tiens à préciser que je continuais à travailler.

Face à mon état de plus en plus inquiétant, je décidai de téléphoner pour prendre un rendez-vous urgent dans les services de gynécologie-obstétrique où était rattaché mon gynécologue, de les prévenir de ce qui m'arrivait et de demander un curetage qu'il fallait programmer au plus vite.

C'était un jeudi après- midi, début mars 2003 ; je ne dispensais pas de cours cet après-midi-là et une interne en gynécologie me reçut aimablement. Il ne fallait plus attendre. Devant mon état délétère, elle décida de me recontacter pour programmer le curetage la semaine suivante. J'insistais pour que ce soit le chef du service qui me prenne en charge. Elle me rappela le lendemain pour me confirmer que mon curetage aurait lieu le jeudi suivant, sous anesthésie générale, et que tout ce qui m'arrivait ne serait bientôt plus qu'un très mauvais souvenir. Il ne lui était pas possible de « faire mieux » en termes de programmation pour une telle intervention. Je la remerciai pour tout. Il ne restait plus qu'à attendre. Attendre et passer quelques nuits blanches avant que je ne sois libérée de ce qui m'empoisonnait désormais, qui s'attachait désespérément à moi, et qui me rendait malade malgré moi.

J'avais parcouru l'étape de l'accueil d'un enfant ; je devais maintenant en faire le deuil. Et devant la confusion des annonces et des résultats, il m'arrivait de me demander si quelque chose était encore en vie en moi-même. Mais je sentais que ce quelque chose m'empoisonnait petit à petit. Il m'arrivait de ne plus voir mes élèves pendant quelques instants tellement les vertiges s'emparaient de moi. Le soir, seule dans mon lit, les frissons me parcouraient. J'étais brûlante et pourtant j'avais froid.

Cette semaine d'attente me parut une éternité.

J'avais péniblement réussi à prévenir mon mari que j'étais enceinte d'un « œuf clair », qu'il n'y avait plus de bébé ; mais les communications étaient très difficiles à obtenir et il se trouvait en plein désert, alors que la guerre du Golfe faisait rage. Il avait compris, mais il ne pouvait rien pour moi. Son chantier venait de débuter. J'étais une jeune femme courageuse, il fallait que je surmonte les épreuves ; j'en étais capable. Il n'en avait aucun doute. Je crois qu'il n'a jamais mesuré ce que j'endurais. Je crois que d'aussi loin, il n'en était même pas capable.

Je confiai mes filles, alors âgée de huit et deux ans à ma maman, à qui je fis promettre de ne rien dire à personne et de ne surtout pas se déplacer pour venir me voir. Il fallait qu'elle reste avec mes filles. Mon frère se chargerait de m'emmener à l'hôpital et de me rechercher.

J'entrai donc en gynécologie le jeudi suivant, pour une seule journée, le temps de subir un curetage qui me libérerait d'un « œuf clair » qui s'accrochait à mes entrailles comme aucun « œuf » ne l'avait fait jusqu'à présent. A aucun moment je ne ressentis la moindre contraction qui aurait pu expulser « cet œuf », alors que j'avais dû me battre pour garder mes filles jusqu'à la trente-huitième semaine d'aménorrhée. J'avais déjà subi deux fausses couches spontanées et cet « œuf clair » ne voulait pas se détacher. Le sort se jouait de moi.

On m'installa dans une chambre double. Personne ne se trouvait dans l'autre lit au moment de mon installation. A cet instant, on a cette indicible sensation d'entrer là pour en ressortir au plus vite, sans se poser de question.

Un infirmier me chercha. J'étais dans mon lit. Il fallait que j'y reste, jusqu'au sous-sol. Il me demanda pourquoi j'étais là. Je lui répondis sommairement. Il me laissa dans un couloir du sous-sol en attendant d'entrer au bloc. J'étais seule. J'avais froid. Je ne saurais dire combien de temps s'était écoulé entre le moment où je me trouvais dans mon lit, dans les couloirs du sous-sol, avant qu'on ne vienne me chercher pour entrer au bloc.

Au bloc, un groupe de jeunes médecins, très jeunes médecins, m'installèrent et me fixèrent assez violemment mes jambes écartées et tremblantes à l'étrier avec des sangles de cuir qu'ils ne manquèrent pas de serrer fort, encore plus fort. Il fallait que mes jambes tiennent écartées s'écria l'un d'entre eux ; serre plus fort s'écria un second. Il serra encore plus fort. Un autre s'approcha de moi avec un masque : « Vous êtes seule à ce qu'il paraît en ce moment ? Votre mari vous a laissée ? Un peu désespérée n'est-ce-pas ? ». Au loin, un autre s'inquiétait de savoir « Comment il allait *prendre* sa copine ce week-end ? Par devant ou par derrière ? ». « Alors, si tu étais à ma place tu ferais comment ? J'en profiterai pour la *prendre de partout* », s'écria un autre. « Bonne idée. Je commencerai par une terrasse de café, mieux, un resto, et *je me l'enfilerai de partout.* »

« T'as mis la dose ?

- Pas de problème ! »

Je n'eus qu'un très bref instant pour demander où était mon chirurgien, que je n'avais pas encore vu, que le « type » qui était penché sur moi me répondit qu'il viendrait sous peu.

Eclats de rire.

Le chirurgien viendrait de suite. Et le vouvoiement fit place au tutoiement. « Compte jusqu'à dix ! A tout à l'heure, ça va être rapide ! ». Rires résonnants. Je ne voulais pas compter, je voulais bouger, mes jambes tremblaient, je voulais me détacher, mais le masque anesthésiant me plongea instantanément dans un profond sommeil.

Je ne me souviens que très vaguement de mon réveil.

Je me souviens de la chambre où j'avais été installée le matin, dans laquelle je me retrouvais à nouveau. Cette fois, il y avait une autre femme dans le lit voisin. Elle attendait son médecin. Comme moi. Je ne parlais pas. Je sais que je ressentais un tel malaise dans tout mon être broyé, que je ne me levais que difficilement pour aller jusqu'aux toilettes. Je ne saignais presque pas. Un liquide gluant et odorant s'échappait de mes entrailles.

J'étais en miettes ; mon esprit s'égarait je ne sais où ; j'étais comme absente à moi-même. Je trouvais que la dame à côté de moi était bien en forme par rapport à moi. Elle saignait énormément. J'attendais patiemment. À vrai dire, je ne sais pas ce que j'attendais. Rien probablement. Rien.

Un médecin fit son apparition vers seize heure ; il passa son chemin et se dirigea vers ma compagne de chambre ; je n'écoutais pas ce qu'il lui disait, par discrétion, et parce que j'étais « ailleurs ». Cela faisait maintenant plus de quatre heures que je faisais des allées-venues dans la salle de bain pour me laver ; pour me laver de ce liquide gluant qui s'échappait de moi ; de ces filaments rosâtres, comme si mon hymen avait été rompu pour la première fois. Je me sentais « écartelée ». Je me lavais. Les mains, les bras, entre mes jambes. Partout. Je devais chasser cette odeur nauséabonde de tout mon corps. Cette odeur qui ne m'appartenait pas. Qui était sur moi, en moi.

Je n'avais pas vraiment mal ; ou plutôt j'avais mal partout. J'étais broyée. Il fallait que je sorte de là au plus vite. Le médecin devait me faire mon autorisation de sortie. Un malaise généralisé, mêlé à du dégoût s'était emparé de moi.

Il quitta ma voisine de chambre, et sans même m'adresser un regard, se dirigea vers la porte. A cet instant, je l'appelai pour le retenir.

« Mais je ne vous connais pas, Madame ! Que voulezvous de moi ?

- Que vous m'examiniez, Docteur, pour que je puisse sortir moi aussi ; on m'avait dit que je pourrais sortir ce soir ; mon frère doit me chercher vers dix-sept heures trente.

- Mais ce n'est pas moi qui ai pratiqué votre curetage ! Que ressentez-vous ?

- Je suis inquiète. Je ne saigne presque pas. Mais j'ai mal partout. On m'avait dit qu'on saignait beaucoup après un curetage. Moi qui saigne énormément en principe lors des règles, je ne comprends pas ce qui m'arrive ! -Votre abdomen est souple. Ce n'est pas un problème de ne pas saigner, vous savez. C'est variable selon les femmes. Pas de problème. Je vous fais votre autorisation de sortie. Qui est votre gynécologue ? (...) Ah oui, il est en congés. Allez le voir pour un contrôle quand il sera de retour.

Mais il n'y a aucune urgence, vous savez. Voici votre papier. Vous pouvez quitter l'hôpital.

- Vous ne m'examinez pas, Docteur ?

- Non, ce ne sera pas nécessaire, tout a dû bien se passer, vous savez.

- Au revoir, Docteur, merci ! ».

Mon frère vint me chercher à l'heure prévue.

Après lui avoir fait part de quelques remarques faites par le médecin, je m'enfermais dans un profond mutisme.

La matinée faisait déjà partie d'un lointain passé dans mon esprit. Il fallait que je rentre chez mes filles. Au plus vite. Rien ne comptait plus que de rentrer et de retrouver mes filles.

Mon frère s'inquiéta de savoir si le médecin m'avait fait un arrêt de travail. On ne m'en avait pas fait.

Mais peu importe, il fallait que je rentre chez mes filles. On verrait cela plus tard.

Je me rappelle que la fatigue était telle, que je pouvais à peine faire mine d'aller bien devant mes filles. En vérité, j'étais épuisée, vidée, laminée, en mille morceaux. Il s'agit de ces ressentis qu'on a énormément de mal à retranscrire. Que les mots ne peuvent décrire. Qu'il faut avoir vécus pour pouvoir comprendre.

Mon esprit s'était désolidarisé de moi-même. Une sorte de « *black-out* » indescriptible. Un vide qui provoque une déconnexion totale avec soi-même. On entend parler les autres autour de soi, mais on n'entend rien à ce qu'ils vous disent. Les mots passent au-dessus, ne vous effleurent même pas. Au loin quelqu'un vous parle, vous pose une question et vous la repose encore ; vous réagissez lorsque la voix se fait plus insistante par un « Quoi ? » qui laisse votre interlocuteur totalement perplexe. « Mais où es-tu, ça ne va pas ? ». Si, ça va. Mais je ne suis plus moi-même. Quelque chose m'a quittée, irrémédiablement, définitivement. Et vous vous reprochez de ne plus être à l'écoute ; de ne pas avoir entendu vos enfants, de les rendre inquiets.

Alors, vous vous écroulez dans votre lit. Vous vous levez brusquement, pris d'une soudaine et irrésistible envie de vous doucher. Vous vous laissez aller à des pulsions irrépressibles, que vous n'essayez pas de comprendre. La raison vous a quittée. Seul l'instinct, les pulsions vous dominent.

Pareil à un robot désarticulé, vide, incontrôlé, vous ne savez plus qu'une seule chose : vos enfants ont besoin de vous. C'est votre seul motif pour survivre.

Et le malaise s'empare de vous. Totalement. Totalitaire.

L'angoisse monte, s'empare de vous ; la sueur froide perle sur votre front. Vous voilà affalée au fond de votre lit, incapable de bouger. Les frissons parcourent tout votre corps. La fièvre vous gagne.

Quelque chose s'empoisonne en vous-même. Quoi ?

Exsangue. J'étais exsangue, mais je ne saignais toujours pas. Plus du tout. Comme si mon corps retenait un poison qui envenimait tout mon corps et se préparait à « avoir ma peau ». Il avait déjà envahi tout mon être. Il allait s'emparer de ma vie.

Les vertiges étaient tels que je ne pouvais plus me lever. J'étais clouée au fond de mon lit et la nuit qui suivit me parut s'arrêter. Le temps ne passait plus. Le temps s'était arrêté. Sur moi. Contre moi. Malgré moi.

L'énergie, la volonté, l'action, le mouvement, m'avaient quittée, eux aussi. J'étais pétrifiée. Congelée. Brûlante. Maman m'a demandé d'avaler un potage et une tranche de pain. En secret, je me suis traînée vers les toilettes, m'agrippant aux meubles et prenant appui aux murs pour ne pas m'écrouler. Je vomissais jusqu'à mes entrailles.

Devant l'aggravation de tous les symptômes, n'ayant plus aucune force d'initiative, mon frère qui était venu me voir après son travail me retrouva comme l'ombre de moi-même. Sans un mot, il téléphona au médecin traitant qui lui ordonna de téléphoner au service de gynécologie où j'avais été hospitalisée la veille pour leur dire qu'il me ramènerait.

J'acquiesçais. De toute façon, je savais qu'il était temps d'y retourner.

Une seule idée m'obsédait : il fallait que je réussisse à téléphoner à mon mari pour lui parler. C'était vital. La communication ne passait pas. Après plusieurs tentatives, je réussis enfin à entendre des grésillements, puis sa voix.

« Je vais mourir. Il faut que tu rentres. Je ne sais pas ce qui m'arrive, mais je vais mourir. Il faut que je retourne à l'hôpital. Rentre à la maison, j'ai besoin de toi ! Rentre ! »

La communication était très mauvaise. Mais mon mari répondit par un laconique « Non. » Et la communication se coupa.

Un couperet. Assise à même le sol, sans bouger, le téléphone à mon oreille, j'écoutais les sons de la communication coupée. Pétrifiée. Condamnée.

Je ne saurais dire les répercutions, l'impact, qu'eut ce court moment dans ma vie. J'entends encore les sons de cette communication raccrochée. Le vide s'empare de moi à l'instant où j'écris.

J'étais là, assise par terre, habitée par un poison qui me faisait partir lentement ; j'appelai au secours ; mon mari n'a rien compris. A cet instant, je ne comptais que sur lui ; il fallait qu'il rentre ; c'était évident. Il ne rentra pas.

A compter de cet instant, j'étais seule ; désespérément seule. Malade. Empoisonnée.

Mon frère m'enleva tendrement le téléphone de la main.

Il savait qu'il fallait faire vite. Très vite.

Il me ramena en gynécologie. Là, un interne en gynécologie m'attendait. Il avait un regard humain et bienveillant. Il fallait qu'il m'examine. Il pratiqua également une échographie intra-vaginale. Pendant l'examen, ses yeux s'écarquillèrent. Je me souviens de ce regard indescriptible et interrogatif.

« Vous dites avoir subi un curetage hier ? En êtes-vous certaine ? ». Et à peine quelques instants plus tard : « Désolé de vous poser cette question, mais avez-vous eu des rapports sexuels depuis hier ? Depuis l'intervention ? ».

Que disait-il ? Je ne comprenais absolument rien à ces questions. Je tremblais. J'avais de la fièvre et j'espérais simplement qu'on me vienne en aide.

« Vous me dites que vous eue un curetage hier ? « L'œuf » est intact ! Il n'y a pas eu de curetage ! Ce n'est pas possible ! Vous voyez, « l'œuf » est intact ! Vous êtes sûre que vous avez eu un curetage ? Qui vous a opérée ? Vous voyez, les images de l'échographe montrent un « œuf » intact dans votre utérus. Il faut que j'aille les montrer cela au docteur K. Quel est le médecin qui vous a fait le curetage ? ».

Face à une absence de réponse de ma part car je ne savais pas, je ne comprenais plus rien, et mon désarroi total, l'interne n'insista pas. Il s'en alla donc pendant un bon moment ; lorsqu'il revint, il m'informa qu'il s'était occupé de me faire préparer une chambre seule, tout au fond du couloir ; une infirmière serait chargée d'être avec moi, de jour comme de nuit. Il ne fallait pas que je reste seule. Il avait ordonné « un flash antibiotique tri-thérapique » par perfusion pour au moins soixante-douze heures, les premiers résultats sanguins ayant révélé une infection sanguine généralisée. Et c'était, d'après ses propres termes, pour « couvrir d'éventuels autres risques ».

J'entendais ce qu'on me disait, mais ma tête était ailleurs. Je subissais ce qui se passait. Je n'étais plus que « l'objet » de ce qui était en train de se dérouler. Je ressentais que c'était grave. Je me sentais partir. Je n'étais plus que l'ombre de moi-même. Une coque vide. Un corps qui ne m'appartenait plus, une négation.

On m'installa donc dans cette chambre. Les infirmières se relayaient par postes. A aucun moment, je n'étais plus seule. La perfusion déversait un épuisement supplémentaire dans mes veines. Le simple mouvement d'une main ou des doigts était maintenant devenu un exploit physique. Je ne pourrais jamais décrire cet épuisement dont j'étais devenue l'objet. Je n'avais plus qu'une seule idée en tête : partir.

Durant la nuit qui suivit, je ne dormais pas vraiment. Mais j'avais rejoint un autre monde : celui qui se trouve au bout du tunnel. J'aspirais à le rejoindre, à me faire aspirer par ce tunnel. Définitivement. Ce serait une libération. Ma faiblesse était telle, mon malaise avait atteint une telle proportion, que rien ne serait plus beau que de se laisser aller. De partir. Il fallait que je parvienne à arracher tous ces tuyaux qui tentaient de me retenir. Mais l'infirmière était là. Elle essayait de me parler. De me faire parler. Je ne pouvais plus parler. Elle m'annonça que je devais subir un deuxième curetage le samedi matin. Deux curetages sous anesthésie générale en quarante-huit heures.

Cette fois-ci, c'est un interne qui s'occuperait d'intervenir. Il se présenta à moi le lendemain et m'expliqua brièvement que « l'œuf » était toujours là. Qu'il fallait ré-intervenir. Qu'il interviendrait personnellement. Que ce ne serait bientôt plus qu'un mauvais souvenir. Que je devais parler. Mais je ne pouvais pas parler. De quoi ? Il n'y avait rien à dire. Rien.

L'intervention se passa comme prévu. Le chirurgien s'était présenté à moi avant que l'anesthésiste, une femme, me mit le masque sur la bouche. Elle me murmura que tout irait bien. Je lui répondis simplement que je voulais partir. Que j'étais heureuse de partir. Qu'il fallait que je parte pour de bon. Ensuite, je ne me souviens plus de rien. Je me revois dans ma chambre ; toujours sous perfusion, sous « flash ».

Après la seconde intervention, ma faiblesse était indicible. J'étais ponctionnée. Vidée. Et je saignais énormément. Enfin ! Quelque chose se nettoyait en moi. Pour la première fois de ma vie, j'étais heureuse de saigner. Une purification.

Dimanche, début d'après-midi. Un « médecin » en blouse blanche pousse brutalement la porte de ma chambre sans frapper, me crie qu'il est le Dr G., m'interpelle par mon nom et m'ordonne de le suivre pour une échographie intra-vaginale au fond du couloir à droite dans la salle d'examens sur laquelle se trouve son nom. En moins de temps qu'il n'est entré, il disparaît. Le temps de me hisser hors de mon lit, de longer le couloir interminable, il disparait. Je suis toujours sous perfusion. Je me traîne hors de mon lit avec la potence, je longe le couloir en m'appuyant sur la rampe qui la longe, pliée en quatre, presque rampante. Les douleurs sont indescriptibles. Ma tête tourne. Je manque de m'évanouir et de m'écrouler par deux fois. Mais j'avance pour arriver jusqu'à la porte de cette salle. J'obéis car un « docteur » me le demande ; je ne réfléchis plus ; j'agis comme un robot, sans réfléchir. Je ne suis qu'un robot. Une coque vide et souffrante.

Il y a quelques jours déjà que je n'ai plus la force de penser.

J'attends quelques instants devant la porte. Elle s'entrouvre brusquement. Le « docteur » me demande ce que j'attends pour rentrer. J'entre. Le « docteur » referme la porte brutalement. Il hurle que je dois me déshabiller, grimper sur la table d'examen. Je lui dis que j'ai très mal. Que ce n'est même pas un lit mais une table métallique, trop haute, que j'ai mal et que je saigne énormément. Je dois m'exécuter car son ton monte. Pendant que je me hisse sur cette table, il me contourne et verrouille la porte à clé. Se place à mes côtés et m'enserre les poignets pour me bloquer, m'immobiliser.

Je n'écrirai pas la suite.

« L'intra-vaginale » est un calvaire. De toute façon, selon ses termes, « si ça continue à saigner comme ça, je repasserai au billard encore une fois, d'ailleurs je vais y repasser tout de suite… ».

Au même instant, une voix de femme, probablement une infirmière, voulait entrer dans cette salle, elle appelle, crie qu'on doit ouvrir, insiste pour savoir qui est là, mais « le docteur » abat violemment son énorme main sur ma bouche. J'étouffe. L'énorme intra-vaginale va et vient de plus en plus violemment dans mes entrailles. « C'est bon, ça fait mal, hein ? Mais t'aime ça ! Dis-le, que t'aime ça ! Là aussi !... Et là aussi !... Et encore là !... (…) ».

De ma gorge ne sort plus aucun son. J'essaie encore et encore de hurler. Je hurle, mais les sons restent dans ma gorge. Je m'entends hurler de l'intérieur. Les sons ne sortent pas. Personne ne m'entend.

Personne. « T'as vu tout ce sang ? C'est toute la merde que tu as en toi et qui tourne en rond dans tes tripes ! Tu vas encore repasser au billard !... Non, tu ne peux plus ! Hein, tu ne peux plus ? T'en crèverais ! T'en crèverais parce que tu aimes ça ! Hein, que tu aimes ça !... Tu vas rentrer demain. Et crever chez toi ! ». Et tout en se caressant tout aussi férocement qu'il me transperçait les entrailles, léchant mon sang sur ses mains, il se mit à rugir.

Après l'énorme embout de « l'intra » qui allait et venait de plus en plus fort, de plus en plus vite et m'arrachait les entrailles, une ombre, un poids, le néant. Et toujours l'énorme embout qui transperçait mes entrailles. Encore et encore.

Il m'arrache la blouse blanche, éclaboussée de sang. M'en jette une autre. Propre. Je l'enfile. Je ne peux pas la refermer. De toute façon, je suis nue.

Il déverrouille la porte et disparaît presqu'en courant après m'avoir jetée dans l'interminable couloir où personne ne transite ; je me traîne jusqu'à ma chambre. Je ne dois pas m'évanouir. Il faut que je me réfugie dans ma chambre.

Mon esprit a quitté mon corps. Je sors de cette pièce pour ne plus vivre l'éternité de ce calvaire. J'ai quitté mon corps, ma tête. Je flotte quelque part, hors de moi.

Jetée dans l'interminable couloir où personne ne transite, je me traîne jusqu'à ma chambre. Il n'y a personne. Un désert. C'est dimanche, en début d'après-midi.

Je me revois prostrée au bord de mon lit. Le regard plongé dans le néant.

On frappe. C'est l'interne qui a pratiqué le curetage la veille. Il vient prendre de mes nouvelles, savoir comment je vais. Je ne l'entends qu'à peine. S'approchant de moi, il s'arrête tout net : « Mais qu'estce qui se passe ? Que vous est-il arrivé ? Répondez-moi ! ». Je ne peux pas parler. Je balbutie quelques mots : il comprend qu'on m'a fait une « intra-vaginale », que c'était le « docteur G. » qui l'a pratiquée. Son regard se fige : « Mais le Dr G. n'est pas là aujourd'hui ! C'est dimanche. C'est moi qui suis de service ce week-end. D'ailleurs, il n'a jamais été question de faire une intra-vaginale, surtout pas dans votre état, après deux interventions en quarante-huit heures ! ».

Il en avait trop dit.

Il se retourne, disparaît pendant un certain temps.

Je suis toujours dans la même position. Je ne peux plus bouger. Ma tête est vide. Il revient accompagné d'une infirmière pour me dire que je devais rester à l'hôpital pendant plusieurs jours encore et me demande de m'allonger dans mon lit. J'exécute ses ordres. Il me prévient que mon gynécologue allait revenir de congés le lendemain matin et qu'il viendrait probablement me voir lors de ses visites matinales à l'hôpital.

Puis disparaît.

L'infirmière reste à mes côtés.

Je suis muette. Je veux un médicament qui me ferait définitivement entrer dans le tunnel. Je veux aller au bout de ce tunnel. Je veux revoir la lumière et cette silhouette bleue qui me parle avec tant de douceur et m'attire vers elle. Je veux la rejoindre. Je veux partir.

Les infirmières se relaient à nouveau à mon chevet. Celle qui se trouve à mes côtés cette nuit-là exige que je parle. Je réponds laconiquement et très faiblement à quelques-unes de ses questions. J'apprends qu'elle est une des filles du directeur du centre de gymnastique où j'avais été pendant mon enfance. Elle me fait parler de mon mari. Mon mari. Que j'avais appelé au secours au téléphone, lors d'une conversation qui s'était interrompue par un « non ». J'étais seule. Personne n'était là. Et je n'en avais que faire de son inquiétude à mon sujet. Je déprimais parce que mon mari n'était pas à mes côtés et que j'avais subi deux interventions en quarante-huit heures, qui plus est, touchait à mon intimité et m'avait effondrées car j'avais perdu mon bébé. Cela arrive à tant d'autres femmes. On se remet. Lentement, mais on se remet.

Cette interprétation de ma souffrance me convenait. Il fallait que je l'imprime. C'était mon seul moyen de survivre. Mais je ne voulais pas survivre. Je voulais partir. Peut-être qu'en tirant la perfusion du bras, j'allais me vider de mon sang ? Mais ce n'était pas assez rapide. Elle s'en rendrait compte. Elle ne bougeait presque pas de ma chambre. Elle allait aux toilettes dans ma chambre. N'allait-elle pas enfin prendre une pause ?

Elle n'en prend pas. Elle lit un de ces bouquins à l'eau de rose de six cents pages, qui ne se termine jamais. Et elle me parle. Je ne l'écoute plus. Cette nuit dure une éternité. Quand va-t-elle enfin me quitter pour que je puisse me traîner vers un objet contendant pour me trancher les veines ? Pour que mon sang, - toute cette « saloperie » -, puisse enfin s'écouler, s'échapper, me laisser m'échapper vers le tunnel, la silhouette bleue douce et affectueuse ?

J'essaie de m'assoupir. De temps à autre, je plonge dans le néant. Je revois le tunnel ; mais la silhouette bleue n'est plus là. Je me retrouve condamnée à revenir. A demeurer dans le néant. Eternellement.

Lundi matin. Mon gynécologue reprend ses consultations. Il débute la journée par les visites. Il frappe. Entre dans la chambre. Me salue. S'affale sur l'une des chaises à côté du lit. Pose ses coudes sur la table, cache son visage avec ses deux mains et lance : « Pas vous Mme L., pas vous ! Pourquoi vous ? ».

Ce matin-là, mon frère était venu me voir. A ce moment, il était présent dans la chambre. Mon gynécologue lui fit signe qu'il devait le suivre dans le couloir. Ce dernier l'informa que j'allais m'en tirer sans qu'il faille ré-intervenir. Les traitements faisaient l'effet escompté. Je ne serais pas stérile. Il faudrait du temps et un traitement antibiotique *per os* pendant au moins trois semaines et du repos ; et tout rentrerait dans l'ordre. Aucun examen de contrôle. Pas même un soulèvement de drap. On ne m'approche même plus. On ne me touche plus.

Une ordonnance pour quatre semaines d'*Augmentin*, « pour tout couvrir », à raison de trois grammes par jour. Du repos. Un arrêt de travail de dix jours. Le compte à rebours du « travail » inconscient devait commencer. Pour survivre. Pour mes filles.

D'après mon gynécologue, tout était « rentré dans l'ordre » un mois plus tard.

Après un examen gynécologique de contrôle chez mon gynécologue et un bilan sanguin rassurants, tout devait rentrer dans l'ordre.

Bien des années plus tard, ma fille aînée, Edwige, m'a raconté qu'elle était venue me voir à l'hôpital. Qu'on lui avait dit que j'étais encore très fatiguée et qu'il ne fallait pas qu'elle s'inquiète trop. Mais elle m'a souvent raconté qu'elle m'avait parlé, elle se souvient même de quoi, mais elle avait eu l'impression que je n'entendais rien, que « je n'étais plus là ».

Je ne m'en rappelle plus. J'aimerais tant m'en souvenir, mais je ne m'en rappelle plus du tout. Je m'en veux énormément de ne plus m'en souvenir. Je ne m'en souviens vraiment plus. Je sais que j'ai eu la visite de mon petit-cousin, de son épouse et de leurs filles. Qu'ils m'avaient offert un bouquet de tulipes jaunes.

Mais je ne me rappelle plus de la visite de ma propre fille avec mon frère.

Je sais aujourd'hui que le travail de l'inconscient permet de survivre et non de guérir. Lorsque je suis rentrée chez moi, je sais que j'ai été « dans le vide » pendant plusieurs jours, mais que les activités quotidiennes m'ont permis de continuer à vivre. Mon mari étant parti pour plusieurs mois, j'étais seule. Il fallait que ma santé me permette à nouveau de m'occuper de mes filles. Les traitements m'avaient permis de « guérir » ; c'était tout ce qui comptait autour de moi.

Pendant une dizaine de jours, alors qu'Edwige partait à l'école et que Bérénice faisait ses siestes, je restais de longues heures à me poser une seule question :

« Pourquoi étais-je seule ? Pourquoi mon mari n'était-il pas revenu ? ». Et tout en me posant ces questions, j'oubliais. Tout. J'ai donc oublié tout ce qui s'était passé. Vraiment oublié. Je ne sais pas si quelqu'un peut me croire, mais j'ai vraiment tout oublié. Je me focalisais sur le fait que mes douleurs, ma souffrance, le vide qui m'habitait étaient liés à la perte d'un bébé. Comme l'a dit mon médecin traitant, peut-être de « deux œufs », l'un en cachant un autre. Mais alors, on avait probablement « tué » le deuxième ? Un scénario qui avait fait place dans mon esprit mais qui me faisait souffrir. Un vide que personne ne pourrait jamais combler. J'imputais ma souffrance à la perte d'un enfant que j'avais finalement tant désiré, même s'il n'avait pas été programmé. Il fallait que je fasse le « deuil » de cet enfant. J'avoue qu'aujourd'hui encore ce « vide » me hante. Ce « deuil » était bien plus que celui d'un enfant.

C'était le mien. Celui « d'avant » ; j'enterrais un enfant et le « moi-même d'avant », que je ne retrouverais plus jamais.

Comme prévu, je repris le travail, comme si jamais rien ne s'était passé, dix jours plus tard. J'ai sauté de joie après ma visite post-opératoire chez mon gynécologue, qui m'annonça que « tout allait bien », un mois plus tard. « Tout allait bien ». C'était fantastique. Tout le monde se réjouissait autour de moi. J'étais donc heureuse et guérie.

Or, mes actes trahissaient le deuil de ce que j'avais été et ne serai plus jamais. Mon comportement était souvent impulsif et compulsif. J'avais perdu ce que j'étais « avant ». J'étais impure. Mon corps ne représentait plus qu'une enveloppe. J'avais dû me faire mourir pour me reconstruire. La « Virginie d'avant » était morte. Elle n'existe plus.

Pendant sept ans, j'ai tout oublié.

Mars 2010 : après plusieurs mois de galère, de névralgie cervico-brachiale rebelle, d'attaques douloureuses diverses et invalidantes qui m'empêchaient de dormir, d'arrêt de travail de trois mois durant l'hiver 2009/2010 dont je reparlerai plus tard, mon neurologue finit par me poser une question ; une seule question : « Je sais que vous êtes une personne droite et entière, que vous répondrez honnêtement à ma question. Avez-vous été agressée sexuellement ? ». Ma respiration se bloqua. Mes yeux se figèrent. Un « oui » sortit du fond de moi et provoqua un séisme en moi. En une fraction de seconde, je revivais tout ce qui s'était passé. Je me levais brusquement, comme une bête fauve, je cherchais une échappatoire, je tremblais, je pleurais, je hurlais. Tout ce que j'avais contenu pendant sept ans sortait de moi. C'était d'une violence inouïe. Tout mon être tremblait intérieurement et extérieurement. On m'avait arraché la vérité en une seule question. Et un simple « oui » avait la concentration d'une bombe qui provoqua un séisme.

Une chute libre dans les entrailles d'un sol qui s'ouvrait sous mes pieds.

Le neurologue me prescrivit un antidépresseur, du *Séroplex* 10 mg. Il avait enfin trouvé ce qui n'allait pas chez moi. Il me fit promettre que je débuterais une thérapie psychanalytique.

Ce jour-là, encore seule, je me suis conduite comme un robot. J'ai d'ailleurs conduit ma voiture comme un robot. J'avais fait exploser, imploser, une bombe, un séisme d'une violence indescriptible et je me sentais en mille morceaux. Tout était en désordre dans mon esprit. Des images, des sons, des odeurs. L'envie de vomir mes entrailles. Encore une fois, je repensais à mes filles. Il fallait que je passe chez le chocolatier pour acheter des lièvres de Pâques pour elles. Ce que je fis. Pour essayer de focaliser sur « autre chose » ; mais cette fois-ci mon esprit n'oublia pas, n'oublia plus. Refusa de se prêter à ce « jeu » que je lui imposais une seconde fois. Il avait « ouvert » les vannes d'un torrent indomptable. Rien ne le retenait plus. Des images, des sons, des cris, des gestes, des odeurs. Malgré ma lutte, toujours tremblante, je me mis à pleurer en pleine chocolaterie. Les chocolats sont restés à la caisse. Je me suis enfuie, en courant vers la voiture et en essayant de reprendre mon souffle.

Je suis restée sur le parking, enfermée dans ma voiture, pendant au moins une demi-heure. Prostrée. L'esprit bousculé par les images, les sons, les rires, les gestes, les cris, les odeurs. Essayant vainement de retrouver le néant dans mon esprit. Mais l'avalanche se poursuivait. Le torrent m'inondait de ses images, sons, cris, rires, gestes et odeurs. Rien ne l'arrêtait plus.

Pourquoi mon neurologue avait-il posé « la » question ?

La violence. L'extrême violence, les violences inouïes que j'avais subies, contenues, oubliées, refoulées, se lâchaient. Je les revivais.

La culpabilité. De n'avoir pas crié. Hurlé.

La honte. De tout mon être. Cet être qui ne m'appartenait plus depuis si longtemps. Dans lequel j'étais forcée, malgré moi, de continuer à vivre. Une « morte-vivante ».

Un être brutalisé, torturé, sali, violé, tué.

Si j'ai choisi de me livrer, de me remettre à nue, - et Dieu seul sait ce que cela implique pour moi -, c'est dans le but de démontrer que ce passé révélé en un « oui », était devenu « une aubaine » pour expliquer mes douleurs, les crises diverses qui m'assaillaient depuis des années.

J'avais décidé, en accord avec mon médecin traitant, de suivre une thérapie, auprès d'une psychiatre. Lorsque le premier rendez-vous eut lieu, j'avais envie de trouver toutes les excuses du monde, pour ne pas m'y rendre. Jusqu'à la dernière minute, j'avais une envie irrépressible de fuir. Fuir cette nouvelle épreuve, qui m'obligea à « redire ». A trouver les mots pour me « mettre à nue » une nouvelle fois. Mais je devais dépasser un « oui ». C'était à moi de dire. A quel point j'étais dans une grande pièce, totalement perdue, obligée de me souvenir. De « recoller » des morceaux. Des bribes de souvenirs. Comme si on avait renversé les étagères d'une bibliothèque, où l'on avait tout renversé, tout mis pêlemêle. Dire et comprendre la signification de mes mots, de mes phrases, de mes cauchemars. Un dédale.

Je pense aujourd'hui que ma thérapeute s'était laissé surprendre par la gravité de mon récit. D'apparence froide et distante, très contenue et professionnelle, elle eut brusquement un air très grave, des yeux qui s'imprégnèrent d'une humidité qui trahissait son émotion. Elle posait des questions succinctes, cinglantes et précises, et m'observait. *A priori* impassible. Après quelques séances, qui duraient très exactement trente minutes, elle me saluait et me fixait le prochain rendez-vous. Elle me conseilla de « faire mon chemin ». J'étais la seule à pouvoir décider de ce que j'allais faire de ce que je savais de ce qu'elle qualifia à maintes reprises de « calvaire ». Porter plainte ?

Contre des médecins. Un hôpital. Après la colère et la révolte qui m'envahirent, se fut au tour de l'acceptation de mon impuissance. J'avais néanmoins pris l'initiative demander mon dossier d'hospitalisation ; que je reçus en échange de dix euros. Quelle ne fut pas ma stupéfaction d'y découvrir les preuves d'incohérences, de mensonges par omission, de « couverture » par le chef de service, que je ne connaissais même pas, et qui avait signé le premier compte rendu concernant le premier curetage : je sais qu'il n'était pas présent à cette date. Les prélèvements « des » biopsies sont éloquents : des incohérences de dates, des résultats faussés. Bref, on avait pris le soin de tout « nettoyer ». Je sais ce que j'ai vécu le dimanche. Je ne saurai jamais ce qui s'est passé en salle d'opération lors du soi-disant premier « curetage ». Je vis avec des certitudes et des inconnues. Je sais qu'il m'est totalement impossible de faire la preuve de ce que j'ai vécu. Ce qui m'est arrivé n'existe pas. C'est le plus terrible. On avait effacé les traces des échographies. Des traitements. De tout. Les biopsies ne révèlent que deux prélèvements, dont le deuxième fait référence à une nécrose des tissus et des parois utérines. Le premier prélèvement porte une date erronée et fait référence à quelques tissus reliés à un état gravidique.

J'ai réussi à retracer toutes les étapes de mon « calvaire », parce que je me suis attelée pendant plusieurs années, à remettre de l'ordre sur les étagères « de ma bibliothèque » ; les tomes de mon vécu étaient pêle-mêle.

Parce que j'avais repris soigneusement et douloureusement chaque tome de mon vécu, pour ordonner les étapes, je réussis à extérioriser, à m'expliquer partiellement certaines de ces étapes qui me laissent néanmoins face à des « blancs » définitifs. Les ordonner chronologiquement a été long, douloureux et fastidieux.

Au cours de ces trois années, mon inconscient a laissé filtrer des pistes. Il fallait les lire. Avec ma thérapeute, en parlant, progressivement, j'arrivais moi-même à donner du sens à toutes les images, sons, cris, terreurs, que je revivais la nuit, ou quelquefois le jour, à cause d'une situation, d'un son, d'un cri, d'une odeur.

Je réussis à me reconstruire. Même si je sais que je ne serai plus jamais la même. Je sais que j'ai été victime. Une proie facile. Affaiblie par mon état. A la merci de tous ceux qui avaient pu profiter de moi. Ma thérapeute me précisa que « ce qui m'est arrivé » se nomme juridiquement « viols aggravés, assortis d'actes de torture et de barbarie sur une personne n'étant pas en pleine capacité de ses moyens ». Les produits anesthésiants, le contexte de curetage, permettant de tout « couvrir », de tout « masquer ».

Il va falloir que je vive avec « ce passif ».

Et je vais vivre.

Et cette fois, pour mes filles, pour mon mari, pour ma famille, pour moi. Pour moi, car c'est la seule revanche possible. C'est le seul moyen de ne pas laisser la victoire d'une destruction, d'un anéantissement, à des inhumains, des animaux primitifs, qui ne connaissent pas le respect et la dignité humaines. Je crois aujourd'hui qu'ils ont été condamnés à détruire pour se sentir en vie. Il n'y a pas de remède, il n'y a aucune thérapie qui puisse les aider à s'en sortir. Ce sont des animaux. Des prédateurs.

Ma seule et unique obsession : j'espère qu'ils n'ont pas fait cela à d'autres femmes. Je ne peux pas le savoir. Je ne le saurai probablement jamais. Mais mon cheminement n'est pas terminé. Je pensais ne jamais pouvoir pardonner. Mais il ne faut jamais dire jamais ! La colère ne m'habite plus. La révolte non plus. Le chemin du pardon est peut-être en marche. « Grâce » à une maladie. Celle qui m'oblige à écrire. A dire. A me livrer. A combattre.

Je sais que la vie n'a d'autre sens que l'amour qu'on éprouve pour ceux qui tiennent à nous et nous aiment. La vie n'a aucun sens si on vit pour soi-même. Elle a encore moins son sens lorsqu'on vit pour détruire l'autre par la force, le pouvoir ou la violence. Agir comme le font certains « animaux », c'est l'arme des faibles. Des impuissants. Au sens propre et au sens figuré.

Mon combat ne fait que commencer. Il a aujourd'hui une autre priorité. Je n'exclus rien. Il faut d'abord que je vainque une autre maladie qui s'acharne sur nous depuis que nous sommes nées, mes filles et moi. Il ne faut pas amalgamer.

Surtout pas. C'est la raison pour laquelle je livre tout.

Absolument tout.

Je dois vivre avec un « passif » très lourd, avec les inconnues d'une intervention où tout a pu se passer. C'est probablement de ne pas savoir qui me pèse le plus. Mais peut-être Dieu m'épargne-t-il simplement un autre fardeau ? On supporte sa croix jusqu'à l'épuisement. Pas au-delà.

On ne peut supporter que ce qui est humainement en nos capacités. Et j'avais besoin d'énergie et de forces pour combattre une autre « inconnue », polymorphe, qui s'abattait autant sur moi que sur mes filles, que les générations qui nous précédèrent.

« On ne saura probablement jamais ». Une phrase du compte rendu de l'hospitalisation et du décès de ma grand-mère en 1973. Une phrase du compte rendu de l'intervention d'Edwige en 1995. Une phrase que je me répète et qui me hante puisque je ne saurai jamais tout. Une phrase tragique.

Mais une phrase qui n'a plus son sens aujourd'hui. Que je refuserai tant que je vivrai.

Quel paradoxe ! Un calvaire peut amener à en supporter un autre, qui serait la révélation, l'explication de quatre générations de souffrances !

Pourquoi mes filles sont-elles attaquées par des maux exceptionnels et incroyables qui laissent des traces « objectives » (c'est-à-dire médicales : analyses, clichés, examens divers...) et/ou « subjectives » dans nos vies et ce, bien avant que je vive ce que je viens de livrer, et qui, je le rappelle, s'est passé en 2002.

Pourquoi notre famille était-elle en proie à des pathologies inexplicables, graves et mystérieuses, qui avaient d'ailleurs coûté la vie à ma grand-mère et avait failli coûter la vie à Edwige ?

J'avais repris ma vie en main. Et je la vivais à cent à l'heure. Elle ne m'en laissait pas le choix. Et aujourd'hui, je l'en remercie. Je pense que c'est parce que j'ai été assaillie par les souffrances de mes filles, que je ne me suis pas octroyée le droit d'abdiquer. De tomber entre les mains de la dépression. Je me suis toujours défendue d'être dépressive. Je pensais d'ailleurs, qu'il fallait à tout prix se montrer courageux. Mon tempérament et celui de mes filles est le même en ce domaine.

Eh bien, encore une fois, nous nous trompions. Pour être prises au sérieux, il faut être dépressif : cela témoigne du fait que vous « êtes à bout » ; et, du coup, on ne traitera plus que la dépression et son cortège de symptômes, que les médecins aiment à lui rattacher. La dépression leur donne un argument en faveur de vos symptômes. Il est si facile de tout y rattacher !

Mais je n'étais pas dépressive. Mes filles non plus.

Je n'étais et ne suis pas une maman « poule ». Je ressens la même maladie avec ses expressions différentes et polymorphe. Je suis convaincue qu'elle est rattachée au cycle hormonal féminin, les douleurs étant exacerbées durant la période prémenstruelle. Je le vis depuis mon adolescence. Mais tout cela n'a pas de fondement. Donc on ne vous écoute pas. Ou pire, on vous écoute, on sourit, et surtout on n'en pense pas moins. Mais pas toujours…

Un soir d'été du mois de juin, Bérénice a dû rentrer d'une soirée dans l'herbe organisée par l'école maternelle ; elle avait des dizaines de piqûres d'aoûtas qui lui recouvrait le corps ; une fièvre et une infection des dizaines de piqûres d'insectes s'en sont suivies. Il fallut la mettre sous antibiotiques et pommade corticoïde locale. J'avais vécu la même chose lorsque j'étais enfant. Ma peau « attirait » probablement les moustiques et tous venaient se nourrir de notre sang En ce qui concerne Bérénice, le médecin me confia qu'il n'avait jamais vu cela. Moi non plus.

C'est lors d'une pneumopathie rebelle, en juin 2007, que Bérénice, malgré les deux mois de vacances, fut en proie à une asthénie constante et profonde. Fatiguée, elle l'était très souvent. J'en ai déjà parlé. Mais la fatigue devenait permanente. Elle ne réussissait plus à « récupérer ». Les traitements antibiotiques ayant échoué, la fatigue s'accentuait au lieu de lâcher prise.

L'été 2007 ne lui permit pas de récupérer. J'avais consulté de nombreuses fois. Mais son pédiatre comptait sur les vacances pour qu'elle reprenne des forces. Il n'en fut rien. Au mois de septembre, il fallait lui administrer le rappel vaccinal du *Pentacoq*. Malgré mon insistance à expliquer qu'il fallait peut-être attendre quelques mois de plus avant de pratiquer la vaccination, le pédiatre jugea qu'il pouvait la vacciner par *Infanrix*. Elle qui réagissait toujours de manière exacerbée aux vaccinations se mit à avoir une grosse fièvre, une énorme « boule » de près de vingt centimètres sur sa cuisse. Elle avait la jambe « cuisante » et son état général se dégradait de jour en jour.

Son asthénie s'aggrava. Elle passait par des phases de pâleurs qui la rendaient livide. Ses extrémités étaient « glacées », son corps bouillait. Même la maîtresse s'inquiétait de son état.

Au mois d'octobre, elle était alitée par une toux atroce ; elle aboyait, manquait de s'étouffer, se cyanosait. Les antibiotiques ne semblaient plus faire d'effet. On lui administra des céphalosporines III. Un processus de réactions systémiques anarchiques se déclara brutalement. L'hyperthermie se succédait à l'hypothermie. Elle pouvait passer d'une température de 34°8 à 39° sans plus aucune transition. Un urticaire généralisé la recouvrait. Des « papillons » violets ou blancs et décolorés maculaient sa peau. Ses veines apparaissaient partout, notamment aux extrémités. Un syndrome de Raynaud ? Une vascularite ? Une allergie à un médicament ? Personne ne savait. Une forme de coqueluche ? J'ai tout entendu, les médecins ne savaient plus que diagnostiquer.

Devant l'aggravation des symptômes, le médecin traitant n'eut d'autre alternative que de l'hospitaliser.

Comme les symptômes apparaissaient, puis disparaissaient incessamment, que les bilans sanguins ne révélaient pas d'autres inquiétudes qu'un taux élevé *des blancs et de la vs*, qu'on avait cherché à exclure toute autre pathologie grave (Lyme, etc.) ou auto-immune, on se résolut à la perfuser. Elle ne se nourrissait plus et vomissait tout ce qu'elle avalait. On lui administra de l'*Augmentin* qui déclencha une autre réaction cutanée et systémique généralisée ; on décida de revenir à un autre antibiotique. Pour en conclure que c'était très probablement un virus de nature inconnue. « Pensez-vous, Madame, on ne saura jamais de quel virus il s'agit ; il y en a tellement ! ».

Je voyais ma fille s'affaiblir à vue d'œil. Et je ne pouvais rien faire pour elle !... Cela faisait maintenant plus d'un mois que je combattais avec elle *une maladie virale inconnue.*

Je ne savais toujours pas de quel mal mystérieux elle était atteinte lorsqu'on la fit rentrer à la maison. Rien n'était réglé. Les attaques systémiques cutanées, respiratoires, digestives… et maintenant articulaires continuaient. Elle hurlait de douleur. Ses articulations lui faisaient si mal qu'elle ne pouvait plus marcher !

Il fallut la ré-hospitaliser. Le regard des soignantes et des médecins devenaient insupportables à vivre. On nous prenait pour des simulatrices ! Bérénice allait bien, mais on ne sait pour quelle raison « entretenait » des douleurs, des réactions cutanées, la « pseudo coqueluche » qu'on avait vaccinée, une vascularite, des problèmes digestifs, - et maintenant des douleurs articulaires ! -, qui n'avaient aucun fondement « objectif », entendez par là au niveau des résultats des bilans sanguins. Il n'y avait pas de polyarthrite rhumatoïde ni d'augmentation *significative* de la *vs* et de la *CRP*. Ces valeurs étaient néanmoins décuplées par rapport à ses normes habituelles. Puisqu'elles ne dépassaient pas *significativement* le maximum des normes, il ne fallait pas s'en inquiéter.

Elle « simulait » maintenant des douleurs articulaires ; maintenant, elle ne « voulait » même plus marcher ! Elle avait tellement mal, qu'on ne la croyait plus.

Il n'y avait pas de fondements à ces douleurs, à toutes ces manifestations. L'hypothermie n'est pas dangereuse. Elle est fréquente. Ses pâleurs et les variations de sa température n'étaient pas significatives. Il faudrait certainement plusieurs semaines avant que ce « pseudo virus » ne soit vaincu par ses défenses immunitaires. « Vous vous inquiétez trop ! ». Tout ira mieux en rentrant.

J'avais encore plusieurs mois de combats à vivre contre les attaques de cette maladie inconnue qui attaquait sur tous les fronts. Que de nuits blanches à son chevet. Que de douleurs que je n'avais pas les moyens de soulager. Que ce soit le paracétamol, l'aspirine ou l'ibuprofène, rien n'y faisait. Toujours elle me disait que cela ne sert à rien.

Pour les médecins, c'était improbable. Les traitements antalgiques se devaient de faire effet.

Bérénice s'obstinait donc à entretenir sa douleur. Ce n'était pas possible autrement. Et surtout, dire qu'on n'arrive plus à marcher, qu'on boîte, quand on n'a pas une maladie objectivement invalidante et identifiée, cela ne fait que confirmer le fait qu'on simule. Mais les quintes de toux persistaient. Les crises d'étouffement aussi. Les pâleurs, les extrémités glacées, les douleurs articulaires l'épuisaient et lui minaient le moral. Personne ne la croyait, en dehors de moi et de ceux qui la voyaient souffrir. Se rajoutèrent des hématomes spontanés des genoux.

Il fallait encore refaire un bilan sanguin. Qui ne révéla guère plus qu'un temps témoin de coagulation légèrement ralenti.

D'où venaient ces hématomes ? Elle ne s'était pas cognée, n'était pas tombée sur les genoux : je la bordais ; dans la nuit, elle se réveillait en proie à d'atroces douleurs et à des hématomes survenus spontanément pendant la nuit. Je n'en croyais pas mes yeux ! Mais comment expliquer cela au médecin ? Il allait encore nous prendre pour des folles…

Je me souviens d'un soir où j'étais assise à même le sol de ma cuisine. Effondrée. Epuisée. A me demander ce qui allait encore se produire. Et à chercher le lien entre toutes ces pathologies.

Soudain, je sursaute. Je me rue dans la salle de bain. J'attrape son carnet de santé. Je l'ouvre aux dernières pages. Et je fixe la date de la dernière vaccination. Tout a commencé avec la vaccination. Les symptômes correspondent étrangement à ceux des maladies contre lesquelles elle avait été vaccinée. Mon sang ne fait qu'un tour. Je lui suggérais donc une recherche des taux d'anticorps vaccinaux ; les résultats des analyses mirent jusqu'à un mois à tous nous parvenir. On ne chercha même pas à nous les communiquer. Et pour cause ! Coqueluche, tétanos, diphtérie, poliomyélite … Et si elle développait les symptômes des maladies vaccinales ? Et si son « attaque systémique » provenait de la vaccination sur un « terrain immunitaire » fragile ?

Nous dûmes attendre un mois avant d'avoir tous les résultats qui ne nous parvinrent pas « naturellement ». Il fallut mettre le laboratoire M. en demeure pour obtenir l'ensemble des résultats. Il fallut ensuite que je subisse un véritable interrogatoire auprès du docteur du laboratoire, avant de lui arracher les résultats qu'elle avait énormément de mal à comprendre et à interpréter. En effet, les taux d'anticorps étaient exponentiels pour chacune des maladies vaccinales. Dignes de maladies déclarées. Que d'incompréhension. Que de mystère.

Mais j'avais trouvé une piste.

On rechercha les taux du R.O.R. (rougeole, oreillons, rubéole) qui s'avérèrent tout aussi inquiétants ; notamment ceux de la rubéole. Sa sœur était exactement dans le même cas. Quelle répercussion un taux digne d'une rubéole déclarée pouvait-elle avoir sur la vie future ?

Personne n'était capable de répondre à cette question.

Il fallut cinq ans pour que les taux reviennent à une valeur toujours élevée, mais acceptable.

Compréhensible. Inutile de préciser qu'il n'y eut pas de *Revaxis* en 2012, les valeurs étant encore largement suffisantes pour être immunisé contre ces maladies. Je n'ai jamais été contre la vaccination. Cette idée ne m'a d'ailleurs même jamais effleuré l'esprit. Mais j'avoue que les taux que Bérénice a développés sont incompréhensibles. Alors, lot défectueux ? Mauvaise préparation vaccinale ?

Tout ce que je savais, c'est qu'elle avait vraiment très mal, que rien ne la calmait et qu'elle était en proie à un désordre systémique sans précédent, qui m'obligeait à gérer les crises polymorphes du quotidien, tout en travaillant et en évitant au maximum de la déscolariser.

Rien de plus délicat, quand on ne peut pas mettre un nom sur une pathologie polymorphe, invalidante, mais que personne n'a identifié. C'est bien entendu une nouvelle porte ouverte à la souffrance de l'incompréhension, du regard suspicieux des camarades, du corps enseignant et des proches.

N'ayant pas identifié « la » maladie, n'ayant aucun traitement allopathique à ma disposition, j'ai donc recherché tous les moyens bénéfiques pour « nettoyer » son petit corps de tout ce qui s'acharnait sur elle. Je me souviens lui avoir administré des doses homéopathiques, l'avoir traitée par de la phytothérapie adaptée à son âge et à son poids, avoir tenté l'acupuncture ou les petites injections homéopathiques qui échouèrent, et pire, lui provoquèrent des « bleus » partout, de la kiné douce, etc... etc... mais la maladie semblait se dérober, pour revenir s'attaquer à un autre organe, une autre partie du corps.

Nous étions embarquées dans une galère sur laquelle nous ne cessions de ramer.

Vacances de printemps d'avril 2008. L'air et le climat du Sud nous a toujours revigorées. Mon mari est en déplacement. Je décide de faire la route vers le sud, malgré ma propre fatigue, mes douleurs, mes chutes, mes pieds qui se heurtent quotidiennement aux marches des escaliers, mes « bleus », provoqués par les heurts aux embrasures de portes. Mes deux filles ont constamment ses problèmes également. Mais je vis avec ces « détails » depuis ma plus tendre enfance. Encore des maladresses héréditaires que je leur ai léguées...

C'est le deuxième jour des vacances, le 8 avril, que nous rentrons d'une petite balade. Je me trouve derrière Bérénice, dans la cour, près de la porte d'entrée. Elle stoppe sa marche et tout en retroussant sa chaussette droite, sa cheville gauche se tord complètement. Face à la violence de torsion de sa cheville, je n'ai qu'un réflexe, l'attraper pour qu'elle ne tombe pas de tout son poids. Elle s'assoit par terre, blêmit. Je comprends qu'elle ne peut plus se relever. Qu'elle a si mal, qu'elle ne peut même pas pleurer. Avec sa sœur, nous la transportons sur le canapé. Machinalement, sans réfléchir, je saisis un sachet que je remplis de glace et que j'appose sur sa cheville. En quelques minutes, sa cheville avait triplé de volume. Je saisis le téléphone pour faire appel au médecin de la station, qui me dit de venir immédiatement.

Devant l'ampleur des dégâts, elle pense à une fracture de la cheville et du tibia. Mais ne s'explique pas l'ampleur des conséquences d'un traumatisme par ailleurs bénin : se tordre la cheville en marchant, presqu'à l'arrêt !

Je dois me rendre à l'hôpital le plus proche. La radiographie ne décèle aucune fracture, mais une entorse sévère assortie d'un décollement de la malléole épiphysaire externe, qu'il faut immobiliser. Comment ? Les avis sont partagés. Plâtre ? Attelle *air cast* ? Attelle pour entorse grave ? On décide d'une attelle rigide.

Elle ne supporte pas l'attelle. Les frottements, l'enserrement, font gonfler sa cheville et rendent la douleur insupportable. Je consulte une nouvelle fois le lendemain. On me demande de faire une échographie qui révèle un œdème extrêmement conséquent, un hématome interne et conclut une entorse grave. Bérénice ne supporte même plus qu'on l'effleure. Comment lui faire porter une attelle ? C'est néanmoins ce à quoi elle doit se résoudre. Elle faut qu'elle endure son traumatisme.

Face à l'ampleur du problème qui se pose, à son immobilisation, je décide de rentrer et de refaire la route. Mais mon frère prend un vol, nous rejoint et conduit sur le chemin du retour. Plus de huit cents kilomètres à parcourir. Des douleurs insupportables ; un pied surélevé, des pauses fréquentes et un retour après quatre jours de galère.

Je fais appel à mon médecin traitant qui décide de remettre à profit les quelques mois de traumatologie qu'il a expérimentée lors de son internat, il y a des années. Il décide de l'immobiliser par bandes de résine, tout en protégeant son pied par des bandages de coton et surtout, en laissant la résine ouverte sur le dessus. On entoure le tout de *Velpeau crêpe*, on laisse sécher pendant quarante-huit heures sans ouvrir, puis on peut à nouveau enlever la résine pour le bain ou tout simplement pour mobiliser le membre et faire circuler le sang correctement. Le tout est assez léger et permet de ne pas « désarticuler » les autres membres. Sixième sens d'un médecin traitant hors pair. Il fallut six semaines d'immobilisation. De la rééducation, qui malheureusement fut totalement inadaptée. Un kinésithérapeute qui n'avait rien compris. Qui la fit tenir en équilibre, sans appui, sur une planche de musculation des chevilles. A ce moment, on ne connaissait pas encore son instabilité. Bérénice dit aujourd'hui qu'elle a énormément souffert. Et pour cause… La violence de l'instabilité de la planche, son déséquilibre constant, sa mauvaise coordination, ne pouvait pas « gérer » une telle rééducation, qui ne faisait qu'aggraver les douleurs.

En quatre ans, Bérénice a eu dix entorses des chevilles. En marchant. Dont une, qui fut plâtrée et se compliqua : décollement épiphysaire de l'extrémité inférieure du tibia qui nécessita une immobilisation plâtrée de cinq semaines ; la scintigraphie révéla une ostéoporose sévère couplée d'une algoneurodystrophie ; l'hyperfixation scintigraphique de la cheville gauche et l'algoneurodystrophie modérée se révélèrent sur la scintigraphie ; l'I.R.M. révèle une dissection en coup d'ongle sous chondrale postéro interne du dôme du talus et un hypersignal de l'os spongieux dont l'aspect serait compatible avec une ostéchondrite disséquante type II (?) ; pas de fragment ostéocartilagineux libre intraarticulaire ; le cartilage est d'épaisseur normale ; pas d'encroûtement ; pas de signe de rupture du tendon d'Achille, pas de signe d'aponévrosite plantaire. Pas d'épine calcanéenne repérable. Intégrité des structures ligamentaires intrinsèques.

Cette immobilisation plâtrée s'est très mal passé ; aucune entorse n'avait été plâtrée jusqu'à présent ; elle ne se remit que plus lentement de ce plâtre a engendré des escarres sur son tibia ; des « trous » émaillent sa jambe. On a du mal à imaginer les douleurs qu'elle a endurées, sans rien dire.

Depuis ses hospitalisations, Bérénice ne dit plus sa douleur. Elle sait qu'il n'y a guère que sa sœur et moi qui comprenons ce qu'elle endure. Elle trouve ridicule de l'évaluer ; elle dépasse ce que peut ressentir quelqu'un d'autre dans le même cas.

Il faut s'imaginer que nous ne comprenions rien à ses entorses à répétition. Aucun lien n'avait été fait. De la même façon qu'elle « se faisait » des entorses de la cheville, elle passa par les luxations des épaules. Je me rappelle d'un hématome, qu'elle a caché, et qui avait envahi toute son épaule et son torse. Elle maintenait son bras plaqué sur son thorax sur toutes les photos de la classe médiévale à laquelle elle avait participé, sans dire un mot à quiconque.

Le week-end suivant, elle me montra l'étendu de l'hématome thoracique et son épaule luxée. J'étais désemparée.

Les genoux, les hanches, les épaules, les poignets ; toutes les articulations se luxent. Et sa grande taille, m'a fait me déplacer au Centre de référence de la maladie de Marfan ; les signes « majeurs » sont négatifs.

Son hyperlaxité, son hypermobilité sont réelles. Son score de Beighton est de 8/9. Le craquement permanent de ses articulations aussi. Elle fait tout craquer : ses vertèbres, ses chevilles, ses doigts, ses doigts de pieds, ses genoux etc… Comme sa sœur. Comme moi.

Elle marche constamment « sur la pointe des pieds ».

C'est une passionnée de danse classique, qui souffre le martyr d'être perpétuellement punie par ses articulations. Elle est très douée ; en deux ans entrecoupés d'arrêt, elle a intégré le niveau des quatrièmes et cinquièmes années. Elle n'a jamais pu présenter le gala de fin d'année. Elle se dit « punie » par son propre corps.

Ne parlons pas des béquilles qui la fatiguent énormément et contraignent les autres articulations. Nous lui demandions de porter des mitaines, car sa peau, extrêmement fragile, s'ouvrait par les frottements des manches des béquilles.

Ses copains et copines ne la connaissent quasiment qu'avec des béquilles.

Inutile de dire les conséquences de telles situations. Qui plus est incomprises ; par tous, y compris par nous-mêmes. Nous subissons les « caprices » d'un corps morcelé, qui semble quelquefois « faire ce qu'il veut, et non pas ce que nous voulons ».

Elle est fatalement « abonnée » aux séances de kinésithérapie ; et le moral n'est pas toujours au beau fixe. Mais elle ne fait « mine de rien » et est douée en contorsion diverses et variées. Même lorsqu'elle ne le désire pas quelquefois… Ses articulations ont une amplitude hors norme. La souplesse la caractérise ; elle est littéralement habitée par l'expression du corps ; la musique ne s'écoute pas, elle se vit ; elle la fait vivre. Elle danse tous les jours ; lorsqu'elle marche, lorsqu'elle bouge, même sans s'en rendre compte quelquefois. La danse fait partie de son être ; elle l'habite.

Mais son corps est fragile ; sa peau est fine, douce et veloutée. La frôler est une caresse. La câliner est un bonheur. La vie lui apprit, bien trop tôt, à donner la contrepartie de ce bonheur. Elle souffre en silence ; mais elle ne se résout pas à abdiquer. Les attaques sont diverses ; elles font peur ; elles angoissent, lorsqu'on n'en connaît pas les ou la cause. Et je n'avais toujours pas trouvé ; il fallait que je trouve. Il fallait donc que je cherche, que je n'abdique pas, moi non plus. D'autant plus que les attaques nous touchaient toutes les trois.

Différemment. Et c'est bien là le problème ; le caractère insidieux de pathologies qu'on ne cherche même pas à relier dans un premier temps. On n'y pense pas. Et quand on se hasarde à taper toutes les pathologies qui nous frappent, le moteur de recherche s'affole ; il ne trouve pas. Il vous renvoie vers des maladies diverses et variées. Alors, face à l'impuissance des médecins, à leurs verdicts couperets, à leur impuissance, ils vous renvoient vers un « psy ».

Que ce soit à la maison ou en vacances, les attaques se poursuivent, inlassablement. Bérénice, en pleine croissance, alors que ses mamelons se développent, et que la peau qui les recouvre est encore plus fragile qu'à l'accoutumée se retrouve blessée jusqu'au sang. Par l'eau de mer et le sel qu'elle contient. Cette dernière a provoqué des « crevasses », des plaies ouvertes, à ses mamelons qui saignent ! Le médecin ne comprend pas, une fois de plus. Non, elle n'est pas allergique à un textile, non, elle n'a jamais fait d'allergie à l'eau de mer ; par contre, ce sont les traitements antiseptiques et antibiotiques qui provoquent des réactions allergiques. Je me résous à lui faire porter des coussinets d'allaitement et à la tamponner de *Diasptyl* chaque soir, après sa douche. Son savon est hypoallergénique et réservé aux nourrissons. Rendez-vous compte ! Vous vous trouvez en vacances depuis deux semaines et vous devriez interdire l'eau de mer à votre petit dauphin, sous prétexte que ses mamelons sont fragiles et en pleine croissance… Il fallait que je trouve une solution. C'était la seule ; elle fonctionnait pendant quelques jours ; puis les crevasses se reformaient. L'eau de mer « mangeait » sa peau. Depuis tout petit bébé, lorsqu'elle se frotte à quelque chose de rugueux ou si vous écrivez ou dessinez quelque chose sur sa peau, elle se marque comme un tatouage. A l'hôpital, on m'avait parlé de dermographisme cutané.

Mais tous ces « détails », je les avais oubliés. On ne peut pas tout retenir. J'aurais fini par devenir folle, à tout retenir. Et surtout, je ne pensais pas qu'ils pouvaient avoir un quelconque lien.

Les dents poussaient et poussent toujours de la manière la plus anarchique et inquiétante qui soit. Celles de sa sœur également. Les molaires sont incluses, certaines prémolaires poussent à l'horizontale. Ses gencives saignent souvent et abondamment, comme celles de sa sœur, comme les miennes, comme celles de ma maman.

Elle saigne souvent du nez ; elle saigne souvent la nuit à cause de simples frottements avec les draps du lit. On peut ainsi découvrir une nouvelle plaie, une « ouverture de la peau », une crevasse, simplement parce qu'elle s'est frottée aux draps.

Ses cicatrices sont très nombreuses, notamment au niveau des genoux et des tibias. Je ne saurais dire le nombre de fois où elle est tombée de sa hauteur, de la trottinette ou à vélo. La cicatrisation a été très lente et s'est mal refermée. Elle porte les marques de ses chutes, les « papillons blancs et violets » de ses réactions cutanées successives, les vergetures d'une peau fragile, extrêmement fine et veloutée.

Très souvent, en plus d'être en proie à des douleurs rebelles et d'être très fatiguée, elle s'essouffle très vite, ressent sa respiration qui se bloque et des palpitations qui font battre son cœur à cent à l'heure et s'emballer.

Ses douleurs articulaires et musculaires s'avèrent rebelles aux antalgiques. Quelquefois, elle n'en dort pas ou se réveille en pleine nuit et n'en peut plus d'avoir mal ; et moi, je n'en peux plus de la voir souffrir sans pouvoir faire quelque chose pour elle. Combien de fois m'a-t-elle implorée de trouver un moyen de la soulager ? Combien de fois ai-je été à son chevet, impuissante ?

Sa vision est très aléatoire ; depuis plus de quatre ans maintenant, elle est sujette à une légère hypermétropie et surtout à une diplopie fluctuante, qui s'aggrave quelquefois très brutalement. Encore de la « kiné », mais pour les yeux, cette fois-ci ! Je passerai presque ma vie chez les « kinés » et orthoptiste en tous genres, si j'en écoutais chaque spécialiste ! Mais, nous y voilà : ce qui rend la vie d'une petite fille ou d'une adolescente totalement impossible, c'est qu'à la place de la danse, il faut aller chez le kiné ; à la place de l'anniversaire chez la copine, il faut aller chez l'orthoptiste ; à la place de faire une sortie shopping, il faut aller chez le spécialiste, qui ne s'occupera que des yeux par exemple, et que la semaine suivante il faudra aller chez l'orthopédiste, chez l'orthodontiste, chez le gastro-entérologue, chez le dermatologue ; et que chacun d'entre eux ne s'occupera que de sa spécialité, qu'il vous enverra chez un confrère pour tel autre problème !

Lorsque les « attaques » vous concernent, vous et vos filles, c'est-à-dire trois personnes de la même famille, on comprend que vous avez l'impression de devenir folle, de l'être complètement, collégialement. Il faut un sacré sens de l'organisation, croyez-moi, pour placer les rendez-vous sans manquer au travail et sans faire « rater » trop de cours à vos enfants. Surtout quand ces derniers assument des horaires tels que le départ à six heures cinquante, ce qui signifie lever à six heures, et retour à dix-huit heures trente. Les rendez-vous occupent ainsi les mercredis après-midi, les vendredis soirs ou les samedis matin. Quelle place pour le temps libre ? Et l'annonce d'un nouveau rendez-vous doit se faire avec du tact, avec énormément de délicatesse, car vous pouvez être absolument certains que vos enfants vont se rebeller ; et pour cause ; personne, absolument personne ne propose un lien ; personne ne propose un traitement efficace ; tout au plus passez-vous pour l'hypocondriaque de service ou la « maman poule » qui s'inquiète pour rien.

Bref, vous avez honte d'être connue dans les hôpitaux. Par les spécialistes en tous genres ; par les services d'urgence qui ne vous prennent absolument pas au sérieux ou qui vous croient immanquablement marquée par « l'accident » exceptionnel de votre fille, vieux de presque dix-sept ans, que vous n'arrivez pas à oublier et qui devrait maintenant faire définitivement partie de passé.

Il faut enfin « couper le cordon », voyons !

Bérénice est une enfant très précoce, qui a certes des facilités scolaires, - et j'en suis heureuse pour elle, compte tenu de ses absences assez fréquentes -, et qui a été trop vite propulsée dans le monde des adultes, de leur cruauté lorsqu'ils sont incapables de comprendre et d'expliquer, de la douleur récurrente, incompréhensible et incomprise, des « soi-disant *virus méconnus* », des traumatismes, des chutes, des entorses, des vertiges et nystagmus, des jambes qui se dérobent, des genoux qui « lâchent », des béquilles et autres instruments barbares qui finissent par faire partie de votre identité, de la voix tremblante ou qui s'éteint, des frissons, des décharges «électriques» qui parcourent les vertèbres, d'une coordination aléatoire, de troubles de la proprioception, des décharges électriques de portières ou de simple contact avec une personne, des saignements, des crevasses, des réactions cutanées enchaînées et anarchiques, des blocages respiratoires, d'une fatigue constante et invalidante, d'insomnies, - j'oublie probablement de nombreuses manifestations -, et surtout, de « bleus » au corps et à l'âme.

Je pense que ce sont ces derniers qui font le plus mal. Pour nous qui sommes les habités de la douleur, je crois que certains mots, certains gestes, certaines mimiques ou certains sourires entendus, nous ont bien davantage blessées que la douleur physique. En fait, ces bleus à l'âme se sont rajoutés à des douleurs déjà insupportables. Ce sont ces « coups fatals » qui font que lorsque vous cherchez désespérément à sortir la tête de l'eau, une main vient la faire replonger. Et quelquefois vous êtes sur le point de manquer de souffle et de vous noyer. Mais vous émergez ; encore et encore. Il le faut.

Par amour.
Par amour, vous allez retrouver les mots pour « remotiver la tribu ».

Par amour, vous allez essuyer les crises de révolte, les rébellions, la violence des mots et de certains gestes ; par amour, vous allez oublier votre propre douleur, votre fatigue, pour redonner cette énergie vitale à vos enfants qui ne doivent pas baisser les bras.

Par amour, vous allez aimer, coûte que coûte.

Et rien ni personne ne vous en empêchera.

C'est lorsque les « attaques » se prolongent et se cumulent, que les choses se compliquent vraiment. Durant cette période, de 2007 à nos jours, que le combat s'avère de tous les instants.

Edwige faisait elle aussi des bronchites rebelles et très fréquentes. Et surtout très délicates à traiter. Comme je le précisais plus haut, les réactions vaccinales avaient également pour conséquences directes des attaques systémiques prolongées et polymorphes. Que personne ne savait expliquer. Les taux d'anticorps, anormalement élevés, notamment en ce qui concerne la rubéole, mettaient à plat l'éventuelle hypothèse d'un lot de vaccins défectueux. C'était leur système immunitaire qui combattait une atteinte déclarée et « se trompait » de cible : au lieu de combattre des virus « dormants » sensés provoquer l'immunité, il reconnaissait, à tort, une maladie qui se déclarait. Il attaquait donc sur tous les fronts, en y perdant sa cible première. Il reconnaissait en chaque vaccin, un agresseur qui lui faisait perdre sa cible.

Son teint blêmissant, ses cernes désormais permanentes et sa fragilité me faisaient craindre, à juste titre, que les « attaques » ne s'arrêteraient pas là. Que ce n'était qu'un début.

Pourquoi ? Je n'en avais aucune idée. Je ne trouvais pas le lien.

Mais je me mis à le chercher.

De 2007 à 2011, les « attaques » s'abattaient sur mes deux filles, sur moi également ; j'en reparlerai plus tard. Alors que Bérénice allait très mal, qu'elle fut hospitalisée plusieurs fois sans fruit, Edwige fut victime de chutes de plus en plus fréquentes : à la maison, en classe, il ne se passait plus une semaine sans qu'elle « rate » une marche. Les entorses et blessures se succédaient. Ses poignets devinrent de plus en plus fragiles et son dos la faisait souffrir. Elle ne tenait plus dans une même posture pendant plus d'une demi-heure, sans se plaindre de douleurs rebelles. Elle avait certes une scoliose, comme sa sœur, mais l'intensité des douleurs qu'elle décrivait ne correspondaient pas à la pathologie de scoliose, très fréquente, révélée par les clichés radiologiques. Les médecins devinrent très vite suspicieux et leur attitude trahissait leurs doutes quant à la véracité de ce qu'elle rapportait. Lorsqu'on lui demandait si tout allait bien par ailleurs, avec tous les présupposés que ces questions suggéraient, elle répondait par l'affirmative. – Oui, ses parents s'aiment ! Non, elle n'a aucun problème familial et oui, tout se passe bien au collège !

Il est vrai que la situation décrite en deviendrait presque suspecte en des temps où la règle devient la souffrance des adolescents, liée à la déstructuration familiale, à l'abandon, au stress quotidien, à une souffrance de nos jeunes qui reste souvent invisible, mais se manifeste souvent par des comportements ou des pathologies appelées « psychosomatiques » qui seraient le seul vecteur de trahison de leur mal-être. Et j'en sais quelque chose ! Ma profession ou plutôt ma « vocation » d'éducateur me confronte chaque jour à ces situations inextricables.

Il n'en était rien pour ma fille. J'avais simplement le tort d'être trop proche d'elle, et ce, malgré son adolescence, où elle se devait d'être en crise ... Une analyse sommaire, préconçue, qui ne prend pas « objectivement en compte le patient, aussi « adolescent » soit-il...

Ma fille avait mal ; trop mal au dos. Et personne ne cherchait à comprendre ; avoir si mal sans qu'on ne décèle rien. Impossible.

Simulation. Somatisation.

Elle n'eut droit qu'à quelques clichés de scanner cérébral, histoire de me redire que son traumatisme n'était maintenant qu'un souvenir. Qu'il fallait que j'arrête de « focaliser » sur ses antécédents, qu'elle avait la tête dure, - ce dont je n'ai d'ailleurs jamais douté, et qui n'avait jamais été un problème -, et que cette « jeune fille » était visiblement en train d'entretenir une angoisse que je lui transmettais, même inconsciemment. Nous voilà avancées !

Je n'avais même plus le temps matériel pour transmettre une quelconque angoisse à qui que ce soit.

J'en étais arrivée à ne même plus savoir où j'allais ; à l'hôpital, au travail, à la maison ? Je me souviens qu'il y eut certains jours où je me surprenais à prendre une autre direction sur l'autoroute, tant j'avais de problèmes à gérer. Mon directeur et quelques proches collègues en étaient les témoins impuissants. A chaque jour suffisait sa peine, et Dieu seul savait ce que me réservait le lendemain. Souvent, on se risquait à me demander des nouvelles des filles en prenant le soin de me poser d'abord la question de savoir si « cette fois », il s'agissait d'un « problème » avec Edwige ou Bérénice !

Il m'arrive moi-même de me tromper, tant les « attaques » devenaient ingérables par moments.

Edwige a toujours été une élève très sérieuse, soucieuse de bien faire, qui faisait de son mieux. Mais la fatigue et les douleurs l'invalidaient et usaient sa capacité de résistance et son courage invétéré. Tant qu'elle le put, elle ne laissa jamais filtrer ses problèmes, ne parlait pas de ses douleurs à ses copines ou à ses professeurs, mais se confiait à moi, qui étais, selon elle, seule à même de la comprendre, puisque je passais également par les mêmes étapes, les mêmes combats, sous une autre « expression ». Je comprenais tout à fait aisément qu'elle puisse s'allonger, exténuée, le mercredi après-midi, en milieu de semaine, atterrée par la douleur. Je passais également par ces épreuves et par les insomnies nocturnes, le bouleversement du rythme de veille et de sommeil, qui provoque les conséquences qu'on peut aisément en déduire, en journée, quand le trajet et travail ne vous permettent ni d'être fatiguée, ni d'avoir mal, en permanence. Notre corps a ses limites. Nos capacités à subir la douleur également. Quelquefois, l'ensemble de votre être dit « stop ».

Et c'était bien là le cœur du problème : une situation inextricable, dont vous ne parlez à personne de peur d'être prise pour une folle. Mes filles en sont arrivées au même point. Elles n'osaient plus dire. Qu'y avait-il à dire ? Qu'elles étaient constamment sous le joug de la douleur et « d'attaques » inconnues, que leur maman était dans le même état, que la maison était un hôpital où les patients se devaient de s'en sortir coûte que coûte ?

Non. Impossible à dire. Impossible à partager. Impossible à confier. Impossible à faire comprendre.

Pas étonnant alors que vous vous repliez sur vos proches, qui sont seuls à même de comprendre, parce qu'ils vivent les « attaques » au jour le jour, impuissants.

Moi-même souffrante, j'affrontais le pire : voir souffrir mes filles. Impuissante.

Alors je leur parlais, j'essayais de « minimiser » certains symptômes pour arriver à survivre. Je ne tolérais plus qu'on me dise que « j'entretenais » quoi que ce soit chez mes filles ! Non ! Je minimisais, parce que vient un moment où tout n'est plus gérable. Il fallait « mettre des priorités » au plus urgent. Comme à l'hôpital. Il y avait désormais les urgences et tout le reste…

Je me revois encore, devant mon Directeur, lui demander de pouvoir quitter mes cours en pleine journée, pour m'occuper de l'une de mes filles ou des deux, parce qu'un « événement » ou plutôt une attaque était survenue et qu'il était urgent que je parte. « Qu'estce-qui vous arrive encore ? Je ne sais plus que te dire… Relis le Livre de Job ! ». Mais j'en avais assez de le relire. Il devait y avoir une explication cartésienne à ce qui s'acharnait sur nous… Mon Directeur est quelqu'un qui a « les pieds sur terre », qui a connu les épreuves lui aussi, mais qui ne se souvient pas eu avoir affaire à un professeur ou parent qui eut autant de soucis différents avec ses enfants en un temps aussi record que moi. Il me ressemble un peu. Il ne croit pas aux acharnements du sort, ni aux marabouts, ni aux rebouteux, mais il en arriva à me proposer de faire appel à une personne qui pourrait faire se débarrasser notre famille et notre maison de cet acharnement du sort. Ce n'était pas possible de vivre cela.

On avait posé un appareil orthodontique à Edwige, compte tenu de sa « classe II ». Je mis l'orthodontiste au courant de ses antécédents de traumatisée crânienne et lui montrai les clichés. Il fut entendu qu'il tiendrait compte de cela, et qu'il fallait procéder par étapes, sans geste violent. Devant l'ampleur des déformations et de l'éruption anarchique de ses dents, du peu de place que réservait la mâchoire à sa dentition, il fallait qu'on procède en lui faisant porter un faux-palais, une gouttière et qu'on procède à l'extraction des prémolaires ; on lui poserait ensuite les bagues, afin de rétablir l'alignement.

Elle a « une classe II » comme moi, la prémolaire mandibulaire gauche n'existait pas, comme chez moi et l'orthodontiste s'étonnait de l'extrême ressemblance de notre morphologie.

Encore « un cadeau » que je lui faisais. Elle passera par des étapes encore plus difficiles à vivre que les miennes ; j'avais certes beaucoup souffert lors du port des appareillages, lors de l'éruption des deuxièmes molaires et des dents de sagesse, ma gencive « explosait » littéralement ; je me mettais à saigner en pleine journée et en pleine nuit ; je me retrouvais la bouche en sang. Je suis atteinte de bruxisme ; j'étais donc particulièrement « orthodonticophage », ce qui obligeait mes parents à payer de nombreux « faux-palais » supplémentaires, qui n'étaient plus pris en charge par la sécurité sociale ; je savais qu'ils travaillaient très dur pour gagner leur vie et je me faisais des reproches de les casser les uns après les autres. Mais c'était involontaire et mon bruxisme nocturne les cassaient les uns après les autres. J'ai porté les appareillages pendant sept ans avec courage et ténacité ; j'avais eu affaire à un orthodontiste professionnel et responsable surtout, qui procédait par étapes, lentement mais sûrement et qui obtint un résultat relatif mais tout à fait acceptable. Mes deuxièmes incisives ne ressemblaient plus à des crocs de louve et ne soulevaient plus la lèvre supérieure. Les déformations se remirent en place progressivement, mais pas dans les mêmes proportions. Aujourd'hui, mes molaires sont tellement usées par le bruxisme qu'elles n'ont plus que quelques millimètres d'épaisseur. Je ne sais pas « ce qui est en train de pousser » au niveau des molaires de la mâchoire supérieure, à quarante-quatre ans, mais je crains que la grosse boule dure qui a émergé au-dessus des dents ne soit un kyste ou une dent surnuméraire… Je ne me pose pas la question pour l'instant, car je dois m'occuper des soucis d'Edwige, qui durent depuis cinq ans maintenant.

Revenons à elle. Les éruptions de ses dents se firent dans les mêmes conditions que les miennes : des douleurs insupportables, qui affaiblissent tout le système immunitaire, des saignements suite à l'éruption des molaires et un appareil qu'on posa au mois de mars 2008, dont on serra les bagues du haut et du bas. On me prévint que les trois jours qui allaient suivre seraient vraisemblablement assez difficiles et qu'elle aurait mal, le temps que ses mâchoires s'adaptent aux contraintes exercées par l'appareil.

Les douleurs devenaient de plus en plus intenses, et après trois jours, elles frôlaient l'insupportable. Au lieu de se calmer, la douleur en casque se propageait et cinq jours plus tard, elle devint insupportable. J'ai donc téléphoné au cabinet orthodontique dès le lundi matin. La secrétaire me conseilla de lui donner du paracétamol et d'attendre le lendemain. Les douleurs devaient s'estomper. Je n'avais évidemment pas besoin qu'on me conseille de lui donner du paracétamol ! Je n'avais pas attendu le lundi matin pour lui en donner ! Et cela ne servait à rien. C'était là le problème. Je demandai donc à parler au docteur pour lui expliquer ce qui se passait, mais celle-ci me signifia qu'il n'était pas disponible et que je devais rappeler le lendemain matin si son état ne s'améliorait pas.

Edwige voulait aller en classe ; elle en fut incapable.

Le lundi après-midi, mon père m'appela au travail pour me dire qu'il était à ses côtés, qu'elle souffrait et n'allait vraiment pas bien ; que je devais rentrer de toute urgence. C'était la première fois que mon père m'avait appelée au travail pour me demander de rentrer.

Sur le chemin du retour, je rappelai le cabinet une seconde fois, expliquai à la secrétaire l'état dans lequel se trouvait Edwige et la prévint que je rentrais pour la chercher et l'emmener au cabinet au plus vite pour la faire examiner par le docteur.

Au cabinet, le docteur l'examina, me remontra les clichés, et tout en traçant un axe oblique de son index droit, me montrant la trajectoire des tensions et des douleurs exercées sur ses mâchoires, ses rochers et son crâne » : « J'ai tapé dans le mille ! Il faut desserrer l'appareil ! ». Ce qu'on fit. On avait trop serré ses mâchoires, exercé des tensions au niveau des rochers et de son crâne. Sa cicatrice était effectivement toute proche. Et l'axe tracé par l'orthodontiste sur les clichés démontraient les tensions exercées sur son crâne. Il avait tapé dans le mille…

Mais tout devait rentrer dans l'ordre deux jours plus tard. Quelques antalgiques, un peu de patience et tout rentrerait dans l'ordre…

La « machine infernale » de la douleur était lancée.

Elle dépassait le seuil du supportable. Edwige perdit connaissance. Il fallait la transporter aux urgences.

Là, il fallut une histoire incroyable que personne n'essayait de comprenait.

Perfusions, antalgiques, clichés du crâne sur lequel on ne voyait évidemment rien.

Regards suspicieux. Jugements hâtifs et préconçus.

Toute la recette du « comment casser davantage un adolescent en crise » y passa.

Souffrances rajoutées à la souffrance.

Et « cette » maman qui « a été trop marquée par le traumatisme » de sa fille.

Mais le pédiatre me convoqua avant sa sortie de l'hôpital. Il me demanda d'aller faire enlever tout l'appareil sur le champ. Il savait que les tensions exercées sur sa tête avaient été extrêmement néfaste et qu'il fallait abandonner l'orthodontie.

J'exécutais donc ses ordres ; au téléphone, l'orthodontiste rechigna à accepter de lui faire ôter l'appareil.

Je précisais que l'ordre venait du pédiatre, qu'elle avait été hospitalisée et qu'elle avait perdu connaissance compte tenu de l'intensité de la douleur. N'avait-il pas dit lui-même qu'il avait « tapé dans le mille » ?

L'après-midi même, j'avais rendez-vous pour faire enlever l'appareil.

Contre toute attente, le docteur m'envoya « sa chargée de communication » et ne se représenta plus jamais physiquement devant moi.

Sa « chargée de communication » avait pour seule préoccupation, le règlement de la facture en cours !

J'hallucinais. J'étais sans voix. Il s'agissait d'une juriste, qui se préoccupait de l'aspect financier et qui voulait me faire signer une décharge, précisant que tout ce qui s'était produit ne relevait pas de leur responsabilité.

Je ne pouvais pas y croire ! Je n'ai rien signé et j'ai ordonné qu'on lui enlève l'appareil.

Nous n'avions pas fait cinq cents mètres en voiture qu'Edwige blêmit soudain et tomba sans connaissance sur le levier de vitesses. Je m'arrêtais en double file ; je la redressais, lui parlais, la stimulais. Elle reprit ses esprits dix minutes plus tard et se trouvait dans un état indescriptible. Tout son corps l'avait « lâchée » sous l'effet des douleurs. Elle ne supportait plus les maux de tête qui avaient dépassé le seuil de la tolérance.

Alors je me résous à traverser le département pour la ramener aux urgences pédiatriques. J'expliquais ce qui s'était passé. Je pensais que sous l'effet d'une très brusque libération des tensions exercées par son appareil, sa tête n'avait pas supporté ce passage de la tension extrême à la situation inverse de libération trop brutale des tensions.

On m'écouta d'un air peu convaincu. On la remit sous perfusion d'antalgiques, mais les traitements ne soulageaient pas sa douleur. On en vint évidemment à la suspicion de « l'entretien de la douleur » parce qu'elle « devait avoir d'autres problèmes ».

A chaque fois, elle ne faisait que répéter qu'elle n'avait pas d'autres problèmes, que les antalgiques ne faisaient pas d'effet et qu'elle avait « trop mal ». Elle était en proie à des vertiges, longeait les couloirs en prenant appui sur les murs et avait mal, trop mal.

Pendant quatre jours, on ne lui demanda plus si elle avait mal, mais on lui lançait cette affirmation : « Tu vas mieux aujourd'hui. Il faut que tu ailles dans la salle au fond du couloir, pour suivre quelques cours avec le professeur qui s'occupe des patients. Sors de ta chambre et va rejoindre les autres ! ».

Son état ne s'était pas amélioré. Faiblesses musculaires, maux de tête permanents, insomnies, tremblements, altération de la graphie, de la vue, de l'ouïe, pertes de connaissances, extrémités « gelées » et reste du corps brûlant, accès de sueurs, crises de secousses et de tremblements, et j'en passe… Et face à des traitements inefficaces, les souffrances psychiques qu'on sur-rajoutait à ses céphalées en casque, migraines avec aura ou « pseudo douleurs », à l'inertie de l'équipe soignante, elle rentra le cinquième jour, avec la même intensité de douleur, en proie à la désespérance. Aucun examen n'avait été pratiqué. J'avais pour seule consigne de ne plus jamais lui faire poser d'appareil orthodontique.

Les symptômes évoqués se manifestaient par crises et laissaient tout le monde perplexe. Impuissant. Ils étaient bien trop « diffus » pour être ciblés et reconnus.

Ils touchaient « trop » de spécialités qui n'avaient « rien à voir » les unes avec les autres. Alors les consultations se multiplièrent mais n'apportèrent pas la solution. Le diagnostic.

Il n'y en avait pas.

Simplement quelques « signes objectifs » et avérés : son ouïe s'était effectivement altérée, son E.E.G. pratiqué chez le neurologue témoignait d'un tracé « très atypique » qui était probablement lié à son ancien hématome extradural opéré. Je tiens à préciser que lorsque cela « arrangeait » les médecins d'y faire référence, ils prétextaient le traumatisme ancien, mais lorsque moi j'en parlais, on me disait que je devais tourner la page et ne plus y penser… En tout état de cause, personne n'avait pu donner d'explication à ces crises.

Je redoutais les coups de téléphone du collège qui m'annonçaient que Bérénice avait refait une chute ou une entorse, qu'Edwige était en proie à une crise impressionnante ou à une perte de connaissance. Je devais désormais faire face à « l'inconnu » que me réservait chaque jour, chaque heure. Sans avoir le moyen de soulager mes filles.

Avec le médecin traitant, on prit rendez-vous chez une pédiatre et neurologue, spécialisée dans le domaine des migraines. Celle-ci lui prescrivit des traitements anti migraineux extrêmement puissants, en spray nasal, qui devaient couper court à ses crises.

Ce fut l'échec. L'échec de tous les traitements. L'apogée des diagnostics contradictoires. Migraines, céphalées en casque, céphalées post-traumatiques, allergies éventuelles à certains aliments, tout y passait. Errances.

Traitements en tous genres.

Echecs.

Edwige subissait les douleurs et ne désirait qu'une seule chose : retourner en classe et ne plus avoir mal.

Après plusieurs crises où je dus la récupérer en classe, après plusieurs mois à endurer un mal qui s'acharnait sur elle, elle commença enfin à aller un peu mieux.

Entre temps, je dus également faire face au décès de mon grand-père, de ma tante et de mon beau-père. En six mois ; à deux mois d'intervalle, jour pour jour. Treize septembre 2007, treize novembre 2007, treize janvier 2008.

Treize. Un chiffre qui marquait les décès brutaux de ma grand-mère, le treize février 1973, de mon grand-père Ernest, le treize septembre 2007, de ma tante Reine très proche de mes filles, le treize novembre 2007, de mon beau-père qui « adorait » mes filles, le treize janvier 2008.

Mais pour moi, le chiffre treize était avant tout le chiffre de la vie : Edwige est née le treize mai 1995. Le chiffre treize n'était pas empreint de fatalité. Dans mon esprit, ce chiffre était le symbole de la vie.

D'une nouvelle vie. Tous ceux qui étaient partis, « vivent » désormais dans l'éternité. Ils pouvaient m'aider. Ils devaient m'aider.

Me faire signe. Par amour. Or pendant cinq ans, je n'eus aucun signe. Je finis par douter de ma foi. Mais je me souvins que c'était lorsqu'on perdait espoir, lorsqu'on pensait que tout était vain, que tout était fini, que la vie reprenait ses droits.

Qu'il fallait être patient. Qu'il fallait endurer les épreuves avec des sursauts d'espoir et de confiance à toutes épreuves. Que rien n'était insurmontable. Que je finirais par percevoir un signe. Le bout du tunnel. La silhouette bleue qui avait disparu quatre ans plus tôt et qui voulait que je me batte, que j'endure les épreuves. Elle n'avait pas voulu m'attirer à elle. Elle avait disparu. M'avait « abandonnée » pour que je continue à me battre. Seule.

Je me sentais presque vaincue.

Mais je n'eus pas le temps de me remettre d'une épreuve, qu'une autre se superposait.

Edwige était maintenant victime de douleurs dorsales telles, qu'aucun antalgique ne faisait plus d'effet. Ces douleurs étaient assorties de dysesthésies, de raideurs cervicales et dorsales, ses extrémités étaient « glacées » et son visage ainsi que le reste du corps étaient cuisants. Elle se mettait à trembler de tous ses membres, ses jambes la lâchaient jusqu'au dérobement et à la perte de connaissance. Ses jambes ne la supportaient plus. Ses muscles et tout son corps l'abandonnaient. On l'hospitalisa en urgence et ces moments furent les pires de sa vie me confia-t-elle, à plusieurs reprises. Les antalgiques ne calmaient pas la douleur, mais provoquaient des blocages intestinaux par fécalome. Le *Tramadol* provoqua une crise de tremblements et de malaise généralisé de type épileptique. Elle était sujette à de des blocages respiratoires fréquents et se mettait quelquefois dans des postures improbables pour soulager son dos. Elle ne supportait plus d'être dans la même posture pendant plus de dix minutes. Les nuits devenaient un enfer et ne lui permettaient plus de récupérer. Ses jambes ne lui laissaient plus de repos.

Les ménorragies se multipliaient.

Les douleurs dorsales s'amplifiaient et devenaient quasi insupportables, provoquant tremblements, frissons et perte de connaissance ; les dérèglements thermiques se multipliaient : ses extrémités étaient glacées, son visage et son front étaient brûlants ; les secousses des membres et la fatigue musculaire devenaient telles qu'elle s'écroulait quelquefois.

Le SAMU l'a transférée en pédiatrie deux fois consécutives. Sans fruit.

Les dégâts qu'ont faits les soignants et les médecins qui la prenaient pour une simulatrice ont marqué son esprit pour toujours. Elle a perdu toute confiance. Une ordonnance de paracétamol, et elle rentrait à la maison sans qu'on sache ce qu'elle avait. Les médecins ont poussé leur destruction jusqu'à lui perfuser des placebos et l'envoyer parler à un « spécialiste » pour qu'elle puisse « parler de sa douleur ». Mais elle n'était pas dupe et elle savait bien lire : un pédopsychiatre, sensé la faire s'exprimer sur ses douleurs, qui lui posa des milliers de questions sur sa famille, sa scolarité et qui essayait vainement de lui faire « cracher » son mal-être. Devant le discours d'Edwige qui déstabilisait tout le corps médical, on décida de la renvoyer chez elle, avec une ordonnance de paracétamol. Aucun examen de son dos ne fut pratiqué, preuve s'il en fallait, qu'on ne la croyait pas. Lorsque je venais la voir, après mon travail, on me regardait d'un air suspicieux ; on observait tous mes faits et gestes. Il en fut de même avec ma propre maman. On constata qu'elle allait moins bien, lorsque nous venions la voir…

C'était logique : Edwige avait décidé de ne plus dire sa douleur ; elle n'en parlait plus qu'à sa Mamie et à sa Maman. Quand nous venions la voir, elle déchargeait une souffrance indicible et refoulée qu'elle ne confiait plus à personne. Elle s'est sentie trahie. On lui avait menti sur tous les fronts. Lorsqu'elle eut les placebos, elle sentit par elle-même qu'on avait arrêté de la soigner. Elle me parla de la douleur, de ses vertiges, de sa « maltraitance », car c'est bien de maltraitance dont il s'agit. Elle voulait rentrer à la maison ; il n'y avait plus d'espoir à l'hôpital. Elle avait décidé que ce serait la dernière fois qu'elle avait été en pédiatrie.

Mais une nouvelle crise survint en classe. Elle ne pouvait plus marcher ; son corps était en proie à des secousses incontrôlables et tout son corps la lâchait. Elle fut donc transférée aux urgences de l'hôpital, sans passer par la pédiatrie. Mais les médecins avaient son dossier d'hospitalisations antérieures et on la plaça dans un « box » des urgences où seul un paravent séparait les patients. Elle eut donc droit au cortège des alcooliques, femmes battues, admis pendant la nuit. Du haut de ses quinze ans, elle se hissa péniblement hors de son lit pour aller parler et consoler une jeune femme admise pour coups et blessures infligés par son conjoint. Elle entendait cette femme pleurer et se plaindre, vouloir mettre fin à ses jours. Edwige passa donc sa nuit à ses côtés pour lui dire que la vie valait la peine d'être vécue et qu'elle devait s'en sortir pour son fils. Elle s'était hissée dans un fauteuil roulant pour rester aux côtés de cette jeune femme qui ne voulait plus vivre et qui était terrorisée.

Le lendemain matin, elle m'implora de la sortir de cet enfer, après m'avoir raconté sa nuit. Ce que je fis sur le champ.

Comment pouvait-on en arriver là ?

Inutile de préciser quels dégâts avaient fait ces hospitalisations. Edwige ne s'en remettra jamais. Aujourd'hui encore, rien que d'en parler, elle sert ses poings et contient ses larmes.

Une nouvelle crise survint quelques semaines plus tard. Je fis appel à mon médecin traitant qui la fit admettre en urgence dans un cabinet de radiologie privé pour une IRM dorso-lombaire. Après l'examen, le neuro-radiologue m'appela sur le champ : Edwige avait une hernie dorsale en D9/D10 et des cavités syringomyéliques assortie d'un canal épendymaire persistant. Il fallait la mettre au repos. Au plus vite. Je ne connaissais absolument pas cette pathologie. Une pathologie « rare et orpheline ».

Je me renseignais donc pour savoir comment procéder. Je découvris que le Centre de référence se trouvait au Kremlin Bicêtre. J'avais rendez-vous chez le

Professeur P. qui demanda des examens complémentaires. La cavité se prolongeait sur toute la colonne vertébrale, en partant des cervicales jusqu'aux lombaires. La hernie ne devait pas être opérée. Le canal épendymaire persistant non plus. Pour lui, la douleur devait être prise en charge, mais il ne fallait toucher à rien et voir comment tout cela évoluerait sur plusieurs années. Les manifestations qu'elle décrivait ne correspondaient pas toutes à des douleurs d'origine syringomyélique ou herniaire. Il fallait qu'elle fasse de la natation. Mais Edwige lui confia qu'elle était constamment trop fatiguée et qu'elle avait déjà beaucoup trop de mal à assumer ses tâches quotidiennes. Il ne semblait pas comprendre « la démesure » qu'elle décrivait entre les douleurs qu'elle décrivait et l'affection diagnostiquée. Elle eut encore une fois cette sensation qu'on la renvoyait tout simplement sans lui donner de solution thérapeutique.

Je n'ai donc pas lâché prise et j'obtins un rendez-vous auprès du Docteur C. à l'hôpital Ambroise Paré, spécialisé dans la prise en charge des douleurs d'origine périphériques ou centrales, et notamment d'origine syringomyéliques. Après les antalgiques, les antiépileptiques, on mit en place un traitement de *Séroplex 10 mg* qui devait, après plusieurs semaines, être efficace sur la douleur.

Avec du recul, je pense que le *Seroplex* a surtout agi sur son comportement. Je trouvais ce pari risqué. Edwige n'avait que quinze ans. Mais quand on ne sait plus quoi faire pour soulager la douleur de son enfant, on est prêt à tout. Le Docteur C. me rassura. Il n'y aurait pas d'effets secondaires. Ce serait une simple indication détournée de sa vocation première, la dépression, pour traiter les douleurs d'origine centrale. Le traitement dura deux ans, durant lesquels elle était bien évidemment surveillée. Quelques-uns des symptômes correspondaient à des manifestations liées à une syringomyélie, mais pas toutes. Et une fois n'est pas coutume, elles étaient bien trop « dispersées », trop « polymorphes ».

On contrôle l'évolution de sa hernie et de ses cavités tous les six mois, puis tous les ans. La hernie n'évolue pas. Fait incroyable, les cavités tendent à changer de forme ; il y a un an et demi, les cavités avaient grossi ; il y a six mois, elles se sont « rétractées » en faveur du canal épendymaire persistant avec quelques renflements extrêmement fins, mais le canal reste présent sur tout le rachis.
Un canal épendymaire persistant n'est pas douloureux. On peut en avoir un sans même le savoir.

On ne comprenait pas du tout ce processus. Encore un mystère de plus, pour une pathologie déjà très rare. Que penser de tout cela ? Le Professeur P. désire la revoir à l'âge de vingt-deux ans. Et mon médecin traitant ne s'étonne plus de rien. Tout est exceptionnel, tout se cumule, rien ne se passe jamais comme prévu lorsqu'il affaire à nous. A chacune d'entre nous.

Alors, retour à la case départ ? Décidément, c'est à y perdre son latin, son grec et son serment d'Hippocrate. On devient fou. Quelque chose ne va pas chez nous. Pourquoi le diagnostic n'est-il jamais

« clair et net » ? On en arrive à envier les personnes qui savent qu'elles ont une maladie, même grave, mais qui savent comment se faire traiter. On finit soi-même par se dire que « ça doit être dans la tête » et quand les crises disparaissent, on oublie et on se dit que ce n'est pas possible qu'on ait pu avoir si mal. Quand une « autre crise » se déclare, sur un autre front, ou sur plusieurs autres fronts, on se dit qu'il faut se taire. Ne rien dire, de peur d'être pris pour des folles, une bande d'hypochondriaques invétérées qui se « cherchent » constamment des problèmes. Même la famille devient suspicieuse. Comment font les autres ? Tu ne devrais pas les soigner comme ça, tes filles ! Tout le monde a des soucis ! la plupart des gens ne disent rien. Chacun porte sa croix. Pourquoi cherches-tu une solution, là où il n'y en a pas ? Elle est très grande, c'est pour cela qu'elle fait des entorses partout. Vous n'êtes pas malades. Etre malade, ça se voit. Il y a bien plus grave. Regarde tous ces enfants malades qui perdent leurs cheveux, qui sont en fauteuil roulant.

Dis-toi que vous avez de la chance. Vous n'êtes pas malades ! Nous ne sommes pas malades dans notre famille.

Mais même les cheveux, nous les perdons quelquefois par touffes entières…

Et les « attaques » continuèrent. Inlassablement.

Je cherchais encore et encore un moyen de soulager un peu ses souffrances ; j'avais enfin trouvé : l'hypnothérapie de la douleur.

Un hématome extradural lié à une chute de sa hauteur, des douleurs thoraciques en lame de couteau, les craquements des articulations et des vertèbres, la fatigue de la vision, la vision fluctuante, l'hypermétropie de gravité fluctuante, les « millions de points lumineux dans la nuit » que voit également sa sœur, les baisses d'audition, les constipations par fécalomes nécessitant un lavement confondues avec une appendicite, les ballonnements, la perte d'appétit, les insomnies, les jambes sans repos, les décharges électriques, la peau trop conductrice et fragile, les chutes fréquentes, les cognements, les maladresse, les problèmes de repérage dans l'espace (distances, calibre etc…) , le renversement des objets, verser l'eau à côté du verre, les aliments à côté de l'assiette, le repérage difficile dans l'espace, les difficultés à maîtriser les notions abstraites, les oublis, les troubles de la mémoire à court terme, « la tête en l'air », la déconcentration, la déconnexion dans une conversation, la mauvaise évaluation des distances, l'équilibre incertain, la marche en butée et sur les côtés externes des pieds, la fragilité cutanée, les saignements fréquents des gencives pendant brossage des dents, les saignements abondants à la moindre coupure ou blessure, les marques des cicatrices, les céphalées en casque irrépressibles et liées à la pose d'un appareil orthodontique, les douleurs indomptables, la fatigue permanente, les phases d'insomnies, les jambes sans repos, les crampes, les muscles qui « lâchent » et qui vous font ressembler à un pantin désarticulé, les pertes de connaissance, une hernie dorsale d'origine inconnue, une syringomyélie qui change de forme, une fatigue constante et implacable, … ce n'est pas « une » maladie, c'est de la folie !

De 2007 à 2010, avec mon frère, je gère également les atteintes récurrentes de santé de ma maman : hyperthyroïdie, triple fracture du calcanéum droit en manquant une marche des escaliers (intervention chirurgicale, immobilisation, convalescence et kinésithérapie presque quotidienne pendant neuf mois) ; de mon papa : cancer de l'estomac nécessitant de la chimiothérapie *per os* quotidienne et par cathéter toutes les trois semaines pré et post opératoire, avec intervention chirurgicale par célioscopie pour une ablation subtotale en janvier 2008 ; avec le choc de la découverte que cela suppose et les conséquences de l'acceptation d'une maladie terrible qui fera que rien ne sera plus comme avant. Heureusement, son gastroentérologue est une personne humaine, qui m'a aiguillée vers l'un des meilleurs professeurs au monde dans cette spécialité, le Professeur M. à Strasbourg.

Maman marche sans canne ; elle se sera battue comme une lionne. Papa, qui avait une santé de fer, a été formidable ; il s'en est sorti grâce à un diagnostic précoce et une hygiène de vie irréprochable, qu'il a toujours eu. D'où venait son cancer ? Papa ne fume pas, ne boit presque pas d'alcool, mange sainement et a toujours eu une vie active. Il pratique des activités physiques, aime le contact avec la nature et travaille dans ses vignes depuis toujours. Le gastroentérologue qui ne suspectait qu'un ulcère, se retrouve face à des ulcères profonds et nécrosés, qui avaient fini devenir malins. Il n'avait aucun symptôme particulier, si ce n'est une « lourdeur » post-prandiale et des reflux gastriques récurrents depuis quelques mois.

Lors d'un trajet vers Strasbourg pour un rendez-vous de contrôle post-opératoire, Papa me fit spontanément cette confidence : « Tu sais, c'est moi qui ai lâché la main d'Edwige en 1996. C'est de ma faute, ce qui est arrivé. »

Papa avait tout intériorisé. Il ne parlait pas. Il ravalait une culpabilité que nul ne soupçonnait. Une blessure pour toujours. Une meurtrissure refoulée qui avait rongé son estomac. Papa savait également tout de moi, sans que je parle de quoi que ce soit. Notre complicité a toujours été telle qu'elle n'avait pas besoin de se dire. Il savait qu'il ne pouvait rien faire pour moi. Il savait tout. Et il en souffrait.

Janvier et février 2010 : après la grippe A qui toucha de plein fouet mon mari et mes filles, et qui « m'épargna » étrangement, peut-être parce que j'avais absolument besoin pour tenir le coup, Edwige fut « attaquée » par un zona ophtalmique. Encore une pathologie « improbable », compte tenu du fait qu'elle avait eu la varicelle… Affaiblissement suite à la grippe A ? Porte ouverte à une maladie systémique ? Elle a été mise sous *Zovirax* deux fois consécutives : la maladie a « rechuté » après une première attaque et un premier traitement ; après trois semaines, il fallut réitérer et prolonger le traitement pour une nouvelle phase de deux semaines… Inutile de préciser que nous avions très peur des conséquences éventuelles de cette atteinte pour le moins atypique, compte tenu de l'affaiblissement de l'état général et des douleurs qu'elle subissait une nouvelle fois…

Or, s'agissait-il vraiment d'un zona ?

Mai 2010 ; avec Bérénice, nous débutons un traitement orthodontique, pour les mêmes raisons que sa sœur : une classe II. Mais cette fois-ci je m'enquiers d'avoir la certitude que l'orthodontiste est une personne de confiance. Edwige me demande si nous ne pourrions pas prendre rendez-vous pour elle. J'avais fait le serment de ne plus jamais reprendre un traitement avec elle.

Alors j'informe le Docteur P. des antécédents d'Edwige et lui demande de la recevoir au décours d'un rendez-vous de Bérénice pour lui expliquer que le traitement ne valait pas une telle prise de risques. Il se met d'accord avec moi pour la voir rapidement.

Avant de lui rendre son verdict, il propose de pratiquer une radiographie panoramique pour lui montrer que les risques sont trop importants. Pendant l'examen, il ne retient pas un cri. Edwige ne comprend pas ce qui se passe. Le Docteur P. contient sa stupéfaction et après avoir montré le cliché à son confrère, nous rejoint en salle d'examen pour nous expliquer que les deux dents de sagesse sont incluses et poussent à l'horizontale et qu'il y a, en outre, une imagerie « suspecte » au niveau mandibulaire. Il explique qu'il doit soumettre le cliché à des confrères, et notamment à un professeur strasbourgeois, le Professeur F. Il veut nous revoir deux jours plus tard.

Un rendez-vous qui devait consister à faire le point sur l'arrêt d'un traitement orthodontique vira au cauchemar. Que se passait-il encore ? Quelle était la nature de cette image suspecte qui devait faire l'objet d'un avis d'un professeur ? 2 mai 2010, jour de l'anniversaire de mon frère. Nous apprenons que Papa est tiré d'affaire. C'est la fête pour toute la famille !

2 mai 2010 : Edwige et moi devons retourner chez l'orthodontiste. Là, ce sont deux médecins qui nous attendent pour nous annoncer qu'elle a une tumeur de la mâchoire qui a « attaqué » l'os de la mandibule. Nous ne connaissons pas la nature de la tumeur. Le rendez-vous est déjà pris auprès du Professeur F. en chirurgie buccale à Strasbourg.

Nous ne pouvons pas avoir un seul instant de répit. Entre les consultations à Paris, à Strasbourg, je ne sais plus où j'en suis. Je n'ai pas eu le temps de me remettre de mes graves problèmes de santé survenus durant l'hiver 2009/2010. Moi aussi, j'avais été « attaquée », au point d'en être invalidé pendant plus de trois mois. Mais j'y reviendrai plus tard.

Quelques jours à peine, entre le rendez-vous chez l'orthodontiste et celui du Professeur F. Il fallait faire vite. Les techniques d'investigations « externes », et notamment le *cone beam* ne permirent pas de donner la nature de la tumeur. Il fallait intervenir au plus vite. La mandibule était rongée par une tumeur qui grossissait.

Juillet 2010 : extraction de la dent de sagesse incluse et de la deuxième molaire inférieures droites et intervention et curage d'un cémentoblastome. Tumeur rare et bénigne qui avait « attaqué » l'os mandibulaire et l'avait quasiment détruit. Blocages de la mâchoire postopératoire. Douleurs atroces. Edwige était défigurée. Et ses souffrances ne s'arrêtèrent pas là.

Une semaine après l'opération, sa température monte à quarante. Elle n'avait jamais fait d'infections urinaires ; la voilà en proie à un diagnostic de pyélonéphrite. Les rechutes et traitements antibiotiques se succèdent et ne font que l'affaiblir davantage. Pas de répit. Des vacances atroces. Les analyses urinaires témoignaient de la présence de sang dans les urines, même lorsque les germes furent vaincus. Edwige était exténuée en permanence. Cela dura prêt de sept mois. Des reflux urinaires s'opéraient, puis disparaissaient.

Elle reprit des séances d'hypnothérapie de la douleur.

Six semaines après l'intervention : la visite de contrôle. Nous pensions en avoir terminé avec ce cauchemar. Il n'en était rien. Le Professeur F. nous annonça qu'elle avait encore un « problème » similaire de l'autre côté de la mandibule, au niveau de la dent de sagesse gauche. Il fallait reprogrammer une intervention.

Il nous annonça qu'il fallait « procéder par étapes ».

Novembre 2010 : extraction de la dent de sagesse incluse, intervention et curage d'une autre tumeur bénigne dont je ne demandais plus la nature. Je n'en pouvais plus de voir souffrir Edwige.

Ce sont encore de ces pathologies « exceptionnelles » qui sont de règle en ce qui nous concerne…

Après l'intervention, le Professeur F. nous donna un nouveau rendez-vous : un troisième « problème » délicat se sur-rajoutait au deux précédents. Toujours au niveau mandibulaire. Une autre dent incluse entourée d'un « kyste », sous une dent de lait récalcitrante qu'il fallait sauvegarder à tout prix par mesure esthétique et parce qu'il lui manquait déjà trois dents sur le même « niveau ». Problème : le nerf facial passe exactement à cet endroit et opérer reviendrait immanquablement à léser le nerf. Edwige en perdrait la sensation au niveau du menton et de la lèvre inférieure. Il faut donc « surveiller » l'évolution de ce « problème » par une radiographie panoramique tous les six mois, espérer que la situation ne dégénère pas et qu'elle puisse garder sa dent de lait le plus longtemps possible.

Je pensais pouvoir lui promettre que ces interventions feraient désormais partie du passé. Qu'on ne verrait plus ce bâtiment qui lui rappelait la souffrance et la défiguration. Encore une fois, ce vœu était resté pieux.

Les allers retours en chirurgie buccale ne sont pas terminés pour Edwige.

Ils ne tarderont pas à se superposer à ceux que je ferai avec Bérénice qui présente plusieurs molaires incluses et une dentition en devenir déjà anarchique et inquiétante dont se préoccupe gravement, et à juste titre, l'orthodontiste. Les clichés panoramiques sont révélateurs de nombreux « désordres » à surveiller. Dans quelques semaines, il va donc falloir « faire le point » en ce qui concerne Bérénice, chez le Professeur F. qui nous donnera la démarche à suivre. J'en profiterai également pour lui montrer une dent surnuméraire ou un kyste (?), en train de se former depuis plusieurs mois au niveau de ma mâchoire supérieure droite, alors que j'ai aujourd'hui quarante-quatre ans ! ... À suivre.

Janvier 2013 : Bérénice développe une entorse hyperalgique du poignet droit qui l'empêche d'écrire pendant quinze jours. Elle écrit, mais ça fait très mal… Edwige est victime d'une dépigmentation et d'une hyperkératose de la paume des mains, spongieuse à l'eau, qui lui provoque des cloques si elle se lave les mains ou prend sa douche. La peau de l'intérieur des mains et des doigts est complètement « fripée ». Le dermatologue n'a jamais vu cela…

À vrai dire, nous n'en pouvons plus de n'avoir que ce genre « d'échéances » à vivre.

Alors que les combats se poursuivaient pour mes filles, je tiens à préciser que j'avais « l'obligation » de tenir bon. Cela ne signifie en rien que ma santé était au beau fixe. Depuis mon accident en 1997, j'étais très régulièrement sujette à des névralgies cervico-brachiales qui m'obligeaient quelquefois à stopper mes activités. Je constatai que les crises s'aggravaient au fil du temps et se couplaient de symptômes afférents que j'essayais de faire comprendre aux médecins, mais que personne ne prenait au sérieux. Et ce, bien avant les agressions de 2003…

« Êtes-vous dépressive ? ». Cette question me poursuivait comme la peste depuis mon accident. Non, non et re-non ! « Alors, vous vous en sortirez, Madame, il faut du temps ! ». Dire « non », c'était avouer que la situation n'était pas aussi sérieuse qu'il n'y paraissait, dire « oui », c'était « ouvrir la porte » d'un argument diagnostique qu'il fallait traiter en priorité, en oubliant bien entendu l'origine de la douleur. C'était permettre au corps médical de ne pas rechercher les causes du mal, mais d'en traiter une conséquence majeure. Je n'ai jamais été dépressive. J'ai tout simplement eu trop mal quelquefois, au point que la douleur m'empêchait de dormir, m'obligeait à me « droguer » par les antalgiques que me prescrivaient chaque médecin et qui me « faisaient voir les rennes du Père Noël dans mon jardin ».

Tous les traitements y sont passés. Tous les scanners,

I.R.M. (imagerie par résonnance magnétique), E.E.G. (électroencéphalogramme), E.N.M.G. (électroneuro-myélogramme), ne faisaient que confirmer l'accident de 1997, les hernies, dégénérescences de tout le rachis par usure prématurée des disques intervertébraux, des douleurs chroniques par crises (N.C.B.) résistantes aux antalgiques, de l'intolérance au *Tramadol* L.P. (réactions neurologiques, blocage vésical et fécalomes évacués par lavements, extrêmement douloureux, qui provoquent des saignements…). Un parcours du combattant dont j'oublie probablement de nombreux épisodes, et qui allaient en s'aggravant, car les antalgiques restaient quasi inefficaces et provoquaient des blocages viscéraux.

Je me souviens d'un ultime espoir en janvier 2010, alors que j'étais alitée depuis deux mois, que je ne me reconnaissais plus moi-même et que je transitais de la salle de bain à la chambre à coucher, incapable de rester plus de cinq minutes dans la même posture, même au lit. J'avais rendez-vous chez un neurochirurgien réputé de Strasbourg, le « meilleur », d'après tous les médecins. Je devais subir un trajet de plus de deux cents kilomètres, presqu'alitée dans un V.S.L. Je ne supportais même plus les « secousses » provoquées par la route. Un peu comme lorsque j'étais enceinte, que les microsecousses des trajets me provoquaient des contractions et que « j'absorbais » littéralement ses secousses dans mon ventre. J'étais « à bout ». Il fallait que ce Professeur m'aide.

Le rendez-vous dura cinq minutes. Il avait jeté un très bref coup d'œil aux nombreux clichés que j'avais emportés avec moi, me fit m'installer sur le lit d'examen, en redescendre presqu'aussitôt, me fixa, et tout en jetant un ultime coup d'œil expéditif sur certains clichés, me lança : « Votre cas n'est pas inintéressant, Madame, mais il n'est pas lucratif ! ».

Le chauffeur du V.S.L. n'en crut pas ses yeux lorsque je ressortais cinq minutes plus tard, d'un rendez-vous que j'attendais depuis deux mois et qui n'avait provoqué qu'une ruine supplémentaire en moi. Je restais muette pendant tout le trajet de retour. Je n'ai même pas téléphoné à ma famille. Tous attendaient avec impatience le « diagnostic » du Professeur et s'attendait à ce que je leur annonce qu'il me propose une intervention ou une thérapie. Que dire dans ces cas-là ?

Mon silence fit office de réponse. Le silence est si éloquent quelquefois !...

La fatigue était indescriptible. Mes genoux, mes chevilles et mes hanches se dérobaient. Les douleurs dorsales et lombaires devenaient insupportables et me réveillaient en pleine nuit, lorsque je m'assoupissais un peu. Le matin, je mettais près d'une demi-heure pour me lever. Les décharges électriques parcouraient tout mon rachis. Les stations prolongées provoquent des pincements qui vous bloquent et ne vous lâchent plus. La douleur est profonde et à fleur de peau. Une brûlure constante, une meurtrissure profonde, je pense que seules les personnes atteintes par ces symptômes peuvent les comprendre. Les vertiges m'envahissaient. Ma vue baissait : tout devenait flou ; je voyais double.

Des articulations qui se bloquent, qui vous font l'effet d'une sciatique à bascule lorsqu'elles touchent les hanches, un coup de poignard qui vous fait perdre toute force musculaire dans vos genoux ou vos chevilles, des doigts douloureux, des poignets en feu , un thorax qui se bloque à tel point que vous avez l'impression d'avoir des côtes fracturées, des douleurs périphériques, centrales et à fleur de peau simplement indescriptibles, qui néanmoins ne correspondent absolument pas aux points douloureux de de la fibromyalgie, mais qui n'ont « aucun lien » et qui sont bien trop diffus et polymorphes, bien trop exacerbés, qu'ils ne peuvent être que d'origine psychosomatiques. Nous y voilà. Encore une fois.

Lorsque les examens diagnostiques de toutes les maladies connues s'avèrent négatifs (maladie de Lyme, maladies auto-immunes, dégénérescentes, fibromyalgie,

Syndrome de Marfan, etc...), on ne peut avoir affaire qu'à un patient simulateur, atteint d'hypocondrie, pire encore, à une famille dont l'atteinte psychosomatique collective devenait évidente. Elle était d'ailleurs savamment entretenue par une mère suspectée d'en savoir beaucoup trop sur le jargon médical, les pistes thérapeutiques ; cela devenait réellement suspect. Elle simulait donc les atteintes dont elle disait faire l'objet et les communiquait consciemment ou inconsciemment à ses filles...

Quel désarroi, croyez-moi, de découvrir que tout le monde s'accorde à penser une telle chose de vous, quand vous vous battez au quotidien, contre les « attaques » imprévisibles de cet « inconnu » que vous ne connaissez pas. Vous finissez par vous dire que vous êtes fou et que votre folie est semblable à u virus que vous transmettez malgré vous-même à vos propres enfants. Mais même si les phases de profondes solitudes, d'abattement, d'atterrement se succédaient, je restais convaincue que je trouverai la clé de l'énigme. Seul problème : cela vous oblige de passer et de faire passer vos enfants par des consultations qui se soldent par un échec diagnostic et qui les confortent dans l'idée que ce n'est pas une seule maladie que l'on recherche. Comme bien souvent, c'est parce que cette hypothèse tendait à s'éloigner de plus en plus, que je décidai de la retenir en première position : j'avais tant de fois ressenti les effets « sournois » d'une « inconnue » qui tend à « se cacher » derrière des « masques », des « expressions » sans cesse polymorphes.

Sans le savoir, j'étais sur LA piste. Je ne disais plus mot de mes recherches à quiconque. De toute façon, on me dirait qu'il faut que j'arrête « de chercher des problèmes, là où il n'y en avait pas ». « D'oublier le passé et de me tourner vers l'avenir ». Des phrases stéréotypées qu'on lance sans réfléchir lorsqu'on ne sait pas comment s'en sortir, comment apporter une aide et qui ne me seraient d'aucun secours lorsque les « attaques » surviendraient à nouveau, sous une autre forme.

Et je ne faisais qu'entrer dans le « tourbillon » des « attaques » : en moins d'un an, « l'inconnue » me fit vivre des vertiges, des pertes de connaissances, une surdité bilatérale transitoire mesurée et diagnostiquée qui m'a fait de réelles frayeurs, des acouphènes, des pertes de repères, une diplopie et une hypermétropie fluctuantes et évaluées chez l'ophtalmologue, la fatigue visuelle, la vision trouble, les picotements et brûlures oculaires, des diverticules intestinaux, une constipation de plus en plus rebelle proche de l'insupportable, des reflux gastro-oesophagiens quotidiens et souvent nocturnes, des crises de sudation, un pseudo « Ménière » qui me cloua au lit, une hernie hiatale improbable détectée par gastroscopie, qui me provoqua une douleur proche de l'insupportable pendant et après l'examen et me laissa un goût de sang dans la bouche pendant dix jours, des calculs vésiculaires ; des symptômes qui somme toute ne se ressemblaient pas mais devenaient visibles et « objectifs » aux yeux du corps médical. Et toujours cette asthénie fonctionnelle chronique qui se coupla d'une perte de poids de douze kilogrammes en huit semaines en 2010. Et toujours ces douleurs indomptables.

J'ai pour fil conducteur pédagogique, la « pédagogie de prévention » d'un certain Jean Bosco. Cette pédagogie a fait et fait ses preuves, même dans les quartiers les plus difficiles. Je l'appliquai dans ma méthode d'investigation. Il fallait que je trouve cette « inconnue », pour pouvoir prévenir ses manifestations, même s'il n'y avait pour le moment aucun traitement pour la faire disparaître. Je ne connaissais pas « l'inconnue », mais il fallait que je l'identifie. Tout était une question de langage. Peut-être y avait-il une clé dans le langage ? On parle bien « d'expression de la maladie ». Il fallait « redire » les mots qui caractérisaient les symptômes, pour trouver un lien. Cette fois, sans le savoir, j'étais sur la bonne voie…

Pendant deux ans et demi, cette « inconnue » ne m'avait pas laissé le champ libre. Elle attaquait inlassablement. Elle ne me laissait pas le champ libre. Je me résolus à la démasquer. Elle n'aurait pas le dernier mot. Pas cette fois. C'était trop. Beaucoup trop. Elle nous a fait endurer toutes les souffrances. Un tel acharnement ne pouvait plus durer. Elle s'acharnait. Moi aussi.

Ses mois, ses jours, ses instants étaient comptés.

Alors je mémorisais les mots : je les répétais, inlassablement : douleurs, fatigue irrépressible, entorses, ligaments, saignements, hématomes spontanés, chutes, cognements, maladresses, troubles de la proprioception, surdité transitoire constatée à la Clinique Jean Causse de Colombiers près de Béziers, spécialisée en surdité, fatigue et fluctuation de la vision, diplopie, vertiges, nystagmus, problèmes buccodentaires, hernies, canal épendymaire persistant et morphologiquement fluctuant, céphalées en casque rebelles, exacerbation des symptômes douloureux prémenstruels, ménorragies, douleurs et faiblesses musculaires, fragilité et réactions cutanées polymorphe, attaques systémiques, blocages respiratoires, essoufflements, bronchites à répétition, décharges électriques, diverticules vésicaux et intestinaux, difficultés à uriner, polypes et calculs vésiculaires, constipations rebelles par fécalomes, reflux gastro-oesophagiens permanents, perforations spontanées, syndrome de Raynaud, sudations excessives, dérégulations thermiques, scoliose et cyphoscoliose, laxité ligamentaire, peau étirable, contorsions improbables, hypotension permanente et orthostatique, « absences », « déconnexions », cerveau en activité la nuit : « on réfléchit tout en dormant, incapable de déconnecter », jambes sans repos, insomnies, dérégulation des cycles de veille et de sommeil, palpitations, arythmies, fausses routes, voix tremblante au bord de l'extinction, picotements et irritations oculaires, dystrophie sénologique fibreuse bilatérale anormale pour l'âge, déshydratation des disques intervertébraux, craquements des articulations, ganglions, kystes… Et la liste ne cessait de se rallonger.

C'était tout le problème ! Comment trouver « une seule piste », avec des entrées aussi exhaustives, et dont la liste se rallongeait jour après jour ? Aucun « moteur de recherche » ne s'y retrouvait. Au contraire, on s'y perdait. Bienvenue dans les dédalles labyrinthiques de « l'inconnue ».

Or, plus « l'inconnue » attaquait, plus elle se révélait.

Un point commun se détachait maintenant clairement de ce véritable « chantier de batailles » qu'était devenu notre corps : le caractère brutal, inexpliqué, souvent transitoire et évoluant par crises, qui, paradoxalement, représentait pour nous un véritable frein thérapeutique ; il confortait les différents spécialistes dans l'idée que « ça passerait » ; or certains diagnostics ne relevaient plus de la sempiternelle « subjectivité » à laquelle ils faisaient appel, impuissants, lorsque notre cas semblait insoluble. Certains diagnostics étaient désormais « objectifs », apparaissaient clairement dans les résultats des examens pratiqués ; ils s'avéraient désormais visibles, constants et s'aggravaient pour certains d'entre eux.

Comment, après tant d'errances, de consultations, d'hospitalisations, de traitements, ne pas être pris d'angoisse ? Une maladie nommée, visible, permet à la famille, au corps médical, à l'entourage, à la société, la bienveillance, la prise en compte, la prise en charge nécessaire, une thérapeutique. Je dirai que nous avons été doublement victimes : victimes de « l'inconnue », d'une pathologie fantôme qui ne permet pas de répondre à la question « couperet » : « Mais qu'a dit le médecin ? Qu'est-ce que tu as ? ».

L'adulte réagit à sa manière à cette question. Il esquive souvent pour ne pas rentrer dans les détails, étant entendu que personne ne peut comprendre.

Un enfant ou un adolescent s'enferme dans sa bulle. Les camarades ne peuvent pas comprendre.

Un autre point commun : personne ne connaît « l'inconnue ». Le caractère souvent « exceptionnel » des pathologies qu'elle provoque reviendrait à parler « chinois » au commun des mortels. Vous passez pour un médecin ; le nombre « d'attaques » de la maladie vous faisant connaître toutes les spécialités de la médecine ; « l'inconnue » est transversale, elle ne connait pas les « tiroirs » des spécialités de la médecine, ni les « frontières » de chaque partie de l'anatomie. Elle doit donc être présente partout. Où se cache-t-elle ? Quel est donc le « lien » qui pourrait toucher et affecter tous ces organes ?

Un indice dans l'aggravation des symptômes ; en dehors des périodes où je voulais tomber enceinte, j'étais sous pilule contraceptive depuis l'âge de dix-huit ans : *Miniphase, Minulet, Harmonet,* puis *Jasmine.* En octobre 2008, j'avais pris la décision d'arrêter de prendre la pilule. J'avais essayé d'arrêter plusieurs fois, mais je me rendais compte que mes douleurs se « réveillaient » et devenaient insupportables. Je n'étais plus « régulée » chimiquement. Je me souviens en avoir parlé à plusieurs spécialistes qui me rétorquèrent que cela est du domaine de la gynécologie. Mon gynécologue ne faisait que grimacer lorsque je lui en parlais. De toute façon, il ne connaissait pas les autres pathologies que j'évoquais ; ce n'était pas de son ressort. Il fallait en parler aux spécialistes concernés. Mon corps me disait que la régulation hormonale chimique apportait un mieux-être, au moins sur le plan des douleurs. Le fait de minimiser les chutes brutales des hormones semblaient apporter un résultat bénéfique. Je ne savais pas comment, ni pourquoi, mais c'est ce que je ressentais et personne ne m'écoutait. Ce n'était certainement pas du ressort du gynécologue, mais d'un endocrinologue.

Dans le quotidien, les stations debout ou les postures fixes pendant plus de dix minutes, me provoquaient des douleurs dorsales terribles qui irradiaient dans les membres : cervicales, épaule, bras, thorax, milieu du dos, lombaires ; le repassage ou la vaisselle ou la préparation d'un plat par exemple me font souffrir… Personne ne comprend, par exemple, que d'éplucher des pommes de terre ou préparer un plat est une réelle épreuve pour moi… Un supplice.

La nuit, tout en dormant, mon cerveau ne « déconnectait » plus. Il m'arrive très fréquemment de « travailler et de réfléchir » tout en dormant. Il m'arrive de rêver, d'être consciente de rêver et de changer le cours de mes rêves ! Lorsqu'on passe toute une nuit à préparer son cours du lendemain ou à échafauder ses interventions, on se pose des questions… Il m'arrive de ma « réveiller » à deux heures du matin, à saisir une feuille et à noter le fruit de mon « travail et de mes réflexions » que j'ai élaboré en … dormant ! Rien d'étonnant alors de se réveiller le matin, fatiguée d'avoir « travaillé » ! Ce sont des situations si étranges, qu'on n'ose évidemment pas en parler, de peur d'être prise pour une folle.

En journée, surviennent souvent des crampes musculaires, des douleurs pelviennes brutales et aigües, en lame de couteau, qui vous font vous « plier en quatre », alors que vous ne vous attendez à rien.

La hernie de la vessie, les blocages et reflux urinaires, les constipations rebelles et douloureuses, vous font endurer des stations debout, pour arriver à vider la vessie. Mais elle ne se vide pas et vous courez aux toilettes pour « pousser » très fort. Rien n'y fait, vous devez y retourner.

La dégénérescence et la déshydratation prématurée des disques intervertébraux provoquent des discopathies dégénératives étagées avec protrusion ostéophytique à droite en C5-C6, des protrusions discales herniaires à gauche en C5-C6 ; on découvre un angiome de C4 et C5 ; le dernier disque lombaire L5-S1 est discrètement dégénéré avec perte de sa composante hydrique. Les craquements des articulations (genoux, chevilles, hanches, épaules), et surtout des vertèbres sont votre lot quotidien. Votre corps est « en pièces », il vous fait mal, il ne vous obéit plus quelquefois ; vous vivez dans une « enveloppe » que vous finissez par détester.

Votre angoisse : à ce rythme, qu'en sera-t-il dans quelques années ? Vous manquez de très près de vous retrouver en fauteuil roulant. J'ai peur de vieillir. J'espère que je ne vieillirai pas ; tout se dégénère.

Parallèlement, les ganglions se multiplient sous l'oreille, au niveau de la gorge ; ils sont douloureux et enflés ; la douleur irradie vers la mandibule, l'oreille, le cou et la gorge.

Je n'entends presque plus rien mais mon odorat est hyper développé. Je détecte une odeur de fumée, de « brûlé » ou de gaz avant quiconque.

Le T.E.N.S., enfin mis à ma disposition après des mois de douleurs, a fini par me « brûler » la peau du cou et du dos ; il est relativement efficace sur les douleurs cervicales et périphériques, mais il « a réussi » à provoquer des brûlures au second degré qu'il a fallu traiter avec *Mépilex Argent*. Je sais m'en servir ; je n'ai pas « dépassé » l'intensité antalgique conseillée et supportée…

Je ne sais plus « à quel Saint me vouer ». Tout cela me « dépasse ». Tout cela dépasse le corps médical.

Seule espoir et consolation : j'attends les beaux jours et la chaleur, le retour au climat méditerranéen pour « revivre ». La natation en eau de mer, le climat du Midi, nous permettent de nous sentir « mieux dans notre corps », mes filles et moi, de sentir s'atténuer nos douleurs, sans que nous sachions pourquoi. Mais les troubles de la proprioception, les chutes, les entorses ne régressent pas. Les douleurs s'atténuent, c'est un fait avéré. Y aurait-il une propriété antalgique et anti-inflammatoire dans le climat lui-même ? Le soleil et la chaleur du Midi, associés à l'iode marine des embruns, auraient-ils des propriétés antalgiques et/ou anti-inflammatoires ?

Je n'abdique pas. Les maux transformés en mots, doivent me permettre de trouver des clés. Les questions, la « verbalisation » de nos atteintes doivent permettre de « trouver un lien ». Une clé. De tisser un lien. Un fil conducteur. Une piste diagnostique. Ce n'est pas la maladie de Lyme, ce n'est pas un syndrome de Marfan, ce n'est pas une maladie auto-immune. Les pathologies sont transversales, elles défient toutes les lois du morcellement anatomique des spécialités médicales, conçues à tort comme des « tiroirs » non communicants. Quel est le « liant » transversal de ces pathologies concernant toutes ces spécialités et qui ne connaît pas les frontières du morcellement thérapeutique de la médecine occidentale et moderne ?

Chapitre VIII
« Le détenteur » ;
« L'inconnue » enfin nommée :

Le S.E.D. (*Syndrome d'Ehlers-Danlos*).

Mai 2012. Je ne me résous pas à abdiquer. Mes recherches, après maintes consultations spécialisées, dans de multiples Centres de Références m'amènent à découvrir que les maladies rares et orphelines sont bien plus nombreuses que je ne l'imaginais. Qu'il fallait de la patience, beaucoup de persévérance et de perspicacité, mais que rien n'était jamais vain. J'étais en chemin vers la découverte du « tournant » de nos vies ; mais à mille lieues d'imaginer que j'étais proche de découvrir enfin l'explication, non pas de nos « attaques », de nos « crises » polymorphes, mais de l'explication de quatre générations au moins de souffrances et de drames inexpliqués jusqu'alors dans notre famille…

Alors, dès que mon état de santé me le permettait, je mettais des « mots » sur nos « maux ». J'étais convaincue que les mots, l'expression de plus en plus polymorphe de nos maux allait finir par me révéler leur nature. Plus les « attaques » se multipliaient et plus « la » maladie se révélait, se dévoilait. J'étais persuadée que le « lien » était sous mes yeux. Simplement, je ne le voyais pas encore. Il ne m'apparaissait pas clairement. Et pour cause.

Il était donc « caché », transversal, et défiait toutes les lois de la médecine traditionnelle et « à tiroirs ».

Quelle était « la structure », la composante de toutes ces parties de l'anatomie humaine, le point commun qui faisaient partie des ligaments, des organes internes, de la peau, des cheveux que je perds quelquefois par « touffes », du système immunitaire, de la régulation thermique, du système lymphatique et hormonal ? Quel lien y avait-il entre les différentes « expressions » d' « une » maladie dont nous pouvions être atteintes toutes les trois et qui aurait une expression différente suivant « l'imprégnation » génétique ?

Nous y voilà enfin. Serait-ce une seule et même maladie ? Serait-elle génétique ?

Un soir, alors que je travaillais d'arrache-pied à l'identification du lien, du « liant », je me mis à sélectionner les mots-clés qui caractérisaient les atteintes majeures dont nous étions toutes les trois atteintes : fatigue, douleurs diffuses, constipation rebelle, entorses à répétition, contorsions, laxité ligamentaire, crises et secousses musculaires, hématomes spontanés et ecchymoses, blocages respiratoires et bronchites, troubles de la proprioception, de la cognition et du sommeil.

Je les entrais dans le moteur de recherche.

Une apparition, une seule réponse, une seule maladie : le Syndrome d'Ehlers-Danlos.

Le premier site qui apparut sur la page du moteur de recherches fut celui du Centre de Référence de Garches, d'un certain Professeur Germain ; je me mis à lire et découvrir le contenu de ses écrits, de ses recherches, de ses publications.

Je lisais notre propre histoire ; jusque dans les moindres détails. Comment était-ce possible ? Je n'en croyais pas mes yeux. On me relatait notre intimité. Notre maladie. Notre vie. Et bien plus encore.

Les réponses à mes interrogations, à nos « on ne saura probablement jamais ». A nos errances.

Une seule réponse, une seule maladie, serait « la » cause de quatre générations de drames et de souffrances.

Un Centre de Référence à Garches vers lequel il fallait que je me tourne dès le lendemain pour prendre rendez-vous, après en avoir informé mon médecin traitant, qui en perdait son latin et son grec, de « subir », impuissant lui aussi, les « crises » d'une « entité clinique et génétique insolite, orpheline, handicapante et mal connue dont la rareté doit être remise en cause » (Professeur Claude Hamonet, décembre 2011).

Dès le lendemain de la « découverte », je pris rendez-vous au Centre de Référence. Toutes les trois avions rendez-vous jeudi 11 octobre 2012. Il fallait plusieurs mois de patience, d'attente, mais peu importe, l'important était d'avoir identifié « l'inconnue ».

Le lien tant recherché était le collagène. C'est lui qui était génétiquement défaillant, c'est lui qui était transversal, lui qui était partout et qui nous réduisait en miettes, lui qui était présent dans les ligaments, les vaisseaux sanguins, les organes internes, la peau, les vaisseaux sanguins, le cément, et qui nous déroutait tant.

Lui encore que j'avais cherché à identifier par nos maux, retranscrits en mots. La clé de l'énigme, de la fatalité, des tragédies du passé. Lui qui me faisait tant « suer », au sens propre et au sens figuré. Lui qui nous perdait en conjectures et qui nous trompait. Il est partout ; dans toutes nos douleurs, dans tout notre corps. Il ne connaît pas les frontières des spécialités médicales. Il reliait nos pathologies. Il nous reliait.

Je découvris que j'étais « responsable » de la transmission de la maladie. Je découvris que mon père pouvait enfin vivre en paix. Il avait lâché la main d'Edwige, mais c'était le gène défaillant qui avait provoqué l'explosion de ses vaisseaux sanguins cérébraux. Une simple chute de sa hauteur. Une onde de choc qui avait failli provoquer le décès de ma fille.

Un ravage dans le corps de ma grand-mère qui était morte le 13 février 1973, alors qu'elle devait subir une simple endoscopie un mois plus tôt.

Sous le choc, je n'ai pas dormi pendant trois nuits.

Mais il me fallait d'abord confirmation du médecin, le Docteur K., au Centre de Référence. Encore près de six mois d'attente. Une éternité.

Pendant ce temps, la maladie ne s'était évidemment pas arrêtée de « sévir ». Elle gagnait même du terrain. Elle me confirma que je l'avais bien identifiée.

Bérénice fut « assaillie » par de nouvelles entorses des chevilles et du poignet droit.

Juillet 2012. La nuit tombe. Bérénice est allée se couchée. Edwige descend précipitamment les escaliers. Je vois la peur dans ses yeux. Son gros orteil droit a doublé de volume. Il est bleu violacé et sous son ongle noirci, se collecte un hématome. Elle ne s'est pas cognée. Aucune charge n'est tombée sur son pied. Que se passe-t-il encore ? Elle refuse de se rendre aux urgences car personne ne la croirait. Elle avait déjà trop souffert par le passé. Avec elle, et après une longue réflexion, je décidai que nous attendrions le lendemain matin pour nous rendre chez le dermatologue. Je lui téléphonerais dès huit heures. Il fallait simplement qu'elle me tienne au courant si la situation devait trop s'aggraver pendant la nuit. Il fallait qu'elle le promette. Je connaissais trop mes filles. Il en fallait beaucoup pour qu'elles se plaignent, il en fallait vraiment énormément pour qu'elles se rendent à l'hôpital. Surtout aux urgences. Leur « passif » expliquait que cette échéance ne serait désormais envisageable qu'en cas d'extrême urgence. D'urgence vitale.

La nuit me parut interminable. Huit heures. J'appelle mon dermatologue. Un répondeur. Il est en congés. Sans réfléchir, je saisis les pages jaunes, je m'empare du premier numéro. J'appelle le Docteur T. à Colmar. J'explique le cas de ma fille ; elle me demande de venir immédiatement.

Arrivées au cabinet, nous n'attendons que quelques minutes, la fin de la consultation en cours. Le Docteur T. nous reçoit, examine Edwige, lui demande de pouvoir l'examiner entièrement, prend des photographies de son gros orteil droit et l'opère immédiatement pour libérer un hématome sous-ungual spontané. Elle va perdre son ongle, mais c'est un moindre mal face aux conséquences qu'auraient pu produire l'hématome. Edwige est très courageuse, comme d'accoutumée.

Après être intervenu, sans en avoir demandé davantage, le Docteur T. s'installe derrière son bureau et me signifie qu'Edwige a une maladie génétique. Il me demande ensuite de lui récapituler ses antécédents, les miens, ceux de sa sœur, de ma mère et de mes ancêtres. Il prononce le nom de la maladie : le syndrome d'Ehlers-Danlos, tout en me prévenant qu'il n'est pas facile à retenir, que son nom est quelque peu « barbare », qu'il est méconnu mais que nous en étions atteinte et qu'il faudrait envisager une consultation en génétique au plus vite. Qu'il rédigerait une lettre et qu'il enverrait les photographies par *e-mail.* Il procède alors à la description de cette maladie, de son mode de transmission qui est autosomique dominant et à sa conviction que nous e étions atteinte, chacune avec des « expressions » certes différentes et des « dominantes » variant de l'une à l'autre, mais que le degré « d'imprégnation » génétique n'était pas le même chez chacune d'entre nous. Je n'osais pas lui dire que j'avais enfin trouvé par moi-même la maladie qui nous touchait depuis au moins quatre générations et à quel point j'étais « heureuse » qu'il avait trouvé lui aussi et qu'il ne faisait que confirmer ce que j'avais découvert ; que j'avais déjà pris rendez-vous au Centre de Référence. Je ne voulais pas lui ôter la primeur de la découverte pour ne pas le froisser dans son professionnalisme ou son ego. Sait-on jamais ?

Le rendez-vous était pris. Il fallait beaucoup de patience. La maladie était identifiée. Je savais qu'elle était imprévisible et sournoise. Maintenant je n'avais plus peur d'elle. Je la connaissais de mieux en mieux. Elle ne ma déstabilisait plus. J'avais compris que la culpabilité de sa transmission ne servirait à rien. Qu'il fallait mieux la connaître et l'apprivoiser, pour en avoir moins peur, pour en traiter ses « attaques » le plus efficacement possible.

Edwige me demanda de lui expliquer. Sans plus aucune conviction, elle me répondit simplement que ce rendez-vous que j'avais pris ne serait qu'un échec ou une déception de plus dans la longue série des consultations qui s'avérèrent nulles et non avenues par le passé.

Je mesurais l'ampleur des dégâts invisibles et graves qu'avait provoqués la maladie pendant des années. Elle avait perdu tout espoir qu'on identifie une maladie responsable de toutes ses souffrances. Elle avait perdu la confiance dans le corps médical. Elle y avait perdu sa foi. Elle n'avait confiance qu'en une seule ressource : sa force intérieure qui avait bravé toutes les épreuves, toutes les pathologies improbables et « exceptionnelles » dont elle avait été la victime. La double victime. Celle qui porte en elle une maladie invalidante et invisible aux yeux de tous. Elle avait appris à « supporter », « endurer » des maux d'origine inconnue, sur lesquels elle ne pouvait plus mettre des mots, sous peine d'être prise pour une simulatrice, une hypocondriaque mal dans sa peau, une folle en proie à des « attaques » réelles mais toujours exceptionnelles.

La souffrance gagnait trop de terrain.

J'avais fondé tous mes espoirs sur cette consultation au Centre de Référence. Je n'avais pas obtenu de rendez-vous avec le Professeur Germain, mais ce serait avec l'une de ses assistantes le Docteur K.

Il fallut une nouvelle fois préparer mon « résumé » des atteintes dont nous avions été victimes.

Un courrier du médecin traitant, démuni, qui ne savait pas quelle était cette maladie au nom étrange et imprononçable. Il fallait aussi « sélectionner » les clichés d'examens qui attestaient de certaines pathologies. Pour cela, il aurait fallu une deuxième valise pour chacune d'entre nous. Pour contacter chacun des spécialistes que nous avions vues, pour leur demander « d'attester » et de témoigner de nos atteintes, il aurait fallu des siècles.

J'étais donc totalement démunie.

Quelles priorités devais-je donner à ces documents ? J'ai passé des heures à préparer ce que je pensais être « le plus important ». Je me rappelle avoir rappelé le Centre pour qu'on me conseille, qu'on me dise ce qu'on attendait de moi. On ne me répondit que très vaguement à ma question ; en effet, il n'y avait pas « le plus important et l'accessoire » ; tout était important.

Je me mis donc à essayer d'énumérer chronologiquement tous les symptômes, toutes les atteintes qui nous avaient assaillies pendant des années. J'en oubliais constamment. La mémoire avait fait son travail. Elle avait refoulé bon nombre des atteintes, de façon à me permettre de continuer à vivre, à me battre et à affronter les nouvelles épreuves. Mais elle n'avait pas oublié. Simplement libérer de « l'espace » pour refaire face.

C'est avec ce bagage et les clichés « parlants » de l'hématome extradural impressionnant d'Edwige, que je décidai d'affronter un rendez-vous dans lequel j'avais fondé tous mes espoirs, et c'est peu dire.

Je savais qu'on ne pouvait pas guérir de cette maladie grâce à un traitement thérapeutique, que la génétique n'avait pas encore révélé ses secrets, mais j'attendais qu'on nous écoute et qu'on nous comprenne. Enfin.

Jeudi, 11 octobre 2012. Bérénice est encore invalidée par une entorse hyperalgique qui lui fait reprendre ses béquilles et contraindre tout son corps à des efforts surdimensionnés. Cela fait une semaine, depuis le 4 octobre, qu'elle a déclaré une entorse terrible, qui lui fait tellement gonfler la cheville, qu'on ne peut même plus l'effleurer. Elle ne supporte plus le contact des orthèses qui lui blessent encore davantage la peau. Elle ne dit plus un mot. Elle souffre en silence depuis bien longtemps. Je ne saurais expliquer la fatigue et les conséquences d'un déplacement long et fastidieux pour une personne atteinte du Syndrome d'Ehlers-Danlos.

C'est une épreuve supplémentaire qui se greffe sur des difficultés déjà invalidantes. Le trajet sera entièrement pris à ma charge, comme d'ailleurs toutes les autres consultations déjà effectuées dans de nombreux Centres de Références. Il faut huit heures de route et une chambre d'hôtel. Les frais sont à votre charge. Rien n'est reconnu par la Sécurité sociale à cet instant.

L'angoisse vous noue le ventre. Il faut que Bérénice ne se luxe pas les épaules, les poignets ou pire, la seconde cheville. Alors, devant le courage de vos filles, vous appliquez le regard et la stratégie de prévention pour ne pas laisser le S.E.D. provoquer une réaction en chaîne. Instinctivement, sans connaître la maladie, mais en constatant les dégâts qu'elle pouvait provoquer, je l'avais équipée de mitaines *air cast* que j'avais trouvées dans les rayons cyclisme pour ne pas que sa peau si fragile et veloutée se brûle à cause des manches des béquilles, du poids exercé par son corps sur ses bras et ses mains. Il y a maintenant plus de six ans, elle avait la peau de la paume des mains et l'intérieur des doigts brûlés, couverts d'ampoules, par le simple frottement avec les manches des béquilles, déjà initialement amortis par une couche supplémentaire de protection au niveau de l'emprise des doigts et des mains.

On devient très imaginatif avec le temps. Les attaques d'une maladie méconnue vous poussent à des thérapies de prévention spontanées et insoupçonnées. Sans le savoir, vous faites de l'ergothérapie et vos méthodes « épousent » tout simplement celles qui sont déjà en cours de recherche ou d'application pour de nombreux patients victimes de « l'inconnue », désormais démasqué, le S.E.D.

Jeudi 11 octobre 2012, quatorze heures. Après une demi-heure d'attente dans les couloirs de l'hôpital de Garches, une infirmière nous installe dans une salle d'examens. Le Docteur K. nous écoute, nous examine, mais elle n'avait pas pris connaissance du compte-rendu listé et chronologique des atteintes de la maladie dont nous avions fait l'objet depuis quatre générations, et que j'avais pris soin d'envoyer par e-mail trois semaines plus tôt. Nous ressentions toutes les trois qu'elle se laissait « submerger » par le caractère exhaustif, polymorphe des atteintes de la maladie.

A l'issue de notre consultation, elle ne nous signifia pas clairement si nous en étions atteintes ou non. Seule certitude pour elle : « Si je n'avais pas vu Bérénice, sa laxité et ses problèmes ligamentaires récurrents, visibles et invalidants, je ne pencherai pas en faveur d'une atteinte de la maladie. Il faut que je rende mes conclusions au Docteur B. C'est elle qui statuera. ». Seul problème, le Docteur B., nous ne la connaissions même pas. C'est l'infirmière qui nos précisa que le Docteur B. avait fait un saut pendant deux minutes parmi nous. C'est elle qui a vu Bérénice pendant deux minutes. Elle a testé sa laxité, demandé d'évaluer la douleur et entendu l'expression « invagination intestinale ». Elle ne nous a pas examinées Edwige et moi-même.

Le Docteur K. demanda à ce que soit effectué un prélèvement sanguin.

Elle ne nous expliqua pas le caractère héréditaire de la maladie. Nous étions simplement munies d'une ordonnance de *Lévocarnil* pour Bérénice et moi-même. Et une ordonnance pour des protections ergothérapiques que seule une personne était habilitée à nous faire fabriquer sur mesure, Madame Elodie V. à Versailles. Elle nous invita donc à prendre contact avec elle, puisque nous étions à Paris jusqu'au lendemain. Peut-être cette personne était-elle encore joignable ? Peut-être pourrait-elle nous recevoir le lendemain ? Cela nous éviterait de revenir, avec toutes les contraintes physiques, psychiques et financières que cela impliquait.

Ce serait au médecin traitant d'élaborer un protocole d'affection de longue durée (A.L.D.) en ce qui concernait Bérénice. Je lui précisai donc que le médecin traitant ne connaissait rien à cette maladie. Que c'est moi qui aie élaboré le contenu des courriers qu'elle a reçu.

Mais c'était le protocole.

A la question de savoir si Edwige ou moi-même étions atteintes ou non de la maladie, il n'y eut pas de réponse ; le courrier qu'aurait le médecin traitant nous le révélerait.

Bérénice essaya de confier sa passion de la danse classique pour savoir si elle pouvait espérer reprendre un jour. Mais le Docteur K. lui fit remarquer que comme toutes les adolescentes, elle avait des espoirs et qu'il fallait se rendre à l'évidence : la maladie ne lui permettrait plus de danser. Elle pourrait se buter et reprendre, mais le S.E.D. la freinerait ; lui ferait comprendre ses limites.

Il fallait que je reprenne rendez-vous dans un an, uniquement pour Bérénice.

Et nous repartions avec une ordonnance de *Lévocarnil* en ce qui me concernait.

Rien en ce qui concernait Edwige. Rien.

Les conséquences de cette consultation ont été destructrices en ce qui concerne Edwige. Elle ne me lança qu'un bref : « Tu vois, moi, je n'ai rien à leurs yeux ; je souffre, c'est invisible, ils ne voient rien ; ils ne comprennent rien, eux non plus. Elle m'a ignorée ; elle n'a vu que Bérénice parce qu'elle a des béquilles. Pas moi. Je n'existe pas ; ça ne sert à rien, je te l'ai dit. Cela ne sert plus à rien. Maman, c'est la dernière fois que je

t'ai suivie pour un rendez-vous comme ça. Je ne viendrai plus.

Plus jamais ! ».

A la question de savoir si elle était atteinte ou non de la maladie, il n'y eut pas de réponse ; le courrier qu'aurait le médecin traitant nous le révélerait.

Alors comment Edwige ne pouvait-elle pas être atteinte d'une maladie « génétique », autosomique dominante, qu'on reconnaît polymorphe, d'autant plus dangereuse qu'elle se manifeste par des symptômes « invisibles », et qui avait failli la tuer ? Le « tableau » était pourtant plein. Notre famille n'avait-elle pas suffisamment fait « la preuve » des attaques du S.E.D. ?

Bérénice qui ne sait s'exprimer pleinement que par son corps était sous le choc de l'annonce d'une maladie qui l'empêcherait désormais d'espérer, d'exprimer sa sensibilité, de faire vivre ses souffrances, ses angoisses et ses espoirs, de faire vivre son corps et son âme, la danse. Dans ses écouteurs : « *La Mort du Cygne* ».

Je ne savais plus que dire. Le retour à l'hôtel se fit dans un silence effrayant.

Dans la chambre d'hôtel, le silence s'éternisait. Edwige ne parlait plus.

Dix-neuf heures dans la chambre d'hôtel : le silence est pesant, si éloquent. Alors, dans un dernier élan, parce que je ne peux pas laisser mes filles dans cet état, je tente de contacter Madame V., l'ergothérapeute. Elle me répond personnellement. Je lui explique notre situation. Nous pouvons nous rendre à son cabinet de Versailles le lendemain matin à dix heures.

Chapitre IX
Elodie

Le taxi nous attend. Nous avons rendez-vous avec Madame V., l'ergothérapeute.

Nous ne savions pas vers qui cet ultime rendez-vous allait nous conduire.

Au bout de l'Avenue de l'Orangerie, le tournant de notre vie.

Il m'est extrêmement difficile de retranscrire avec des mots, cette rencontre, qui appartient au poids du non-dit, de l'échange des regards, des paroles lourdes de sens, du vécu de la maladie. La rencontre.

En arrivant sur place, Elodie avait déjà préparé tout le « matériel » qui allait pouvoir nous soulager de nos douleurs ; qui allaient prévenir les crises du S.E.D., plutôt que d'essayer vainement de guérir une maladie rebelle avec son cortège d'attaques sournoises, que je sentais à fleur de peau, mais courageusement « apprivoisées » par Elodie. Elle vit pour vaincre le S.E.D., elle le connaît par cœur, elle le combat et ses plans d'attaques permettent aux patients de se sentir reconnus et compris dans leur maladie. Qui d'autre qu'un patient peut comprendre ? Qui d'autre qu'une maman qui vit pour ses enfants peut à ce point se battre ?

Et ses plans d'attaques sont sur tous les fronts : *Cicatrex* sur mesure, coussins ergonomiques de fauteuils, oreillers ergonomiques et semelles orthopédiques, tout un arsenal pour faire face à nos douleurs quotidiennes et les soulager.

Edwige ne dit presque rien. Mais Elodie la prend en compte. Elle commence par elle. Lui prend les mesures pour les *Cicatrex* de ses poignets et de ses doigts. Elle n'est pas hyperlaxe, mis à part au niveau des doigts, mais le poids de ses souffrances, de nos errances, disent tout dans son regard. On l'a oubliée.

Et s'était juré qu'elle ne parlerait plus. A personne.

Mais elle parle. Elle lui parle. De son vécu, de ses douleurs, des attaques, des meurtrissures, des « bleus au corps et à l'âme ». Un partage de mots, une compréhension des maux, des errances, des rejets, des incompréhensions, de souffrances successives qu'elle croyait à jamais devoir refouler et vivre dans le silence.

A cet instant, elle existe. Elle souffre. Mais elle existe.

Elodie comprend. Elle partage ses souffrances, les connaît par cœur, les vit. Avec elle. Edwige n'est plus seule. Nous ne sommes plus seules.

Elle jette un coup d'œil à mon compte rendu détaillé, aux clichés de scanner de son hématome extradural ; les scanne et les envoie au Professeur. Le Professeur.

Nous nous quittons en nous embrassant. Les larmes s'écoulent sur nos visages. Elle reprendra contact. Il faut que nous rencontrions le Professeur Hamonet.

Désormais, alors que nous ne nous connaissons que depuis deux heures, nous savons que nous faisons partie de la même famille. Que rien ne serait plus pareil. Que nous battrons ensemble, avec et pour les milliers de personnes qui souffrent de cette passion. Nous battrons avec ce peu d'énergie résiduelle que le S.E.D. octroie à notre corps, avec nos capacités, la force de notre esprit, pour vaincre la maladie.

De retour à la maison, nous adhérons à l'A.S.E.D.

(Association du Syndrome d'Ehlers-Danlos). Elodie en est Vice-Présidente. Elle travaille aux côtés du Professeur Hamonet, en consultation spécialisée, à l'HôtelDieu de Paris, dans le Service de Médecine Physique et de Réadaptation du docteur Jean-Yves Maigne.

Plus d'un millier de personnes sont désormais reconnues victimes du S.E.D. Et cette maladie méconnue qui était considéré comme une maladie rare il y a encore une dizaine d'année, toucherait aujourd'hui plus de cinq cent mille personnes en France.

Nous faisons partie de la même famille. D'une grande famille, qui s'agrandit de semaine en semaine, de jour en jour.

Des centaines de personnes vivent comme nous, les mêmes errances, les mêmes souffrances.

Chapitre X
Le Professeur Claude Hamonet

Dimanche 14 octobre 2012. Elodie a tenu sa promesse. Le professeur a fait « connaissance » avec nous, par le biais des clichés et compte rendu que lui a transmis Elodie. Nous sommes « une famille de S.E.D. ». Et ce, depuis quatre générations.

Il est midi. Mon portable sonne. C'est le professeur Hamonet.

D'une voix calme et douce, il me fixe le rendez-vous pour le lundi 12 novembre 2012. Je reste pétrifiée.

Comment un Professeur peut-il « se déranger » un dimanche, pour nous fixer un rendez-vous urgent ? Je restais sans voix. Notre vie avait pris un autre cours.

J'ai deux semaines pour récupérer tous les dossiers d'hospitalisation et d'intervention de ma grand-mère en 1973 et de ma fille Edwige en 1996. Cette fois je suis décidée à mettre en place une procédure urgente pour faire la lumière sur un décès dont nous n'avons jamais connu le fin mot et sur un accident qui nous avait valu de faillir perdre notre fille. Je me rends aux archives de l'Hôpital et je demande à pouvoir les récupérer.

Les pages mystérieuses du décès brutal de ma grand-mère vont enfin voir le jour. Elles sont sur microfilms. On va tout regrouper et me remettre les deux dossiers, celui de Mémé et d'Edwige, le 8 novembre 2012, jour de l'anniversaire de Mémé, *la Dame en bleu. La Dame aux cheveux bleus*. Elle aurait cent deux ans aujourd'hui.

Je tiens dans mes mains de destin de deux personnes que j'aime plus que tout au monde : ma Mémé et ma fille Edwige, réunies par l'explication de leur destinée : le S.E.D. L'une a dû partir bien trop tôt, mais elle ne nous a jamais quittées ; elle a toujours été là. Elle n'a pas voulu qu'Edwige la rejoigne. Leurs destins m'ont permis de comprendre. De tout comprendre.

Elle a toujours été là. Elle veillait sur moi. Elle veille sur mes filles.

Après des journées agitées, qui précédèrent notre rendez-vous, et où chacune d'entre nous hésitait jusqu'au bout à honorer un rendez-vous qui peut-être allait se solder par un nouvel échec, nous décidions de nous y rendre. Je me souviens des difficultés que j'ai eu pour « essuyer » les crises d'Edwige qui ne voulait plus retourner à Paris, parce qu'on l'avait tant de fois ignorée.

Jusqu'au bout, elle tentait de résister pour ne pas nous y accompagner. Selon elle, il n'y a que les malades eux-mêmes qui peuvent « comprendre ». Jusqu'à présent, j'avoue qu'il en était ainsi et que je ne pouvais pas objecter un argument qui aille contre cette thèse, fondée sur du vécu.

J'avoue que moi-même, j'ai eu énormément de mal à me « remobiliser » pour m'y rendre, d'autant plus que j'étais dans une mauvaise passe de la maladie et que Bérénice souffrait maintenant jour et nuit depuis six semaines, sans qu'on ait trouvé un moyen de la soulager. J'avais la crainte de devoir affronter une nouvelle déception sans précédent, en ce qui concernait Edwige.
Mais j'avais été en chemin jusqu'ici, il fallait que j'aille jusqu'au bout.

Je réussis à les persuader que nous n'avions rien à perdre, tout à y gagner ; et que la meilleure « stratégie », le meilleur état d'esprit dans ces cas, était de ne rien attendre de cette consultation ; dans le cas contraire, nous serions donc agréablement surprises.

En mon for intérieur, j'avais fait le pari qu'un Professeur qui vous contacte personnellement et qui semble « humain », ne pouvait pas nous décevoir à ce point. Mais sait-on jamais…

Le matériel, oreillers, coussins à mémoire de forme, *Cicatrex*, étaient déjà en train de soulager nos douleurs. Je ne saurai dire à quel point je tiens à mon oreiller. Il me permet de dormir à plat et de reposer mon cou et ma tête, de ne pas contraindre mon dos et de revivre des nuits un tant soit peu réparatrices.

Les combinaisons de *Cicatrex* doivent contenir des points de compression ; lorsqu'on les enfile, on a l'impression d'avoir revêtu une deuxième peau ; un court instant, on imagine ce qu'on doit ressentir quand on est une personne en bonne santé, qui est « entière », qui n'a pas mal, qui est en pleine possession de son corps dont il est maître, qu'on n'a pas froid, qu'on n'a pas des frissons qui vous parcourent le corps, qu'on n'est pas « à fleur de peau », mais qu'on gouverne son propre corps.

Les semelles orthopédiques nous permettent enfin de nous sentir debout à même le sol !

Lundi 12 novembre 2012. Elodie nous a prévenues. Il faut prendre son après-midi et sa soirée pour attendre son tour dans la salle d'attente de la consultation spécialisée du Professeur Hamonet. La salle est pleine de familles qui attendent patiemment leur tour. L'attente est longue et permet ainsi de communiquer avec les autres personnes. Les patients viennent du monde entier. Dans la salle, une ancienne gynécologue de l'Hôtel Dieu, en fauteuil, elle aussi victime du S.E.D. ; les patients viennent d'Alger ; une famille suisse ; une famille normande et deux femmes parisiennes. L'attente nous permet de parler de nos problèmes ; chacun s'étonne de la compréhension de l'autre ; chaque famille a parcouru les mêmes galères ; les mêmes errances. On se surprend à se raconter de menus détails, des ressentis, que seuls les malades du S.E.D. peuvent connaître. Oui, on se cogne à l'embrasure des portes, on est maladroit, on tombe souvent, on dort avec des chaussettes, on a les mains et les pieds gelés même quand il fait chaud.

Chacun découvre que l'autre exprime plus gravement et plus sévèrement l'une des affections de la maladie. Edwige exprime davantage le côté vasculaire, Bérénice le côté ligamentaire et moi les douleurs et les problèmes viscéraux, herniaires et vertébraux. Et toutes les trois sommes en proie aux chutes, aux hématomes, à la fatigue et aux douleurs rebelles.

Cela fait du bien d'entendre qu'on n'est pas seules. Qu'on n'est plus seules.

Après plusieurs heures d'attente, le Professeur se tourne vers nous. C'est notre tour. Il nous accueille et nous entrons dans son cabinet à

16 heures 15. Son attitude est concentrée, pleine de sollicitude et d'humanité.

Il écoute d'abord Edwige. Il constate spontanément que c'est elle qu'il faut écouter en premier. C'est elle, l'oubliée. Aujourd'hui, c'est par elle qu'il faut commencer. C'est ensuite au tour de Bérénice, puis au mien. Le diagnostic est clinique.

Je lui remets les copies des deux dossiers confidentiels des hospitalisations et interventions de Mémé et Edwige.

Le Professeur Hamonet est formel : compte tenu du diagnostic clinique, des antécédents et des dossiers qui viennent conforter les hypothèses, son diagnostic est formel : ma Mémé, ma Maman, mes filles et moi-même sommes « quatre générations de personnes d'une même famille, victimes du S.E.D. ».

Il décide de traiter la cheville de Bérénice, toujours aussi hyperalgique depuis plus de six semaines, par injection sous-cutanée d'*Altim* 3,75 mg/ 1,5 ml. Il prévient que les réactions sont quelquefois très violentes, que des gonflements et hématomes conséquents peuvent se propager sur toute la jambe avant de régresser. Ce fut le cas en ce qui concerne Bérénice ; sa cheville et sa jambe ont d'abord passé par une phase « brûlante », avant de passer très brusquement à la phase « gelée », pour régresser après plus d'une semaine. La douleur a fini par lâcher du terrain. Il faut savoir que Bérénice a également eu des séances d'hypnose de la douleur.

En ce qui me concerne, c'est la première fois qu'un médecin est attentif au fait que la maladie pourrait être en lien avec le cycle hormonal. C'est d'ailleurs la piste de recherche actuelle. Que dire de plus, si ce n'est que je le savais depuis toujours, car j'en souffre. Il m'invite à prendre un rendez-vous avec l'une de ses collaboratrices, le Professeur Gompel, gynécologue et endocrinologue, qui pourra prendre connaissance de notre cas et peut-être m'aider en ce qui concerne l'aggravation des symptômes en phase prémenstruelle et les ménorragies dont je souffre très fréquemment.

La prise en charge thérapeutique, ergothérapique et psychologique fut sans précédent. Jamais nous ne nous étions tant senties écoutées et comprises. Le Professeur connaît les moindres « coups sournois » du S.E.D. Par ses paroles, son écoute, ses regards, son dévouement inégalé, il est d'abord humain.

Des protocoles thérapeutiques et diagnostiques doivent permettre un traitement des « attaques » du S.E.D. ; chaque patient, selon l'expression et la gravité de la symptomatologie doit pouvoir être traité par *Oméprazole* (à des dosages très largement supérieurs aux normes : 60 mg répartis en 3 prises de 20 mg), par *Versatis* (patchs de *lidocaïne* : application sur les zones douloureuses 12 heures maximum et attendre 12 heures pour une nouvelle application sur la même zone ; 3 applications simultanées sont possibles), par ampoule buvable de vitamine D (une ampoule immédiatement, une après deux semaines, puis une tous les trois mois), par *Lévocarnil* (jusqu'à 6 flacons par jour), permettant de lutter contre l'asthénie et en recherchant l'effet notoire de diarrhée possible à forte dose, pour lutter contre la constipation rebelle, par *Acupan* (occasionnellement, pour lutter contre les douleurs particulièrement violentes), par *Mantadix* (en commençant par 100mg la première semaine, puis en augmentant de 100mg chaque semaine, jusqu'à 400mg), par oxygénothérapie à domicile (percussionnaire), par TENS (qui permet de diminuer certaines douleurs et selon un protocole antalgique détaillé. Il faudra rajouter la kinésithérapie selon un protocole spécialisé et adapté à une constante recherche d'amélioration de la proprioception et de l'antalgie douce. L'ergothérapie sur mesure facilitera le handicap au quotidien et permet d'améliorer très nettement les troubles de la proprioception et de faire de la prévention par le port de *Cycatrex* et d'orthèses de repos fabriqués sur mesure. En ce qui concerne l'oreiller, les stations assises et couchées, la mémoire de forme est de rigueur.

Des examens complémentaires doivent être effectués : angio-scanner thoracique et abdominal et angio-I.R.M. cérébral selon des pistes de recherches ciblées, écho-doppler artériel complet et bilan cardiovasculaire.

Un arsenal qui démontre à lui seul les handicaps réels qu'affronte quotidiennement d'une personne atteinte du S.E.D. et qui se bat constamment pour résister à toutes les attaques de la maladie… Son évaluation de la douleur en est totalement faussée, étant donné que le patient ne sait même plus ce que peut être « un corps indolore ». Je pense très sincèrement que lorsqu'un patient atteint du S.E.D. évalue l'intensité de sa douleur, on peut considérer qu'il faut rajouter deux points à son évaluation. Les zones hyperalgiques de son corps le restent en permanence. L'évaluation à zéro n'existe plus réellement quand on vit dans le corps morcelé, brisé, quelquefois incontrôlable, entièrement habité, « envahi » par le S.E.D.

La consultation aura duré quatre heures. C'est la première fois de notre vie qu'un médecin a été aussi professionnel, autant à l'écoute et aussi humain. Sa prise en compte du patient dans sa « globalité » révèle bien plus qu'une simple connaissance de la maladie, une réelle « intimité » avec la souffrance, - les souffrances -, le combat perpétuel des patients, qui, au terme d'un parcours d'errance et de galère, échouent dans son cabinet, épuisés, sans espoir, détruits par les maux et certains mots.

Il choisit ses mots. Rien n'est laissé au hasard.

Aujourd'hui, mes filles et moi-même avons vécu le tournant de notre vie. Notre maladie est identifiée, elle est reconnue. Même si elle porte un nom imprononçable, elle est enfin identifiée. Et le protocole d'affection de longue durée rédigé par ses soins en est la preuve administrative. Plus aucun médecin ne pourra remettre en cause nos souffrances. Elles sont certes polymorphes, mais en lien avec une seule et même maladie, méconnue, mais reconnue. Il faut se battre, combattre, pour que désormais elle soit plus largement connue, notamment par le corps médical, qui ne la diagnostique que très rarement.

Le Professeur Hamonet me demande de rédiger ces pages, « quatre générations victimes du S.E.D. », pour qu'elles soient publiées et puissent concourir à une meilleure connaissance de souffrances souvent invisibles, mais trop souvent tragiques, que ce soit par les médecins, les médias ou les organismes de soutien qui permettraient une meilleure prise en charge de la maladie. J'accepte volontiers.

Ce sera ma modeste contribution au combat contre le S.E.D.

Je n'exclus pas d'accepter sa deuxième proposition qui est de faire partie du comité médical et social de l'A.S.E.D. Ce sera ma modeste contribution au combat que livrent les malades et leurs familles. Une manière de me mettre au service de tous ces patients qui ont vraiment besoin de nous pour continuer à espérer et trouver un peu de réconfort auprès de ceux qui comprennent et vivent la maladie, la combattent au quotidien et se doivent de la faire connaître, que ce soit auprès du corps médical, des écoles, des administrations, des médias, des personnes ayant une notoriété ou une reconnaissance leur permettant de la faire connaître à leur tour, d'alerter les pouvoirs publics, afin qu'ils aient conscience de l'urgence de notre situation : nous avons besoin de moyens de financement qui permettent de faire avancer les recherches en génétique et les moyens thérapeutiques.

Il est extrêmement difficile pour un patient, le plus souvent plusieurs patients dans une même famille, d'assumer la maladie et le coût humain et financier du S.E.D. qui provoque de nombreuses errances avant d'être diagnostiqué. Le Professeur Hamonet parle de maladie orpheline, mais ne parle plus de maladie « rare » ; elle toucherait potentiellement cinq cent mille personnes en France ! Etant entendu que la quasi-totalité de ces personnes est toujours dans une situation d'errance bien plus coûteuse pour la sécurité sociale, et qu'elle ne le serait plus, si elle était reconnue et diagnostiquée plus tôt ; il faut savoir l'identifier. Le coût « humain » n'est évidemment pas quantifiable ; les dégâts provoqués par cette même errance étant très souvent indélébiles et irréversibles.

Il faut que chaque patient puisse rapidement consulter un médecin formé, qui puisse les écouter, les aider dans leurs démarches et leur proposer des pistes thérapeutiques. Il y a urgence.

Sans le soutien des pouvoirs publics, nous ne pouvons pas faire avancer les recherches. Pour cela, il faut les en informer, les alerter. Il faut qu'ils nous reçoivent dans la perspective de promouvoir la connaissance du S.E.D., la formation des médecins généralistes et spécialistes libéraux, des médecins et du personnel soignant hospitaliers, ainsi que des étudiants en médecine. Des moyens humains et financiers sont nécessaires pour faire connaître le S.E.D. dans la perspective d'en traiter les nombreux symptômes, dans l'attente de l'identifier génétiquement et de pouvoir un jour le traiter par la thérapie génique. Dans tous les cas, plus vite il aura été identifié génétiquement et plus vite on pourra briser sa transmission dans une même famille. C'est l'espoir que je nourris pour mes deux filles. Ayant identifié la maladie dont elles sont atteintes, je ne peux pas imaginer un seul instant qu'elles se voient contraintes un jour de la transmettre à leurs propres enfants.

Chapitre XI
« Vivre et se battre au quotidien »

Conséquences physiques, psychiques, sociales et matérielles de la maladie.

Quiconque aura parcouru mes modestes pages mesurera, je l'espère toutes les conséquences que peut engendrer cette maladie pendant des générations, des décennies, sans qu'on l'ait reconnue et diagnostiquée.

Je ne saurais établir une liste exhaustive des pathologies physiques qu'elle engendre. Je tente simplement d'en relever les principales, avec tout le lot d'incompréhension et d'isolement qu'elles provoquent. J'y reviendrai plus tard.

C'est à mon sens la fatigue chronique et les douleurs profondes, qui invalident et « usent » le plus les patients. Auxquelles vont se rajouter des « expressions » diversifiées de la maladie selon le patient. La chaîne du collagène est le « ciment » de notre corps ; nul étonnement que les patients se sentent ainsi « morcelés », « abandonnés » par un corps qu'ils ne « gouvernent » plus ; qui « fait ce qu'il veut, au moment où il le veut ». Les manifestations de *cutis laxa* et de réactions cutanées souvent systémiques et l'hyper-laxité des articulations sont variables suivant la pénétration du gène. Les plaies laissant de vilaines cicatrices, les taches blanches ou violettes de la peau, les saignements longs et la fragilité cutanée sont plus ou moins marqués suivant les individus ; mais il s'agit de porter une attention toute particulière à la fragilité veineuse et de la paroi très fine des artères et surveiller une tension artérielle qui ne doit pas excéder 12/7. Dans tous les cas, je pense qu'un contrôle et un suivi cardio-vasculaire régulier s'impose. Pour ce qui est des anévrysmes, il faudra faire le bilan angiologique cérébral, pour ne pas se retrouver dans une situation telle que nous l'avons vécue avec Edwige à l'âge de un an ! Détecter une anomalie, souvent située sur les vaisseaux moyens, me semble essentiel. En effet, la laxité touche toutes les parois, pas uniquement la peau !

Les difficultés digestives, telles que reflux gastro-oesophagiens et constipation rebelle par fécalome notamment, appellent une attention toute particulière de traitements et de gestes à ne surtout pas commettre ; faire de la prévention et ne pas contraindre ou agresser les parois par de barbares « lavements », examens endoscopiques, qui risquent de provoquer de mini saignements ou des hémorragies irréversibles qui mènent à la perforation des organes vitaux tels que l'estomac, le mésentère ou le bloc thoraco-pulmonaire. Une rupture du grêle est également un risque majeur qui serait la conséquence de telles situations.

Protection des articulations et des vertèbres par le port de combinaisons en *Cicatrex* , d'orthèses souples qui ne blessent pas la peau, travail sur la proprioception, sont des moyens de « prévenir » plutôt que d'essayer de guérir une maladie qui survient par sursauts de crises imprévisibles.

Les différents traitements cités plus haut ne sont pas toujours bien « tolérés » par certains patients ; il s'agit de rechercher les doses qui conviennent et permettent un soulagement de certains symptômes sans être sujets aux effets notoires, qui peuvent quelquefois surprendre chez les patients par leur exacerbation et leur hypersensibilité. Il n'est pas rare chez un patient « S.E.D. » de communément développer les effets notoires répertoriés dans des cas rares, voire très rares, de l'ordre de 1 / 10 000 personnes, par exemple.

Le collagène se trouve concentré dans la peau, les ligaments, les vaisseaux sanguins, les cheveux, les parties molles du corps, les organes internes, les disques intervertébraux souvent trop vite dégénérescents, les gencives, le cément, les yeux, le canal épendymaire qui peut lui aussi être « hyperlaxe », ce qui expliquerait une « pseudo » syringomyélie, - qui changerait de morphologie tous les six mois ! - ; de gros problèmes herniaires (vertébraux, hiataux, diverticules de la vessie et du grêle, polypes et/ou calculs vésiculaires, bursites, etc…). La maladie a un côté sournois et morphologiquement changeant qui déstabilise tous ceux qui ne l'identifient pas.

L'instabilité articulaire, les vertiges, les tremblements, les troubles de la cognition, de la proprioception restent très invalidants, et également imprévisibles.

Le fait de ne plus entendre ou d'être en proie à une grande fatigue voire une baisse très brutale de la vision est très angoissant, lorsqu'on ne sait pas d'où viennent ces affections ; on a peur ; et c'est évidemment légitime. Lorsque tous les examens neurologiques ont été pratiqués et ne décèlent pas une pathologie pouvant expliquer ces « attaques », le médecin soupçonne un problème psychosomatique majeur. Le S.E.D., une nouvelle fois reste invisible, muet, et provoque une double victimisation réelle : nous sommes victimes des affections de la maladie et victime de l'incompréhension et des errances médicales qui conduisent à vous suspecter de feindre nos atteintes.

Aujourd'hui, la médecine ne prend pas au sérieux les « maladies suspectes » qui ne laissent rien ou pratiquement rien paraître en imagerie. Il faut des preuves objectives ; quitte à mettre certains patients en danger ! Subir une coloscopie ou une endoscopie gastrooesophagienne par exemple, lorsqu'on est atteint du S.E.D/, met la vie de certains patients en péril !

Ma grand-mère est morte, victime d'une oesophagoscopie, qui a perforé les parois de son œsophage, provoquant des réactions hémorragiques en chaîne et des « lâchages » successifs des organes vitaux. Ma fille Edwige est tombée de sa hauteur et se retrouve quelques heures plus tard dans un bloc opératoire pour être opéré d'un hématome extra-dural d'une telle ampleur qu'il paraissait totalement improbable qu'une chute bénigne ait de telles conséquences.

Nous avons perdu Mémé dans des circonstances tragiques.
Nous avons failli perdre ma fille.
Nous ne perdrons plus personne dans de telles circonstances.

Les blessures psychiques liées à l'errance diagnostique sont tout aussi conséquentes que celles qu'on peut décelées sur le plan physique. Mes filles et moi-même avons été maintes fois hospitalisées ou examinées par différents spécialistes qui n'ont pas su prendre en compte ce qu'ils appellent des symptômes ou douleurs « subjectives ». Dès lors que la douleur n'est pas rattachée à une affection décelable par des analyses ou des clichés, et compte tenu de l'intensité et de l'invalidité qu'elles provoquent, on ne vous prend pas au sérieux et on suspecte une affection psychosomatique et on vous oriente vers des « personnes qui pourront vous écouter ».

C'est terrible de ne pas devoir dire qu'un antalgique ou qu'un anti-inflammatoire ne diminue que sensiblement ou pas du tout votre douleur ; c'est encore plus pénible de devoir appeler votre médecin en criant « au secours » parce que votre injection intramusculaire d'antiinflammatoire vous provoque une douleur supplémentaire, sans soulager celle qu'elle devrait traiter : votre jambe ressent une pseudosciatique qui vous empêche de marcher, alors que vous étiez sensé ressentir un soulagement des douleurs provoquées par votre névralgie cervico-brachiale ! Au lieu d'aller mieux, vous vous retrouvez plaquées dans votre lit ou votre fauteuil, faute de pouvoir « tenir sur vos jambes ». Et comme les injections sont administrées simultanément dans l'une puis l'autre cuisse, votre neurologue suspecte une sciatique à bascule, que les clichés de nouveaux examens à faire ne révéleront pas.

Alors vous cumulez les rendez-vous avec des spécialistes, vous vous battez pour obtenir des rendez-vous urgents, vous êtes contraints de collectionner les cd d'IRM ou de scanner, mais surtout vous vous rendez compte que rien n'avance et que les traitements successifs enclenchent des effets secondaires ou inattendus que personne n'attendait. Et lorsque vous êtes trois dans la même famille à être attaquées par des pathologies « exceptionnelles », à la place de suspecter une piste génétique, vous vous retrouvez retranchées au rang des simulatrices ou des hypocondriaques. On cherche presque désespérément à vous faire croire que vous êtes folles et qu'il « faut » qu'un événement psychique familial soit à l'origine de vos douleurs. C'est lorsque les clichés prouvent que l'affection est réelle et sérieuse, qu'on « morcelle » votre anatomie pour rechercher, -et bien sûr ne pas retrouver -, une affection transversale qui ferait le lien entre toutes ces « attaques ».

Il fallait également qu'on impute à mon passé de 2003 les différentes affections dont j'étais la victime, sachant que mon inconscient devait forcément s'exprimer d'une façon ou d'une autre pour exprimer ma souffrance : trop facile et incohérent ! Une fois pour toutes, j'aimerai que l'on prenne en compte que le S.E.D., on l'a depuis sa naissance ; que les affections qu'il provoque sont bien antérieurs à mes agressions et que j'ai fait un travail conséquent qui ne m'a pas permis de guérir de mes « attaques ». Mon accident de 1997 a provoqué des lésions irrémédiables, qui ne cessent de me faire souffrir, et au moment où j'écris ces lignes, toutes ces pages, je lutte contre le coincement des cervicales, les contractures et les craquements vertébraux qui m'invalident chaque jour que Dieu fait : dans ma voiture, devant mon ordinateur, lorsque je travaille, que je repasse ou prépare les repas, dès lors que ma posture est fixe pendant plus de cinq minutes. Se rajoutent les douleurs dorsales et lombaires qui me font habiter un corps que je rejette et qui ne m'appartient plus. Combien de fois mes jambes se sont-elles dérobées ? Combien de fois ai-je buté contre les marches de mes escaliers ? C'est chaque jour qu'on lutte contre la maladie. Les vertiges, la vue qui baisse de jour en jour, le froid qui nous glace les extrémités, la vie cauchemardesque que nous subissons et que nous essayons de supporter du mieux que nous puissions, ne nous fait aucun cadeau. Je ne sais plus ce que c'est de vivre dans un corps qui ne « fait pas mal ». Il m'arrive fréquemment d'observer d'autres personnes de mon entourage et d'envier leur corps inexpressif et indolore. Il y a des jours où je donnerai n'importe quoi pour être dans une autre « enveloppe ». Je me lève le matin en me disant que j'ai de nombreuses choses à accomplir pour les autres ; pour mes enfants, pour les jeunes que je côtoie au quotidien ; que j'ai de nombreuses connaissances, compétences et expériences à partager avec eux ; on ne vit pas pour soi, mais pour ceux qu'on aime et qui vous aiment ; on ne se bat pas pour rien ; il faut continuer à faire de la maladie une « force » et employer tous ses dons à œuvrer au service de ceux qui en ont besoin, et trouve en vous une oreille attentive et compréhensive, un motif d'espérance et d'énergie renouvelée pour affronter les difficultés. Mes filles et moi-même en sommes convaincues. Qui d'autre qu'une personne elle-même souffrante peut mieux comprendre et partager les « plaies » de l'autre ?

Et quelquefois l'écoute et le regard suffisent à être « en communion » avec l'autre dans son désarroi et sa souffrance.

Le S.E.D. est un « champion » de l'isolement. Par la force de certaines situations, vous êtes contraints d'arrêter de travailler, vous ne pouvez même plus assumer les tâches qui relèvent du quotidien. En ce qui nous concerne, cela est arrivé plus d'une fois. Trop fatiguées. Trop invalidées pour faire semblant que tout va bien. Impossible de « maquiller » la réalité de votre état de santé. Impossible de venir au travail ou à l'école en faisant mine de rien ou bonne mine. Alors personne ne comprend. Mais qu'est-ce-que tu as ? Et les filles, toujours autant de problèmes ? Toujours pas de traitement ? Mais c'est impossible !

Plus de travail. Plus d'école. Coup d'arrêt sur le sport. Plus de danse. Plus de passion. Que d'incompréhension.

Des béquilles. Des handicaps invisibles. Des affections improbables. Pas d'explication de la part des médecins. Des douleurs invisibles. Un corps qui fait mal.

Un esprit endolori lui aussi. Un cœur qui saigne. Pas d'explication.

Pourquoi tu prends l'ascenseur ? Pourquoi tu boites ? T'es encore tombée ? T'as des bleus ? Mais qu'est-ce-que tu as fait ? Pourquoi t'es encore fatiguée en pleine journée ? Pourquoi t'as eu ces malaises ? C'est des crises d'épilepsie ? Non, mais alors qu'est-ce-que tu as ? Là, ça va mieux ? Non, toujours pas ? Mais pourquoi ? Une entorse ça ne dure pas trois mois ! T'as encore autant mal ? Les médicaments ne font pas d'effets ? Mais pourquoi ? C'est pas normal ! Pourquoi tu ne viens pas avec nous, t'es toujours fatiguée ! J'y comprends rien à tes problèmes ! T'es sûre que tout va bien à la maison ? Elle est embêtante, celle-là ! Elle a toujours autre chose qui ne « colle » pas ! A croire qu'elle le fait exprès ! Moi, je voudrais bien être à ta place et ne pas « faire d'E.P.S. !...

Et nous, on voudrait que tout aille bien ; on voudrait ne jamais montrer qu'on n'est pas bien. On donnerait n'importe quoi pour faire du demi-fond. On voudrait escalader les parois les plus abruptes, vivre au rythme de la danse, ressentir notre corps nous appartenir, être en harmonie avec notre esprit, notre volonté, notre énergie.

On voudrait vous dire qu'on voudrait s'amuser jusqu'à l'aurore avec les copains. Ne pas penser aux lendemains d'épuisement.

On voudrait vous dire qu'on voudrait rester debout, sans jamais flancher. Qu'on aimerait vivre la vie « à fond », à deux cents à l'heure. Comme vous.

Et les contraintes ne s'arrêtent pas là. Aux douleurs, se rajoutent les difficultés administratives et financières. Les barrages protocolaires de la Sécurité sociale qui préfère les situations simples et claires. Les médecins n'ayant pas connaissance de cette maladie, ne la connaissant pas, se retrouvent incapables de détailler toutes ses manifestations. L'affection de longue durée ne peut être sollicitée que par un médecin connaissant tous les domaines d'affections que peuvent toucher le S.E.D.

L'errance diagnostique pendant des années entières, des décennies en ce qui concerne notre famille, provoque des dépenses inutiles, des orientations et des traitements inefficaces ou quelquefois aggravants, qui pourraient être évités par une plus large connaissance du S.E.D.

Chapitre XII
Le S.E.D., une maladie méconnue et polymorphe

Il s'avère donc que les principales difficultés de la maladie sont liées au fait qu'elle est inconnue des médecins et qu'elle évolue par crises. Je pense contre l'avis de certains médecins, que pour certains patients, elle revêt un caractère dégénératif, qui est moins lié à l'évolution de la maladie, qu'à l'aggravation de certaines affections pré existantes, comme par exemple un « coup du lapin » provoqué par un accident de la circulation.

Son caractère polymorphe provoque l'errance et la dispersion diagnostique et rajoute à la souffrance physique, immanquablement, une souffrance morale insupportable. A la place de trouver un réconfort ou un discours rassurant, le médecin vous fait part de sa perplexité et rajoute ainsi une angoisse terrible liée aux traumatismes successifs provoquée par on ne sait quel détenteur. Le médecin traitant qui devrait être votre soutien et votre conseiller, reste impuissant face à des patients d'une même famille qui défient toutes les lois « du standard ».

En dehors de certains rares spécialistes, personne n'arrive à prononcer le nom de ce syndrome, certes reconnu, mais imprononçable et méconnu. Le syndrome de quoi ? Mais de quelle affection s'agit-il ?

Et là, vous êtes une nouvelle fois déstabilisée. Comment expliquer qu'il y a des dizaines d'affections liées à un gène défaillant, le collagène ? On connaît le collagène en dermatologie et en chirurgie esthétique. On sait de lui qu'il peut faire rajeunir.

Ailleurs, il reste « l'illustre inconnue ».

Ses fonctions dans l'organisme, sa principale fonction de « ciment » du corps humain, reste fondamentalement méconnue.

Et lorsque vous rajouter à cela qu'il doit y avoir un lien entre les douleurs, le gène défaillant toujours méconnu et le cycle hormonal, on vous jette un regard interrogatif et perplexe, en se demandant si vous n'êtes pas en train de vouloir prendre la place du médecin. Et cette attitude-là froisse l'*ego* de nombreux spécialistes. On se demande si vous ne vous prenez pas pour ce que vous n'êtes pas : le médecin ; on se dit que si vous avez la solution, vous devriez aussi la traiter et vous débrouiller avec tous vos problèmes…

Alors que vous ne vouliez que vous faire écouter pour donner des pistes de recherches et de thérapies. Mais rien n'y fait. Le spécialiste porte son verdict et le patient l'écoute. Et non pas l'inverse.

Une manière supplémentaire pour ne rien faire avancer. A quand l'idée que le médecin qui écoute son patient n'est pas un incompétent, mais que cela lui permettra de bien le *traiter* ?

Au sens étymologique. Au sens propre et au sens figuré.

Et pendant ce temps, le S.E.D. continue à gagner du terrain, « à vous mener en bourrique », à rester « l'inconnue » bien planquée, qui épouse de nombreux masques et qui vous transforme, lentement mais sûrement, en robot qui a perdu le contrôle de son propre corps, en maman hyper-protectrice, en épouse toujours fatiguée, en collègue trop préoccupée, en adolescent isolé ayant un comportement trop original et un peu « dérangé ».

Les médecins finissent par vous envoyer chez « un collègue qui saura vous écouter ».

Le S.E.D. semble avoir gagné.

Chapitre XIII
Quarante années de lumière bleue.

Au bout du tunnel, « la Dame en bleu »

13 février 1973, Mémé nous quitte. Pour toujours.
L'incompréhension. La tragédie d'un départ impossible. Elle partait. C'est ce que nous pensions.
Mais elle est là, elle a toujours été là ; plus présente que jamais.

13 mai 1995. Naissance de ma première fille Edwige.
Elle renaît un an plus tard. Elle est miraculée.

13 mars 2003. Je touche le fond.

Que d'incompréhension, de drames inexpliqués.

13 février 2013.
Quarante années se sont écoulées.
Treize chapitres de ma vie.
Treize chapitres pour comprendre et expliquer.

Elle était là. A chaque instant.
Elle ne nous a pas abandonnées.
Elle vit en nous.
Elle a manifesté sa présence, au bout du tunnel.
Jamais elle ne nous a laissées y entrer.

« *La Dame aux cheveux bleus* », la vieille dame, douce et lente dont m'avait parlé Edwige à l'âge de deux ans. Celle qu'elle a vue, qui lui parlait et la protégeait.

Elle a été là pour moi, à chaque instant de ma vie, et tout particulièrement dans ces moments où l'on touche le fond, où l'on ne pense plus ; où l'on n'a que l'envie de partir, pour toujours. Elle était là, à mes côtés, elle ne m'a jamais quittée, elle m'a accompagnée, parlée et guidée, *la Dame en bleu*, ma Mémé.

Elle a veillé sur mes filles et sur moi ; m'a forcée à ne jamais abandonner et à solutionner un long parcours de souffrances ; elle a éclairé ma route de sa lumière bleue, pour que le combat puisse continuer.

Le coupable est démasqué ; il porte un nom : le Syndrome d'Ehlers-Danlos. Personne n'a commis d'erreur.

C'est le S.E.D. qui t'a emportée. Mémé, tout est expliqué !

Quarante années pour trouver.
Treize chapitres pour témoigner.
Mémé, dans la paix éternelle, tu peux enfin reposer.

13 février 2013.
Quarante années se sont écoulées… Treize chapitres.
Mon âme chemine enfin vers le pardon.
J'espère à nouveau.
Je combats.
Nous combattons.
Nous vaincrons.

SED, tes jours sont comptés. Je t'ai identifié.
Je t'ai apprivoisé.
Tes caprices ne me feront plus trembler.
La peur m'a quittée. Tu es identifié. Je peux lutter.
Une nouvelle vie peut commencer…

Le chapitre final reste à écrire.

Conclusions et espérances

J'ai quarante-quatre ans.

Personne ne saura jamais ce que m'aura coûté l'écriture de ces pages en termes de souffrances physiques ; mais mon esprit et mon âme se sont libérés. La motivation d'être entendue et comprise aura dépassé toutes les limites que me fixe mon corps. Je n'ai pas cessé de penser à vous, victimes du S.E.D.

Votre corps vous freine, mais rien n'est impossible. On finit toujours par se remettre debout.

Pour ceux qu'on aime, pour vous qui souffrez. Un avenir nouveau s'ouvre à moi. A nous.

J'ai un rêve : écrire un jour le chapitre final de ce témoignage et du S.E.D.

J'ai des certitudes. Le S.E.D. entretient et amplifie souvent les traumatismes que nous avons vécus. Il évolue par crises. Il nous attaque très fréquemment de façon imprévisible.

Il croit pouvoir nous prendre par surprise, et c'est ce qu'il a réussi à faire pendant des décennies.

Il nous a tant de fois pris pour cible.

Je le connais ; il m'habite ; il fait partie de moi ; il peut encore me surprendre, mais je l'apprivoise. Aujourd'hui, je n'ai plus peur de *lui.*

Je nourris l'espoir que le professeur Hamonet et le Professeur G. et son équipe puissent obtenir les moyens de trouver le gène responsable de la maladie. Je suis convaincue que le S.E.D. ne se décline pas en différentes « sous-catégories » de la maladie, mais qu'il s'agit d'une seule et même maladie qui s'exprime différemment selon l'imprégnation génétique de l'individu. Certains patients sont plus sévèrement touchés que d'autres, à des niveaux et des échelles différentes. Qu'elle est autosomique dominante et que la douleur est étroitement liée au sexe et à l'imprégnation hormonale cyclique féminine.

Je sais que mon frère est également atteint de la maladie, mais qu'il ne ressent pas des douleurs aussi vives que nous. J'émets l'hypothèse qu'elle ne touche pas davantage les femmes que les hommes, même si 80% des patients diagnostiqués S.E.D. sont des femmes ; je pense tout simplement que c'est encore un aspect sournois de cette maladie qui fera détecter davantage de femmes que d'hommes par la fait qu'elles « expriment » plus sévèrement la douleur à cause des facteurs hormonaux. Ce n'est qu'une humble hypothèse de ma part, qui se fonde sur la notion d'errance et le caractère sournois de cette maladie.

Prenons l'exemple de mon frère. Il est hyperlaxe au point de faire de la contorsion ; ses articulations lui provoquaient des douleurs très vives pendant sa croissance et lui jouent souvent des tours ; depuis qu'il est pré-adolescent, il est souvent en proie à des blocages douloureux de la mâchoire ; il étire facilement sa peau qui est très fragile ; son *naevus* géant est héréditaire ; le signe du pouce est positif ; il est brusquement devenu très myope a dix-huit ans ; il est insomniaque et s'assoit et dort souvent dans des postures incroyables ; il est sujet à l'hypertension et à un rythme cardiaque très élevé en permanence ; le test d'effort le pousse à un rythme de 180 pulsations après cinq minutes de vélo ; sa constipation est souvent rebelle ; mais il n'a pas de douleurs permanentes. Comment, dans ces conditions, faire le lien entre des pathologies aussi diversifiées ? Si mes filles et moi avions exprimé la maladie de cette façon, il y a fort à parier que nous ne l'aurions jamais diagnostiquée. Mais la maladie est là. Elle n'a pas dit son dernier mot ; et comme l'a très bien fait remarquer le docteur K. à Garches, pour diverses raisons, il est important de la connaître, de savoir qu'on est atteint de manière à pouvoir faire face aux crises en sachant que certains examens sont proscrits, que certains symptômes certes polymorphes y sont rattachés et seront donc traités par des thérapeutiques adaptées.

Je nourris l'espoir que mes filles puissent un jour bénéficier d'une thérapie génique. Et qu'elles puissent bénéficier d'un diagnostic préimplantatoire, afin de ne plus transmettre le S.E.D. à leurs enfants. Mais les données récentes de la génétique font craindre une transmission à 100% de la maladie, même si on connaît son imprégnation génétique différente suivant les individus d'une même famille.

Il a fallu des années… Bien des errances, des accidents répétitifs, des pathologies « objectives », comme diraient certains médecins, - comme si les douleurs ressenties, en l'absence d'explications possibles, étaient subjectives, c'est à dire « inventées » par les patients !...-, des recherches, la rencontre d'un médecin dermatologue formé, pour identifier et faire reconnaître le « mal » qui nous habite… De nombreuses personnes pensent d'ailleurs que nous sommes « poursuivis » par un mauvais sort, par je ne sais quelle fatalité qui s'abattrait régulièrement sur nous, ou tout simplement que « c'est dans la tête », que je suis une maman « poule », ou je ne sais quoi encore qui nous a heurtées, blessées, et surtout ne nous a en rien aidées dans l'expression d'une maladie polymorphe, imprévisible, sournoise et invisible … J'en suis, je l'avoue, venue à envier les malades ou blessés, chez qui la douleur « se voit »…

Je ne connais aucune Maman, digne de ce nom, qui souhaiterait voir ses enfants constamment malades, traumatisés et incompris …

Mais je n'abandonne pas, je n'abdique pas, au nom de mes filles, que je veux protéger envers et contre tout de ce cycle infernal, que, de surcroît, je leur ai malheureusement transmis par mes gènes…

Au fond de moi-même, je suis heureuse de peut-être pouvoir ENFIN mettre un NOM sur ce « mal » qui s'acharne sur nous depuis des générations.

Maman saura enfin pourquoi elle a perdu sa maman en quelques heures à cause d'un os de canard et d'une hémorragie interne et de ruptures de vaisseaux sanguins, d'organes internes, et ce, brusquement, alors que le chirurgien avouait qu'il ne comprenait pas…. Elle comprendra enfin pourquoi elle-même tousse encore et encore et s'étouffe au quotidien par exemple, alors qu'elle n'est ni asthmatique, ni malade des bronches ou des poumons …

Mon Papa s'est rendu malade toute sa vie parce qu'il a malencontreusement lâché la main de ma fille Edwige lorsqu'elle a appris à marcher, et qu'elle a été opérée quelques heures plus tard, (après une guerre acharnée avec les médecins de ma part pour leur faire comprendre que c'est grave, très grave), d'un hématome extradural temporal droit : elle est simplement tombée de sa hauteur… Les chirurgiens parlaient de « guerre des tranchées » dans sa tête de bébé âgé de 'un an à peine ! Papa, peut-être, pourra enfin ne plus s'en vouloir d'avoir vécu le pire, un cauchemar inexpliqué : craindre de perdre sa petite-fille chérie…

Mes filles pourront à nouveau me dire leurs « maux », leurs douleurs, qu'elles finissent par cacher, « car, d'après leurs propres paroles, rien ne sert de les dire »… D'ailleurs, quel médecin pourrait comprendre ? Elles ont totalement perdu confiance en la médecine, elles ont tout simplement peur de passer pour des simulatrices… Peur d'être orientées vers un psy, qui cherchera à savoir pourquoi elles sont « malheureuses », alors qu'elles sont énergiques, courageuses et pleines de vie ! Elles savent qu'il n'y a pas de remèdes, que rien ni personne ne peut les aider et qu'il faut subir les sursauts inattendus d'une maladie méconnue. Avec mon mari, j'ai l'impression quelquefois d'être seule à les écouter, mais je ne peux pas faire de miracle… Je peux seulement chercher inlassablement à les aider, à comprendre, à me battre, à leur dire que je les comprends, car je souffre moi aussi…

Je voudrais aussi briser la transmission de ce « mal » : leurs enfants doivent être épargnés. A tout prix. Elles-mêmes doivent éviter les accidents graves qui pourraient survenir ; même si je suis consciente qu'on ne peut pas tout prévoir et éviter…

Je veux dire haut et fort qu'il faut se battre, qu'il faut espérer, mais qu'il faut comprendre et faire comprendre : qu'il faut former tous les médecins et ce, quelles que soient leurs spécialités à la reconnaissance et au diagnostic de la maladie, qu'il faut la faire connaître parce qu'elle est sournoise, polymorphe, invalidante et invisible. Qu'il faut arrêter de TOUT cataloguer dans les cases « psy », à la recherche d'un malaise personnel ou familial, qui CASSE encore davantage la solidarité et l'amour de certaines familles qui veulent se battre ENSEMBLE contre la maladie ; qu'il faut apprendre à réécouter le patient, à ne pas s'embrigader dans une logique de suspicion automatique d'un malaise psychosomatique ou relationnel.

Qu'il faut arrêter de disloquer, de briser des familles, parce qu'elles veulent surmonter les épreuves ENSEMBLE. Qu'il faut, non pas refaire le monde ou l'être humain, mais qu'il faut réintroduire la notion d'écoute et de prise en charge globale de l'être et du corps humain. Le professeur Hamonet l'a compris.

NON ! Le corps humain n'est pas fait de « tiroirs », de « compartiments » : il est un TOUT, cimenté par le collagène, présent presque partout ; que ce soit dans la peau, les vaisseaux sanguins, les ligaments, les organes internes etc... Je ne peux pas me résoudre à cette « vision compartimentée » du corps humain, qui ne fera que faire reculer les recherches et s'enfermer les médecins dans leurs certitudes.

Cette maladie, par définition et parce que je la subis au quotidien, est imprévisible et incertaine ; « peut-être » n'est-elle pas dégénérative (mais gardons toutes les précautions avant d'affirmer quelque chose, qui, peut-être, dans un mois, dans un an, sera remis en cause...) ; en tout état de cause, elle est REELLE et INVISIBLE. Elle épuise physiquement et psychologiquement ceux qui en sont atteints, elle est INVISIBLE et INVALIDANTE. Et elle est de surcroît très SOURNOISE. Elle est en moi, en nous, elle se « cache » quelquefois, pour se manifester brusquement, sans prévenir. On ne l'attend pas ; mais on sait maintenant qu'elle est là.

Elle ne vaincra pas. Il faut la connaître, de mieux en mieux, en écoutant les patients, en leur faisant confiance, en prévoyant les éventuelles complications qu'elle peut ou non déclencher.

Peut-être que ces quelques conditions permettraient d'amener le patient au cœur des préoccupations des médecins, de les amener à travailler en collégialité, de prendre en compte l' « humain », plutôt que le patient dont les dossiers archivés ne correspondraient qu'à des pathologies isolées et inexpliquées.

Probablement suis-je entrain de rêver éveillée ; peut-être suis-je une naïve invétérée ; peut-être suis-je de ces gens-là qui espèrent des lendemains plus beaux... Mais quel sens aurait notre vie, l'avenir, notre avenir et celui de nos enfants et petitsenfants, si l'espérance en l'Homme et ses capacités ne motivaient pas notre combat quotidien ? Cette force, car il s'agit bien d'une force, ne nous vient peut-être pas de notre simple condition, mais d'une Grâce qui nous ai donnée. Tout simplement à notre condition d'homme raisonnable, sociable, sensible et déterminé à progresser ? Employons cette Force, cette Grâce, à vivre ensemble, à nous écouter, à garder espoir, à nous motiver, à combattre ensemble la maladie, le S.E.D.

Avec les patients, les médecins, les scientifiques, les généticiens, les rééducateurs, les familles, tous les *Humanistes*, le

« Syndrome d'Ehlers-Danlos », le « S.E.D. », pourra être traité, son gène sera déterminé et la maladie sera vaincue.

Notre ressemblance avec *La Dame en bleu* est frappante. Notre visage est si ressemblant qu'on confondrait le mien, celui de mes filles avec le mien ou celui des filles entre elles. Seul l'âge des photographies témoigne de la différence entre nous. Notre ressemblance morale et psychique est frappante également. Nous portons en nous des qualités, des dons, et certains défauts. Notre persévérance jusqu'à l'entêtement en est un exemple. Mais cet entêtement nous aura permis de découvrir le S.E.D.

La Dame en bleu, Mémé Jeanne, est restée mon guide, ma Lumière bleue qui éclaira tout ce parcours vers la découverte progressive du S.E.D. Il nous reste à briser le cercle infernal de sa transmission. Un énorme « chantier » que nous mènerons à bien si nous savons nous écouter et nous « entendre ». La contribution à une même cause doit nous unir ; dans nos familles, avec les membres de l'Association, les autre patients et tous les soignants. Nous avons un rôle de promulgation et d'information à fournir au quotidien. Les pouvoirs publics et les médias ne connaissent pas le S.E.D. Il faut les informer et les alerter.

C'est mon combat, c'est notre combat.

Le chantier reste ouvert ; il manque d'ouvriers.

Tous les humanistes sont les bienvenus pour contribuer à faire connaître une maladie une maladie génétique et orpheline, méconnue, sournoise et capricieuse, imprévisible et potentiellement dangereuse, handicapante, « dont la rareté doit être remise en cause » (Professeur Hamonet, juillet 2011).

Remerciements

C'est d'abord mes chers parents, mon « âme-frère », mes filles chéries et mon mari que je désire remercier.

Merci pour votre amour inconditionnel ; pour votre soutien qui a enduré toutes les épreuves et n'a pas fini de les vivre au quotidien.

« L'amour peut tout, il endure tout. L'amour ne passera jamais », *Première Lettre de Saint Paul aux Corinthiens* (12,4-8).

L'amour ne s'éteindra jamais. L'amour dure toujours. Il est mon héritage. Il sera le vôtre. Il est plus fort que tout. Il permet tout. La lutte quotidienne contre les « attaques » fait partie de notre vie. Mais elle ne nous empêchera pas de s'en sortir, envers et contre tout.

Non, notre famille n'est pas « bannie » des dieux ou en proie à une fatalité du destin. Elle est victime d'une maladie, le S.E.D., que nous connaissons désormais et contre laquelle nous nous battrons. Vous savez que j'ai constamment besoin de vous, de votre soutien et de votre amour ; sans quoi, je ne sais plus pour quoi je lutte. Notre union en toutes circonstances nous a sauvées.

Un hommage tout particulier à mon « âme sœur », mon frère David. Sans lui, je n'existe pas.

A mes filles aussi. Que de partage. Que de complicité. La maladie nous rapproche. Elle ne nous a jamais séparées. Elle ne nous séparera jamais. Elle nous unit. Elle poursuivra ses attaques. Elle les poursuit au moment où j'écris. Mais je suis là. Pour toute la vie ici-bas, et au-delà. Je serai toujours là.

Tous mes remerciements et toute mon amitié à Elodie et toute ma gratitude au Professeur Hamonet pour la prise en charge et le diagnostic du S.E.D.

C'est sur la demande du Professeur Hamonet que j'ai rédigé ce témoignage pour la date du rendez-vous avec le Professeur G., gynécologue et endocrinologue à l'Hôtel-Dieu de Paris, … le mercredi 13 février 2013…

Quarante années se sont écoulées.

Merci Mémé de ne pas m'avoir abandonnée.
A Mémé,

Toi, « *La Dame aux cheveux bleus* »,
« *La Dame en bleu* » …

« *L'amour triomphe de tout* » (Virgile).

Table des matières

L'HARMATTAN ITALIA
Via Degli Artisti 15; 10124 Torino
harmattan.italia@gmail.com

L'HARMATTAN HONGRIE
Könyvesbolt ; Kossuth L. u. 14-16
1053 Budapest

L'HARMATTAN KINSHASA
185, avenue Nyangwe
Commune de Lingwala
Kinshasa, R.D. Congo
(00243) 998697603 ou (00243) 999229662

L'HARMATTAN CONGO
67, av. E. P. Lumumba
Bât. – Congo Pharmacie (Bib. Nat.)
BP2874 Brazzaville
harmattan.congo@yahoo.fr

L'HARMATTAN GUINÉE
Almamya Rue KA 028, en face
du restaurant Le Cèdre
OKB agency BP 3470 Conakry
(00224) 657 20 85 08 / 664 28 91 96
harmattanguinee@yahoo.fr

L'HARMATTAN MALI
Rue 73, Porte 536, Niamakoro,
Cité Unicef, Bamako
Tél. 00 (223) 20205724 / +(223) 76378082
poudiougopaul@yahoo.fr
pp.harmattan@gmail.com

L'HARMATTAN CAMEROUN
BP 11486
Face à la SNI, immeuble Don Bosco
Yaoundé
(00237) 99 76 61 66
harmattancam@yahoo.fr

L'HARMATTAN CÔTE D'IVOIRE
Résidence Karl / cité des arts
Abidjan-Cocody 03 BP 1588 Abidjan 03
(00225) 05 77 87 31
etien_nda@yahoo.fr

L'HARMATTAN BURKINA
Penou Achille Some
Ouagadougou
(+226) 70 26 88 27

L'HARMATTAN SÉNÉGAL
10 VDN en face Mermoz, après le pont de Fann
BP 45034 Dakar Fann
33 825 98 58 / 33 860 9858
senharmattan@gmail.com / senlibraire@gmail.com
www.harmattansenegal.com

L'HARMATTAN BÉNIN
ISOR-BENIN
01 BP 359 COTONOU-RP
Quartier Gbèdjromèdé,
Rue Agbélenco, Lot 1247 I
Tél : 00 229 21 32 53 79
christian_dablaka123@yahoo.fr

Achevé d'imprimer par Corlet Numérique - 14110 Condé-sur-Noireau
N° d'Imprimeur : 134435 - Dépôt légal : décembre 2016 - *Imprimé en France*